Hal Higdon

Schneller werden

Tempotraining für alle Distanzen

5-km-Lauf
10-km-Lauf
Halbmarathon
Marathon

TibiaPress
Der Fitness-Verlag

www.tibiapress.de

Titel: Schneller werden
Tempotraining für alle Distanzen
5-km-Lauf, 10-km-Lauf, Halbmarathon, Marathon

Autor: Hal Higdon

Titel der amerikanischen Originalausgabe:
Run Fast. How to Beat Your Best Time Every Time.
Speed Programs For Every Distance
5-k, 10-k, Half-Marathon, Marathon

© 2000 by Hal Higdon
Cover photograph (by John P. Hamel/Rodale Images)
Published by arrangement with Rodale Inc., Emmaus, PA, USA

© 2002 für die deutsprachige Ausgabe beim Verlag
TibiaPress – Der Fitness-Verlag
Postfach 10 22 51, 45422 Mülheim an der Ruhr
Alexanderstraße 54, 45472 Mülheim an der Ruhr
Tel. 0208–439 54 65, Fax 0208–439 54 69
E-Mail: info@tibiapress.de
www.tibiapress.de

Übersetzung: Anke Frank, Susi Müller, Wilfried Stascheit

Layout: Jens Müller

Fotos: s. Bildnachweis (S. 265)

Schlussredaktion: Wilfried Stascheit

Druck: Druckerei Uwe Nolte

ISBN 3-935254-03-2

HINWEIS: Die in diesem Buch enthaltenen Anregungen beruhen auf den Erfahrungen und Recherchen des Verfassers. Sie sind von ihm nach bestem Wissen erstellt worden, sie sind aber kein Ersatz für eine medizinische Beratung. Wie bei allen Sportarten sollten Sie, bevor Sie anfangen, einen Arzt aufsuchen. Jede Läuferin und jeder Läufer bleibt für sein Handeln selbst verantwortlich. Für eventuelle Schäden oder andere Beeinträchtigungen, die aus den beschriebenen praktischen Tipps entstehen, übernehmen Autor und Verlag keine Haftung.

Das Werk einschließlich seiner Teile ist urheberrechtlich geschützt. Jede urheberrechtsrelevante Verwertung ist ohne Zustimmung des Verlages unzulässig und strafbar. Das gilt insbesondere für Vervielfältigungen, Übersetzungen, Nachahmungen, Mikroverfilmungen, die Einspeicherung und Verarbeitung in elektronischen Systemen und die Verbreitung über das Internet und ähnlichen Systemen.

Gedruckt auf chlorfrei gebleichtes Papier

	Vorwort	7
	Einleitung	11
Kapitel 1	**Fliegen ohne Flügel** Faszination Geschwindigkeit	15
Kapitel 2	**Das Fundament** „Legging up" bringt Sie in Form	29
Kapitel 3	**Langsam laufen für mehr Tempo** Schneller werden ohne Tempokeitstraining	41
Kapitel 4	**Schnelligkeitsausdauer** Wo Tempo und Intensität zusammentreffen	55
Kapitel 5	**Trainingstypen kombinieren** Wie Sie Ihre Trainingszeit optimal nutzen	67
Kapitel 6	**Die richtige Laufhaltung** Machen sie Ihren Stil flüssiger	75
Kapitel 7	**Tempotraining** Feinarbeit am Training	93
Kapitel 8	**Wunder-Workout** Wie Intervalltraining Ihr Tempo verbessert	109
Kapitel 9	**Das Spiel mit der Geschwindigkeit** Fahrtspiel und Tempotraining	137
Kapitel 10	**Pure Geschwindigkeit** Verbessern Sie Ihr Finish	155
Kapitel 11	**Dynamische Beweglichkeit** Das Lauf-ABC	169
Kapitel 12	**Rauf auf die Berge** Erklimmen Sie den Gipfel	185
Kapitel 13	**Die Kraft macht's** Muskeln aufbauen für mehr Geschwindigkeit	203
Kapitel 14	**Der letzte Schliff** Der beste Trainer sind Sie selbst	221
Kapitel 15	**Trainingsabbau und -aufbau** So kommen Sie wieder in Form	233
Kapitel 16	**Fit für den Wettkampf** Testen Sie Ihre Schnelligkeit	243
	Epilog	259
	Links und Lektüre	263
	Bildnachweis	265

VORWORT
zur deutschen Ausgabe

Man schrieb das Jahr 1955. Ich war als US-Soldat in Deutschland stationiert. Die US-Armee hatte mich zum Training in die Nähe von Nürnberg geschickt: Nicht um den Kampf gegen die Russen zu üben, sondern eher um läuferisches Terrain zu erobern. Unser Team bei der Armee war stark. Einige meiner Kameraden (Ira Murchison, Dick Howard) sollten später olympische Medaillen gewinnen.

Ich selbst hatte bis dato noch nicht gelernt, wie man schnell läuft. Ich war eher ein durchschnittlicher Mittel- und Langstreckenläufer. Mein persönliches Ziel war, meine Zeiten im 3.000-Meter-Hindernislauf und über die 10.000-Meter-Strecke zu verbessern. Als eine große internationale Laufveranstaltung in Fürth stattfand, wurden Murchison und Howard als Teilnehmer eingeladen – ich nicht. Ich kaufte mir also eine Eintrittskarte und ergatterte einen Tribünenplatz an der ersten Kurve direkt hinter der Ziellinie. Was für ein Aussichtsplatz! An diesem Tag lief der fabelhafte Emil Zatopek. Zatopek hatte bei den Olympischen Spielen von 1948 in London über die 10.000-Meter-Distanz die Goldmedaille gewonnen. Vier Jahre später, bei den Spielen in Helsinki, gewann er nicht nur in dieser Disziplin, sondern auch über die 5.000 Meter und im Marathon. Neben dem Finnen Paavo Nurmi war Zatopek der wohl größte Mittel- und Langstreckenläufer des 20. Jahrhunderts.

An diesem Abend beobachtete ich gebannt, wie Zatopek über die 5.000 Meter gegen den deutschen Topathleten Hans Laufer antrat. Der Deutsche hatte viele Anhänger. Sie riefen „Lau-fer! Lau-fer! Lau-fer!" Aber die Mehrheit der Zuschauer waren weder Deutsche noch Tschechen – und daher eher unparteiisch. Aber um einen Ausgleich zu schaffen, hielten viele von ihnen dagegen und unterstützten Zatopek. Ich schloss mich ihren Schlachtrufen an und brüllte „Zat-o-pek! Zat-o-pek! Zat-o-pek!" Und der überragende Tscheche enttäuschte uns nicht. Mit fuchtelnden Armen und hin und her schlagendem Kopf zündete er einige Runden vor Schluss seinen Turboantrieb und ließ Laufer hinter sich zurück. Seine Zeit von 14.07 min gleicht nach heutigen Verhältnissen eher denen eines Spaziergangs, aber im Jahre 1955 lag diese Zeit nur 10 Sekunden über Zatopeks eigenem Weltrekord. Das war ein Abend! Der einzige Wermutstropfen bestand darin, dass ich nicht schnell genug gewesen war, um in Fürth nicht nur als Zuschauer, sondern als Wettkämpfer teilzunehmen.

Ein Jahr später war ich schnell genug! Innerhalb von 12 Monaten, die ich in Deutschland verbrachte, verbesserte ich meine Zeit über die 5.000 Meter um fast eine Minute. Genauso viel Zeit gewann ich beim Hindernislauf und über die 10.000 Meter unterbot ich meine bisherige Bestzeit um mehrere Minuten. Im Sommer 1956 wurde ich zum Rennen nach Fürth eingeladen. Leider tauchte Zatopek dort in diesem Jahr nicht auf, aber über die 5.000 Meter wurde ich Zweiter hinter Laufer.

Der Grund für meine Fortschritte innerhalb nur eines Jahres war nicht nur jede Menge hartes Lauftraining, sondern auch jede Menge intelligentes Lauftraining. Letzteres verdanke ich den vielen deutschen Läufern, die meine Freunde wurden und mich in ihre Trainingsmethoden einweihten. Als ich im Frühjahr 1955 zum ersten Mal nach Deutschland kam, war ich in Kitzingen stationiert. Viele amerikanische Soldaten hatten zu dieser Zeit kaum Kontakt zur deutschen Bevölkerung – einmal abgesehen von den unvermeidlichen Samstagabendtreffs zum Biertrinken in den Kneipen rund um den Stützpunkt. Mein Stützpunkt war jedoch sowieso eher die 400-m-Bahn. Wenn ich nicht auf amerikanischen Veranstaltungen lief, bestritt ich Wettkämpfe für die TG Würzburg.

Im Herbst desselben Jahres wurde ich ins Siebte Army Hauptquartier nach Vaihingen bei Stuttgart versetzt. Dort war auch Dean Thackwray stationiert, der bei den Olympischen Spielen von 1956 im Marathon für die USA startete. Wann immer es möglich war, trainierten Dean und ich beim VFB Stuttgart zusammen mit Stefan Lupfert, dem deutschen Hallenmeister über 3.000 Meter. Auf Seite 124f. beschreibe ich, wie Lupfert seine beiden amerikanischen Freunde mit dem Intervalltraining und den Methoden von Waldemar Gerschler vertraut machte.

Es war nicht nur das Intervalltraining, das mir half, ein schnellerer Läufer zu werden. Innerhalb der anderthalb Jahre, die ich in Deutschland lebte, verdoppelte ich außerdem meine wöchentliche Kilometerzahl. Ich kehrte im Herbst 1956 als ein geschickterer, stärkerer und schnellerer Läufer in die USA zurück.

Ich sollte meine Zeiten immer weiter verbessern und schließlich vier Goldmedaillen bei Weltmeisterschaften gewinnen (drei im Hindernislauf und eine im Marathon), aber einen Großteil meiner Erfolge verdanke ich meiner Zeit in Deutschland.

Aus diesem Grund bin ich besonders glücklich, dass mein Trainingsbuch *Run Fast*, das sich in den USA großer Beliebtheit erfreut, jetzt auch ins Deutsche übersetzt wurde – für die Söhne, Töchter und Enkel der Läufer, mit denen ich in den Sommermonaten der Jahre 1955 und 56 trainierte und Wettkämpfe bestritt. Seitdem bin ich einige Male in Deutschland gewesen. 1979 nahm ich an den Weltmeisterschaften in Hannover teil und gewann dort Silbermedaillen über die 10.000 Meter und im 3.000-Meter-Hindernislauf. 1990 lief ich beim Berlin-Marathon mit (ohne mich platzieren zu können). Es war das erste Mal, dass die Strecke auch durch den Osten Berlins führte. Die Mauer war bereits gefallen und diese unschöne Zeit endlich vorbei. Ich blieb lang genug in der Stadt, um die deutsche Wiedervereinigung ausgiebig zu feiern. Das Feuerwerk über dem Brandenburger Tor rührte mich zu Tränen. So wird es wohl auch vielen meiner Lauffreunde ergangen sein, die ich so viele Jahre nicht gesehen hatte.

Als die erste Ausgabe von *Run Fast* in den USA erschien, widmete ich mein Buch dem Läufer, den ich in Fürth bestaunt hatte: „Für Emil Zatopek, den Olympiasieger von 1948 und 1952. Ich beobachtete den großen tschechoslovakischen Läufer einmal, wie er einen 5.000-Meter-Lauf auf einer Veranstaltung in Westdeutschland gewann. Dieses Bild inspiriert mich noch heute. Jeder Läufer, der schnell sein will, läuft in Zatopeks Fußstapfen."
Diese deutsche Ausgabe möchte ich ebenfalls Emil Zatopek widmen.

Aufgrund meines Trainingsaufenthaltes in Deutschland konnte ich einmal fließend Deutsch sprechen. Aber ach, ich habe es solange nicht anwenden können und jetzt beherrsche ich es nicht mehr. Glücklicherweise konnte mir Wilfried Stascheit, Verleger von Tibia Press und selbst Marathonläufer, Hilfe in Person von Anke Frank (Übersetzerin) zukommen lassen. Nur mit dieser Hilfe konnte die deutsche Ausgabe meines Trainingsbuchs verwirklicht werden. Doch einige wenige Deutschkenntnisse sind mir auch nach all den Jahren noch geblieben. Daher möchte ich meinen deutschen Freunden sagen:

„Liebe wohl, alles gutte und lauf schnell!"

Ruhetag

EINLEITUNG

Der Läufer blieb an meinem Stand auf einer großen Marathonmesse stehen. Er begutachtete die verschiedenen Bücher, die auf dem Tisch vor ihm ausgebreitet waren – unter anderem die erste Ausgabe dieses Buches, *Run Fast*. Er tippte auf den Umschlag und sagte mit gerunzelter Stirn: „Ich will überhaupt nicht schnell laufen." Stattdessen wählte er eine Ausgabe von *Marathon: The Ultimate Training Guide*.

Keine schlechte Wahl, dachte ich, für jemanden, dessen wichtigstes läuferisches Ziel die Teilnahme an Marathons ist. Doch seine Einstellung verwirrte mich etwas. Welcher Läufer würde nicht schnell laufen wollen? Welcher Golfspieler nicht den Ball direkt auf das Fairway schlagen? Welcher Tennisspieler nicht jeden Aufschlag in die äußerste Ecke des Feldes platzieren? Welcher Skifahrer nicht in eleganten Schwüngen den Berg hinunterfahren?

Trotzdem verstand ich, worauf der Läufer hinaus wollte. Er setzte schnelles Laufen mit Schmerzen gleich. Wenn man schnell läuft, kann man außer Atem geraten und nach dem Training hat man vielleicht Muskelkater. Der Läufer befürchtete möglicherweise, dass er Verletzungen riskieren würde, wenn er sein Trainingsprogramm änderte. Er wollte einfach draußen auf den Straßen laufen, ohne sich von irgendeinem Experten erzählen zu lassen, dass er vom 5 km-Lauf bis zum Marathon durchweg bessere Zeiten laufen könnte, wenn er nur ein paar Dinge anders machen würde.

Doch *Schneller werden* dreht sich nicht nur um persönliche Bestzeiten über unterschiedliche Wettkampfdistanzen. Natürlich würden wir alle gern vom Wettkampf um die Ecke mit einer Trophäe in der Hand nach Hause kommen – aber das ist nicht der einzige Grund, aus dem wir laufen. Wir wollen uns beim Laufen *gut fühlen*. Wir wollen beim Laufen *gut aussehen*. Wir wollen den Wind in unseren Haaren spüren. Und natürlich wollen wir auch alle ein kleines bisschen schneller laufen – auch wenn es nur darum geht, unsere Bestzeit über 5 km von 30:01 auf 29:59 zu senken.

Es ist eine physiologische Tatsache, dass man, wenn man lernt, über kürzere Distanzen wie den 5-km-Lauf schneller zu laufen, auch seine Laufleistung auf längeren Strecken erhöht. Alle Ihre Zeiten werden sich dabei verbessern. Dr. David L. Costill, ehemaliger Direktor des biomechanischen Labors der Ball State University in Muncie/Indiana, ist der Auffassung, dass „Geschwindigkeit auf allen Ebenen wesentlich für eine gute Leistung ist." Überprüfen Sie die Leistungstabellen, wenn Sie Dr. Costill nicht glauben. Wenn Sie einen Kilometer in 04:40 min laufen können, dann sollten Sie – zumindest theoretisch – fähig sein, einen 5-km-Lauf in 25:00 min, einen 10-km-Lauf in 52:00 min, einen Halbmarathon in 01:56 Std. und einen ganzen Marathon in 04:00 Std. zu absolvieren.

Doch wenn Sie für diesen einen Kilometer nur 9 Sekunden weniger brauchen, dann verändern sich diese Zeiten für Sie – wiederum theoretisch – auf 24:30 min, 51:00 min, 01:54 Std. und 03:55 Std. Und was genauso wichtig ist: Sie werden sich beim Laufen insgesamt besser fühlen. Ihr Lauf wird harmonischer sein. Sie werden sich auch unterhalten können, anstatt bei jedem Schritt nach Atem zu ringen. Wenn Sie richtig gut in Form sind, dann erholen Sie sich schneller, sodass Sie öfter laufen können, oder über längere Distanzen; oder aber, Sie haben einfach nach dem Training noch so viel Energie übrig, dass Sie abends noch tanzen gehen wollen. Wenn Sie lernen, wie man schnell läuft, werden Sie viele schöne Veränderungen erleben. Um das zu erreichen, müssen Sie natürlich lernen, wie man auf Tempo trainiert – und genau davon handelt dieses Buch.

Während es zahllose Bücher gibt, die den Leuten erklären, wie man mit dem Joggen anfängt, und wie man seinen ersten Marathon läuft, wird kürzeren Rennen – und wie man sie schneller läuft – weniger Beachtung geschenkt. Und obwohl der Marathon in den letzten Jahren immer beliebter geworden ist, ist und bleibt der 5-km-Lauf Amerikas populärste Rennstrecke. Laut dem USATAF Road Running Information Center haben 1999 2,5 Millionen Läufer an 5-km-Rennen teilgenommen; das ist gegenüber dem Vorjahr ein Anstieg von 10 Prozent. Für die meisten Läufer ist ein 5-km-Rennen, oder der fast genauso beliebte 10-km-Lauf, das erste Wettkampferlebnis. Andere fangen sofort mit dem Marathon an, landen aber schließlich auch bei den 5- und 10-km-Rennen, weil es Spaß macht, auf Straßenrennen zu laufen; und außerdem kann man nicht jedes Wochenende einen Marathon absolvieren. In Deutschland finden jährlich rund 80 Marathonläufe statt. Dazu kommen etwa 150 Läufe auf der Halbmarathonstrecke und weitere 100 Läufe auf „krummen" Strecken zwischen 15 und 100 km. Die überwiegende Mehrzahl der Straßenläufe sind jedoch 10-km-Läufe, die meist als Volksläufe ausgetragen werden. Davon gibt es jährlich rund 3.000, bei denen etwa eine Million Läufer an den Start gehen (Quelle: Deutscher Leichtathletik-Verband).

Leider haben nur wenige der Millionen von Läufern, die auf dieser Welle mitschwimmen, gelernt schnell zu laufen, als sie jung waren. Die meisten sind in ihrer Schulzeit weder auf dem Sportplatz noch im Gelände gelaufen und haben so die Gelegenheit verpasst, die notwendigen Fertigkeiten zu erlernen, die man für das erfolgreiche Laufen braucht. Auch später sind sie, außer als Freizeitsport, nicht gelaufen. Sie waren nie Mitglied eines Sportvereins und hatten nie einen Trainer. Die Folge ist, dass sie nie auf einem bestimmten Level trainiert werden konnten. Sie haben z.B. nie gelernt, wie man sich richtig aufwärmt. Sie haben nie etwas von Intervalltraining, Fahrtspiel oder Sprunglauf gehört.

Im Rahmen meiner Recherchen für die erste Ausgabe dieses Buches sprach ich mit zahlreichen Weltklasseläufern und ihren Trainern. Begabt und hoch trainiert wie sie waren, hatten diese schnellen Läufer oft das Gefühl, dass die Antworten auf meine Fragen darüber, wie man schneller wird, manchmal allzu einfach waren. Von mehr als einem bekam ich zu hören: „Wenn man schnell laufen will, muss man einfach schnell laufen." Auch Lynn Jennings, dreifache Geländelauf-Weltmeisterin, gehörte dazu. Sie sagte: „Das Geheimnis der Schnelligkeit ist, im Training schnell zu laufen. Einfach nur die Kilometer hinter sich zu bringen, reicht nicht."

Keith Brantley, der bei den Olympischen Spielen 1996 für die USA beim Marathon antrat, war der gleichen Meinung und fügte hinzu: „Man muss den Körper dazu erziehen, schnell zu laufen."

Jennings und Brantley erkannten instinktiv, welche Art von Training erforderlich war, um Spitzenleistungen zu bringen. Nach Jahren, in denen sie bei zahllosen Wettkämpfen teilgenommen hatten, wussten sie außerdem, dass man, um in einem bestimmten Rennen sein Höchsttempo zu erreichen, mehr als nur ein paar schnelle Trainingseinheiten braucht. Denn bevor man mit diesen Trainingseinheiten beginnt, muss man eine Ausdauerbasis aufgebaut haben. Man muss planen und organisieren und sich auf anderen Gebieten auskennen, von der richtigen Ernährung über Beweglichkeit bis hin zu Wettkampftaktiken. Man muss auch durch seine Fehler lernen können und sich darüber im Klaren sein, dass das, was bei anderen im Training erfolgreich ist, nicht notwendigerweise auch bei einem selbst funktionieren muss – und umgekehrt. Man braucht sowohl Kenntnisse über als auch ein Gespür für den eigenen Körper, und selbst wenn man all das hat und kann, braucht man eventuell immer noch die Hilfe eines erfahrenen Trainers.

In meiner langen Läuferkarriere habe ich mit zahlreichen Trainern zusammengearbeitet und von jedem habe ich etwas Neues gelernt. Ich hatte außerdem die Gelegenheit, die Labore ausgezeichneter Sportphysiologen und Mediziner zu besuchen. Sie untersuchten meine Leistungsfähigkeit durch Tests auf dem Laufband, um wissenschaftlich dazuzulernen, doch auch ich ging normalerweise mit größerem Wissen wieder nach Hause.

Als langjähriger Autor für die Zeitschrift *Runner's World* habe ich dieses Wissen an Millionen von Lesern weitergegeben. In dieser Funktion hatte ich auch die Gelegenheit, unzählige weitere der bekanntesten Trainer der Welt kennenzulernen und zu interviewen. Obwohl sie oft mit sehr unterschiedlichen Techniken arbeiteten, hatten all diese Trainer die grundlegende Fähigkeit gemein, Sportler zu motivieren. Außerdem wussten sie, wie man Läufern beibringt – begabten und auch weniger begabten – schnell zu laufen.

Und schließlich trainierte ich selbst andere Läufer: sowohl talentierte junge Läufer in High-School-Teams als auch ehrgeizige ältere Läufer, die gerade erst begonnen hatten zu laufen. Manche der jungen Läufer, die ich trainierte, gewannen später Meisterschaften. Manche der älteren Läufer, die ich trainierte, liefen später ihr erstes 5-km-Rennen oder ihren ersten Marathon. Und sehr viele Läufer aller Altersgruppen lernten, dass es Spaß machen kann, schnell zu laufen.

Im Sommer 1999 nahmen fast 1.300 Läufer an einem Kurs teil, den ich anbot, um auf den Chicago Marathon vorzubereiten. Zusätzlich meldeten sich 7.000 Läufer bei meinem „Virtuellen Marathontraining" im Internet an, wo ich täglich über E-mail Trainingsanweisungen verschicke. Da ich selten andere Läufer trainiere, ohne selbst etwas dabei zu lernen, hatte ich das Gefühl, dass es an der Zeit war, *Run Fast*, das erstmals 1992 veröffentlicht wurde, zu überarbeiten und auf den neuesten Stand zu bringen.

Dieses Buch ist also die Synthese von all dem, was ich in den vergangenen acht Jahren und den Jahren zuvor über das schnelle Laufen gelernt habe. Ich hoffe, es wird Ihnen helfen, ein besserer und schnellerer Läufer zu werden.

Kapitel **1**

FLIEGEN OHNE FLÜGEL
Faszination Geschwindigkeit

Es ist das Gefühl, den Wind in den Haaren zu spüren. Besser kann man schnelles Laufen nicht beschreiben. Es ist ein fast sinnliches Vergnügen. Einfach ausgedrückt: Schnelles Laufen fühlt sich gut an! Es ist nicht bei jedem Training oder Rennen so, aber es gibt diese besonderen Tage, an denen man ausgeruht und voller Tatendrang ist und sofort loslaufen möchte. Tage, an denen man die perfekte Laufstrecke mit der atemberaubenden Aussicht gefunden hat oder in angenehmer Gesellschaft läuft. Und auf einmal könnte nichts besser sein. Es ist der Drang, schnell zu laufen, der viele von uns tagtäglich aus dem Haus auf die Straße oder auf gewundene Waldwege treibt. Wir laufen gerne und besonders gerne laufen wir schnell.

Julie Isphording (Marathonläuferin und 1984 in der olympischen Mannschaft der USA), sagt: „Schnell zu laufen ist purer Genuss. Dieser berauschende Moment, wenn man an der Welt vorbeifliegt, die unbändige Begeisterung, die zunehmende Intensität – man spürt den Boden nicht mehr, man hört das eigene Herz nicht mehr schlagen, es ist wie Fliegen, nur ohne Flügel."

Kann jeder ein schneller Läufer werden? Ich glaube ja. „Schnell" ist natürlich ein relativer Begriff. Was für einen Läufer schnell ist, kann für einen anderen langsam sein, und umgekehrt. Vor einiger Zeit lief ich beim Vulcan Run in Birmingham/Alabama mit, einem Festival, das ein ganzes Wochenende dauert und aus verschiedenen Läufen besteht (5 km, 10 km, Halbmarathon und Marathon). Es war das zweite Mal, dass ich in Birmingham war, um beim Vulcan dabeizusein. 1984 lief ich die 10 km und brauchte dafür etwa 35 Minuten. Bei meiner zweiten Teilnahme 1999, also fünfzehn Jahre später, lief ich die 5 km in über 25 Minuten. Beim Abendessen nach dem Rennen verarbeitete ich dies scherzhaft in einer Rede: „Je älter ich werde, desto mehr gleichen sich meine 5-km-Zeiten meinen früheren 10-km-Zeiten an."

Das war aber nicht wichtig. Ich hatte mich beide Male schnell gefühlt. Sie hätten mich auf der Zielgeraden des 5-km-Rennens sehen sollen: Ich flog! Jack Foster, der neuseeländische Olympionike, sagte einmal gegen Ende seiner Karriere: „Ich habe das Gefühl, als würde ich so schnell laufen wie eh und je – solange ich nicht auf meine Uhr schaue." Auch wenn man es nicht schafft, die 30 Minuten auf 5 km, oder die 60 Minuten auf 10 km zu durchbrechen, so kann man sich doch schnell fühlen, wenn man es versucht.

> **Um schnell zu laufen, muss man vor allem an seiner Einstellung arbeiten und bereit sein, verschiedene Trainingsarten und -methoden auszuprobieren.**

Um schnell zu laufen, braucht man kein besonderes Talent. Man braucht keine teure Ausrüstung. Man muss keinen Trainer anheuern oder auf der Bahn trainieren, auch wenn ein guter Trainer eine große Hilfe sein kann und man auf der Bahn viele schnelle Läufer treffen kann. Man muss einige Fertigkeiten entwickeln, doch das kann jeder durchschnittliche Läufer. Es ist nicht notwendig, jedes Wochenende an einem 5-km- oder 10-km-Rennen teilzunehmen, auch wenn viele Läufer gerne regelmäßig an Wettkämpfen teilnehmen. Um schnell zu laufen, muss man vor allem an seiner Einstellung arbeiten und bereit sein, verschiedene Trainingsarten und -methoden auszuprobieren.

Wenn Sie Anfänger sind, dann bedeutet schnell zu laufen für Sie zunächst nur, einen Anfang zu machen. Wenn Sie, außer in Ihrer Kindheit (als Laufen noch Spaß war, und keine Arbeit) noch nie gelaufen sind, dann bedeuten ein paar hundert Meter Jogging erstmal nur, dass Sie schneller sind, als wenn Sie diese Strecke gehen würden. Fortschritte stellen sich schnell – wenn auch nicht unbedingt mühelos – ein, wenn man bei Null beginnt.

Erste Schritte zu einem schnelleren Tempo

Denken wir einen Moment an die Anfänger, die ihren ersten 5-km-Lauf noch nicht hinter sich gebracht haben, ganz zu schweigen davon, dass sie sich darüber den Kopf zerbrechen, wie sie diese Strecke schneller bewältigen könnten. Wenn Sie bereits ein erfahrener Läufer sind, der dieses Buch gekauft hat, um eine persönliche Bestzeit (PB) aufzustellen oder sich für das vordere Starterfeld eines Marathons zu qualifizieren (oder vielleicht für Boston), können Sie dieses Kapitel überschlagen und gleich im Kapitel 2 weiterlesen.

Der beste Rat, den man einem Anfänger geben kann, ist dieser: Tun Sie es einfach! Fangen Sie bescheiden an. Machen Sie ein paar schnelle Schritte nach vorne. Walken und joggen Sie und machen Sie sich dabei keine Gedanken darüber, ob Ihnen jemand über die Schulter schaut. Seien Sie nicht gehemmt oder verlegen. Laufen Sie mit Selbstbewusstsein. Wenn Sie jemand beobachtet, vor allem, wenn dieser Jemand selbst nicht läuft, dann ist er möglicherweise einfach nur neidisch. Nicht jeder hat den Mut, den ersten Schritt zu machen.

Mit den Worten von Priscilla Welch ausgedrückt: „Wenn Sie zum besten Läufer werden wollen, der Sie sein können, dann fangen Sie sofort damit an. Verbringen Sie nicht den Rest Ihres Lebens mit der Frage, ob Sie es schaffen könnten." Priscilla Welch weiß aus eigener Erfahrung, dass es nie zu spät ist anzufangen. Sie war früher eine starke Raucherin und fing erst mit Mitte dreißig an, auf Wettkämpfen zu laufen – doch sie schaffte es in die britische Olympiamannschaft und gewann den New York City Marathon. Anfänger sind in der Welt der Läufer in einer einzigartigen und glücklichen Lage, denn jeder Schritt ist ein Schritt nach vorne. „Es macht auch deshalb so viel Spaß, ein unerfahrener Läufer zu sein, weil man kontinuierlich besser wird", sagt Mary Reed (Trainerin beim *Atlanta Track Club*). „Bis man das

Foto: Concurve

erste Leistungsplateau erreicht hat, macht man unentwegt Fortschritte. Viele Läufer würden einiges geben, um zu dieser sorglosen, glücklichen Zeit zurückkehren zu können."

Wie fängt man an? Die Antwort auf diese Frage ist sowohl einfach als auch kompliziert. Beginnen wir mit der Motivation.

An einem Winterabend vor einigen Jahren, ich zog mich gerade im Umkleideraum eines Sportclubs in der Nähe meines Wohnortes in Nordwest-Indiana um, kam ein Tennisspieler auf mich zu und erkundigte sich nach der Gruppe von Leuten, die bei mir waren. „Was wollt ihr machen?", fragte er.

Ich erklärte ihm, dass es sich um eine Anfängergruppe von Läufern handelte, die ich zusammen mit meiner Frau Rose unterrichtete. Damals trafen wir uns einmal in der Woche mit der Gruppe und liefen gemeinsam in der Halle des Clubs. Der Tennisspieler war überrascht: „Ich wusste gar nicht, dass man Laufen unterrichten kann."

Natürlich hatte er recht. Laufen muss man nicht unterrichten – oder zumindest sollte es nicht so sein. Kinder lernen fast so früh laufen, wie sie gehen lernen. Auf jedem Schulhof kann man Kinder umherrennen sehen. Wer an der Schule oder an der Universität Sport betreibt, sei es Fußball, Basketball oder Tennis, läuft im Rahmen des Konditionstrainings für die jeweilige Sportart – zumindest sollte er das! Nur im Erwachsenenalter vergessen die Menschen, wie man läuft, und manchmal müssen sie die Bewegungsabläufe neu erlernen.

Laufen ist grundsätzlich eine einfache Art der Bewegung. Mit den Worten von Don Kardong, Olympiateilnehmer im Marathon und erfahrener Autor: „Zuerst bewegt man den rechten Fuß nach vorne. Dann bewegt man den linken Fuß nach vorne. Dann wiederholt man das Ganze." So einfach ist das.

Bei unserem Laufunterricht versuchten Rose und ich die Teilnehmer dazu zu bringen, es langsam angehen zu lassen. Einige Anfänger, gerade, wenn sie übergewichtig sind, sollten anfangs nur Walken*, drei- bis viermal in der Woche eine halbe Stunde. Wir rieten ihnen, zu Beginn eine kurze Strecke zu joggen, bis sie leicht außer Atem waren, dann zur Erholung ein Stück zu gehen, dann wieder zu joggen. Joggen, Gehen. Joggen, Gehen. Nach einiger Zeit würden sie dann ein bis zwei Kilometer laufen können, ohne anzuhalten. (Interessanterweise hat diese „Joggen-Laufen-Joggen-Laufen"-Technik Ähnlichkeiten mit dem Intervalltraining, einer hochentwickelten Trainingsmethode zur Erhöhung der Wettkampfleistung. Ich werde in Kapitel 8 näher auf das Intervalltraining eingehen.)

---

* Wir verwenden den englischen Begriff, weil es sich hier um sportliches Gehen handelt – eben „walking".

ZIELE SETZEN

Die richtige Motivation ist für alle Läufer wichtig, besonders aber für Anfänger. Die positiven Aspekte des Laufens mögen ihnen noch nicht bewusst sein und gerade die sind in der Theorie oftmals schwer zu erklären und schwer zu bemessen. Bevor Sie also anfangen, setzen Sie sich ein Ziel, das eine Herausforderung für Sie darstellt, aber dennoch realistisch ist. Geben Sie nicht auf, bis Sie das Ziel erreicht haben.

Viele fangen mit dem Training an, um abzunehmen. Manche trainieren, weil sie mit dem Rauchen aufhören möchten. Andere möchten einfach Stress abbauen oder ein bisschen Zeit und Ruhe für sich selbst haben.

Für viele Läufer ist es gut, sich Streckenziele zu setzen. Zum ersten Mal einen Kilometer ohne Pause durchzulaufen kann einem einen Vorgeschmack auf das geben, was man als **„Runner's High"** bezeichnet. Diesen Kilometer in immer besseren Zeiten zu laufen oder die Strecke auf zwei, drei oder mehr Kilometer zu erweitern, kann helfen, am Ball zu bleiben. Jeder zusätzliche Schritt, den Sie machen, wird für Sie zu einer neuen persönlichen Bestleistung.

Das richtige Maß

Wir empfahlen den Läufern, maßvoll zu trainieren, nach dem Motto, das der neuseeländische Trainer Arthur Lydiard geprägt hat: „Train, don't strain." („Trainieren, nicht strapazieren."). Wir sprachen über die richtige Laufhaltung, Ernährung und Ausrüstung, sowie Sicherheit und das Vermeiden von Verletzungen. Ab und zu zeigten wir Filme.

Meistens jedoch gaben wir keinen Laufunterricht, sondern versprühten Motivation. Jeder, der eine Anfängergruppe von Läufern trainiert, macht das. Viele von denen, die seit mehr als nur ein paar Jahren laufen, haben es vergessen; aber man braucht Mut dazu, sich ein Paar Laufschuhe anzuziehen und zum ersten Mal damit auf die Straße zu gehen, vor den Augen von Freunden und Nachbarn. Tatsächlich schaffen einige Anfänger niemals diesen ersten Schritt, weil sie befürchten, lächerlich auszusehen. Es mangelt ihnen an Selbstbewusstsein und sie haben Angst zu versagen.

Das Training in der Gruppe hat unter anderem den Vorteil, dass man Unterstützung von anderen Läufern mit dem gleichen Trainingsstand erhält. Das gilt auf jeden Fall für die Gruppe, die ich in Chicago für den Marathon trainiere, doch eigentlich gilt es für alle – vom Neuling bis zum Profi. Das ist auch einer der Gründe, warum die Kenianer seit einiger Zeit die Weltklasse der Langstreckenläufer dominieren: Sie trainieren gemeinsam und motivieren sich dabei tagtäglich gegenseitig. Gruppendynamik kann für den Erfolg sehr wichtig sein. Wenn Sie die Möglichkeit haben, an Laufkursen teilzunehmen, oder mit einem Trainer oder anderen Läufern zu trainieren, nutzen Sie sie. Sie werden Ihre Chancen enorm steigern, besser – und vor allem schneller – zu laufen.

> *Gruppendynamik kann für den Erfolg sehr wichtig sein. Wenn Sie die Möglichkeit haben, an Laufkursen teilzunehmen oder mit einem Trainer oder anderen Läufern zu trainieren, nutzen Sie sie.*

Die richtige Motivation

Das Beste, was man einem Anfänger sagen kann, ist nicht, wie er seine Arme halten oder wie weit er ohne Pause laufen soll, sondern einfach: „Das sieht gut aus. Das machen Sie großartig. Weiter so." Man muss ihm eine Basismotivation mitgeben, dann schalten sich die natürlichen Läuferinstinkte, die sich bereits in der Kindheit entwickelt haben, von selbst ein.

Nehmen wir zum Beispiel Bette Murray. Sie arbeitete in einem Computerzentrum. Ihr Motiv war einfach: Sie wollte ein paar Pfunde verlieren. Bette nahm an unserem Unterricht im Sportverein teil. Sie fing langsam an und wir ließen sie anfangs nur Walken und ermutigten sie, jede Woche ein bisschen mehr zu versuchen. Eines Abends dann nahm sie sich vor, ihr Ziel zu verwirklichen: Sie wollte 16 Runden (1.600 Meter) auf der Hallenbahn ohne Pause schaffen.

Als sie die letzte Runde geschafft hatte, war ihre Begeisterung weit größer als ihre Müdigkeit. „Ich hätte nie gedacht, dass ich das schaffe", sagte sie. Rose und ich hatten gewusst, dass sie es schaffen würde. Sie brauchte niemanden, der ihr beibrachte, wie man läuft, sie brauchte nur ein wenig Motivation. So weit ich weiß, hat Bette nie am Boston Marathon teilgenommen und in letzter Zeit habe ich sie bei keinem 5-km-Rennen gesehen, aber sie hatte ihren Triumph. Sie hatte ihr Ziel erreicht, 1.600 Meter ohne Pause zu laufen. Für manche mag das wie eine Kleinigkeit klingen, aber uns, die wir Bette unterstützt hatten, machte es sehr stolz.

Einen guten Lauftreff bzw. geeignete Mitläufer zu finden ist ein wichtiger erster Schritt. Im Frühjahr, wenn das warme Wetter die Leute nach draußen lockt, gibt es mehr Laufkurse. Um Angebote aus Ihrer Gegend zu finden, erkundigen Sie sich nach Lauf- oder Sportvereinen in Ihrer Nähe oder nach „Gesundheits- und Wellnessangeboten" an der Volkshochschule. Universitäten bieten oft Fitness-, Walking-, Jogging- oder sogar Marathon-Kurse an. Laufvereine nehmen in der Regel gerne neue Mitglieder auf. Manche bieten auch Einzelunterricht an. Oder versuchen Sie es im Internet. Lauftreffs in Ihrer Nähe finden Sie z.B. unter der Adresse: www.lauftreff.de.

Unter der Adresse www.berlin-marathon.de kann man neben Daten für nationale und internationale Laufwettbewerbe und Angeboten für Laufkurse auch Vereine und Lauftreffs finden. (Buchtipp: Galensa, Heike; Warnecke Vera: Internet-Guide Laufen. Tibia Press, 2001. ISBN 3-935254-02-4) Dies ist nur eine Möglichkeit, sich der Läufergemeinschaft anzuschließen. Sie werden überrascht sein, wie bereitwillig andere Läufer und Laufvereine Anfängern mit Rat und Tat zur Seite stehen.

Das erste Mal am Start

Früher oder später wollen die meisten Läufer ihre neu erlangte Fitness in einem Rennen beweisen, üblicherweise in einem 5-km- oder 10-km-Lauf. Trotz des offensichtlichen Trends zum Marathon, entscheiden sich die meisten Läufer klugerweise für kürzere Strecken als ein erstes Etappenziel. Um ein 5-km-Rennen zu bewältigen, braucht man nicht allzu viel intensives Training: Drei oder vier Trainingseinheiten pro Woche über einen Zeitraum von mehreren Wochen genügen. (Siehe Trainingsplan S. 27) Ein durchschnittliches Pensum von 15 – 20 Kilometern pro Woche ist ausreichend. Das heißt natürlich nicht, dass Sie das Rennen mit Leichtigkeit oder unter den Ersten bewältigen werden, aber Sie werden es schaffen.

Sollte man die gesamte Strecke im Training laufen können, damit man weiß, dass man es am Wettkampftag schaffen wird? Man kann, aber es ist nicht unbedingt notwendig. Die meisten Marathonläufer zum Beispiel laufen bei ihrem abschließenden Trainingslauf nur gut 30 Kilometer, bevor sie die gesamten 42,2 Kilometer angehen. Wenn Sie über einen Zeitraum von mehreren Wochen mehrmals wöchentlich drei bis vier Kilometer laufen können, ohne sich zu überanstrengen, dann sollte Sie die Euphorie des Augenblicks bei einem 5-km-Rennen über die Ziellinie tragen – solange Sie verhalten anfangen und ein regelmäßiges Tempo beibehalten. (Um ein 10-km-Rennen zu bewältigen brauchen Sie etwas mehr Trainingskilometer.)

> *Um ein 5-km-Rennen zu bewältigen, braucht man nicht allzu viel intensives Training: Drei oder vier Trainingseinheiten pro Woche über einen Zeitraum von wenigen Monaten genügen.*

Sobald Sie Ihren ersten Wettkampf bestritten haben, werden Sie vermutlich feststellen, dass bereits ein neues Ziel lockt. Sie werden merken, dass es Ihnen nicht mehr genügt, die Strecke nur zurückzulegen, Sie werden Sie immer schneller bewältigen wollen. Sie werden die Welt der Leistung, der Trainingstagebücher und der superleichten Laufschuhe kennenlernen und der Tipps und Tricks, wie Sie ihre persönliche Bestzeit um Sekunden verbessern können.

Bestzeiten aufstellen

Im Läuferjargon bedeutet PB „Persönliche Bestzeit". Die wenigsten von uns werden jemals einen offiziellen Titel erringen, aber jeder kann eine Bestzeit erreichen. Jedesmal, wenn Sie Ihre Zeit über eine bestimmte Strecke gemessen haben (beim Training können das auch ungewöhnliche Distanzen sein), wird diese zu Ihrer PB. Wann immer Sie nun diese Strecke oder Distanz laufen, haben Sie nun die Möglichkeit, diese PB zu verbessern. Seine Bestzeit zu brechen macht Spaß und noch wichtiger: Es motiviert!

Ständig seinen Bestzeiten nachzujagen, hat allerdings auch Nachteile. Je mehr Sie damit beschäftigt sind, Ihre Leistung zu steigern, desto mehr müssen Sie beachten, dass es nicht einfach ist, immer schneller zu werden – und nicht immer ratsam. Um besser zu werden, steigern Läufer ihre Trainingskilometer, die Intensität ihrer Trainingseinheiten oder beides. Letztendlich riskieren sie dabei jedoch, das anfängliche Glücksgefühl zu verlieren, das die Trainerin Mary Reed beschrieb. Manchmal stellen sie sogar fest, dass ihre Leistungen unerklärlicherweise zurückgegangen sind. Dieser Leistungseinbruch konfrontiert Anfänger mit der verwirrenden und tückischen Frage: Trainiere ich zu viel, oder zu wenig?

Der Sportphysiologe und Trainer Dr. Jack Daniels schreibt: „Fast jeder kann mit Spaß und ohne Verletzungsgefahr ein paar Kilometer pro Tag joggen. So weit, so gut. Aber diese Läufer hätten natürlich viel mehr Spaß, wenn sie noch schneller laufen könnten. Das ist nur menschlich – wir wollen besser werden und so stehen wir vor einer Kernfrage des Sports: Wie trainiert man intensiv genug, um besser zu werden, aber nicht so intensiv, dass man Verletzungen oder einen Burnout (Zustand extremer Müdigkeit oder Frustration) riskiert?"

Die wenigsten von uns werden jemals einen offiziellen Titel erringen, aber jeder kann eine persönliche Bestzeit aufstellen.

Aber lassen Sie mich nicht vorgreifen. Um eine persönliche Bestzeit aufzustellen, müssen Sie natürlich erst einmal eine Strecke laufen – eine beliebige Strecke (allerdings möchte ich Ihnen dringend raten, die 42,2-Kilometer-Marathonstrecke auf einen späteren Zeitpunkt in Ihrer Läuferkarriere zu verschieben). Für den Anfang sollten Sie sich an den Acht-Wochen-Trainingsplan auf S. 27 halten. Wenn Sie schon ein 5-km-Rennen gelaufen sind und die 10 km angehen wollen oder daran arbeiten möchten Ihr Tempo zu steigern, lesen Sie weiter bei Kapitel 2, das Ihnen zeigt, wie Sie diese Aufgabe in Angriff nehmen können.

Das Training für den ersten 5-km-Lauf

Wie viel Training ist nötig, damit Sie Ihrem ersten 5-km-Rennen gewachsen sind? Die meisten Menschen, die eine einigermaßen gute Kondition besitzen (weil sie Rad fahren, Schwimmen oder andere Sportarten betreiben, die die Stärkung des Herz-Kreislauf-Systems fördern), könnten die 5 km wahrscheinlich mit sehr wenig Training laufen. Sie hätten vielleicht ein paar Tage lang Muskelkater, aber Sie würden es schaffen.

Aber wenn Sie sich schon entschlossen haben, ein 5-km-Rennen anzugehen, können Sie es auch gleich richtig machen. Der Trainingsplan am Ende des Kapitels wird Ihnen helfen, Ihre erste Ziellinie zu überqueren. Die Arbeit mit diesem Plan setzt natürlich voraus, dass Sie keine größeren gesundheitlichen Probleme haben, dass Sie in einigermaßen guter Form sind und dass Sie zumindest schon etwas Jogging oder Walking betrieben haben. Wenn Ihnen 2,5 Kilometer in der ersten Woche zu viel erscheinen, können Sie den Trainingsplan auch auf mehr als acht Wochen ausdehnen und vor dem Laufen zunächst mit Walking beginnen.

Die Begriffe, die im Trainingsplan verwendet werden, sind eigentlich selbsterklärend, aber es kann nicht schaden, sie genau zu definieren.

- **Ausruhen:** Ruhetage sind genauso wichtig wie Trainingstage. Sie geben Ihren Muskeln die Möglichkeit, sich zu regenerieren, damit Sie wieder laufen können. Ihre Muskeln bauen sich während dieser Erholungsphasen sogar auf. Ohne Ruhetage keine Leistungssteigerung.

- **Laufen:** Setzen Sie einen Fuß vor den anderen und laufen Sie. Das hört sich ziemlich einfach an, und das ist es auch. Machen Sie sich keine Gedanken darüber, wie schnell Sie sind oder ob Sie die „perfekte" Laufhaltung haben; laufen Sie einfach die angegebene Strecke – oder zumindest ungefähr. Im Idealfall sollten Sie mit einem Tempo laufen, bei dem Sie sich problemlos unterhalten können.

- **Laufen/ Walking:** Hier ist eine Kombination aus Laufen und Walking gemeint, die für „zwischendurch" gedacht ist, für Tage, an denen Sie ein bisschen trainieren wollen, aber eben nur „ein bisschen". Es gibt keine Regeln, die vorschreiben, dass Sie durchgehend laufen müssen, sei es im Training oder auch bei einem 5-km-Rennen. Entscheiden Sie das nach eigenem Ermessen. Eine andere Möglichkeit für zwischendurch ist das

Cross-Training: Fahren Sie Rad, Schwimmen, Wandern oder Walken Sie einfach.

WALKING: Walking ist eine sehr gute Übung, die viele Läufer bei ihrem Training einfach übersehen. Der Trainingsplan sieht vor, dass Sie am Tag nach Ihrer längsten Strecke eine Stunde Walken. Machen Sie sich dabei keine Gedanken über Ihr Tempo oder wie lang Sie Walken. Training darf nicht nur schwer sein. Wenn Ihnen ein einstündiger Marsch anfangs zu viel ist, beginnen Sie mit einer halben Stunde und gehen Sie jede Woche fünf Minuten länger, bis Sie Ihr Ziel erreicht haben. Eine Route in schöner Umgebung kann Ihre Walkingroutine dabei etwas abwechslungsreicher machen.

MUSKELKATER

Wie fit Sie auch durch andere sportliche Aktivitäten sein mögen: Wenn Sie anfangen zu laufen, werden Sie wahrscheinlich unter Muskelkater leiden. Auch wenn Ihnen das Laufen leichter fällt, werden Sie von Zeit zu Zeit noch Muskelkater haben. Dies kann aus drei Gründen passieren:

1. *Sie sind nicht an das Training gewöhnt.*
2. *Sie sind an **anderes** Training gewöhnt.*
3. *Sie haben die übliche Dauer (oder Intensität) Ihres gewohnten Trainings stark überschritten.*

Laut Sportphysiologen ist Muskelkater das Resultat von winzigen Rissen im Muskelgewebe, ähnlich einem Schnitt, wie er durch eine scharfe Papierkante entsteht (Es ist unangenehm, Sie können den Finger jedoch noch benutzen). Durch diese Risse kann Wasser in die Fasern eindringen. Dies führt zu einer vermehrten Wasseransammlung in den Muskelfasern, wodurch die Muskelfasern anschwellen und somit gedehnt werden. Gleichzeitig erfolgt eine Einwanderung von Entzündungszellen in die geschädigte Muskulatur. Den stärksten Muskelkater hat man oft erst 48 Stunden nach dem Training, daher können Ihre Muskeln am zweiten Tag mitunter mehr schmerzen als am ersten.

Um die Schmerzen zu stillen, wenden Sie als erste Maßnahme Eis gegen die Schwellungen an. Wenn der Schmerz seinen Höhepunkt erreicht hat, hilft Wärme, denn sie fördert die Regeneration, indem sie die Blutzirkulation anregt. Auch Massagen und schmerzstillende Salben können helfen. Doch wenn Sie ein schnellerer Läufer werden wollen, werden Sie lernen müssen, ein wenig Muskelkater als natürlichen Teil des Anpassungsprozesses zu akzeptieren. Nach der Regeneration sollten Ihre Muskeln tatsächlich kräftiger geworden sein. Das Strapazieren und Regenerieren der Muskeln bringt Sie letztendlich in Form und führt schließlich dazu, dass Sie schneller und weiter laufen können. Ein Weg Muskelkater zu vermeiden, ist, nicht zu früh zu viel zu trainieren. Deshalb raten Trainer Laufanfängern langsam zu beginnen. Und auch erfahrene Sportler legen regelmäßig Erholungsphasen ein.

Der folgende Trainingsplan soll nur als Grundlage dienen. Sie dürfen ihn gerne leicht abändern, je nach Wetterlage und Ihren beruflichen und familiären Verpflichtungen. Laut Plan werden jede Woche die meisten Strecken um 250 oder 500 Meter verlängert; das lässt sich auf der Bahn leicht realisieren. Wenn Sie auf der Straße oder im Gelände trainieren, ist es natürlich schwieriger abzumessen, wie weit genau Sie gelaufen sind. Machen Sie sich darüber keine großen Gedanken: Laufen Sie einfach ungefähr so lange weiter, wie sie normalerweise für 250 bzw. 500 Meter brauchen.

Sobald Sie Ihr erstes 5-km-Rennen geschafft haben, haben Sie Ihre erste Bestzeit aufgestellt. Nun setzen Sie sich ein neues Ziel: Laufen Sie diese Strecke in einer besseren Zeit oder laufen Sie eine längere Strecke. Lesen Sie einfach weiter, dann erkläre ich Ihnen, wie Sie das anfangen.

		Mo	Di	Mi	Do	Fr	Sa	So	Gesamt-strecke
Woche	1	Pause bzw. Laufen/Walken	2,5 km Laufen	Pause bzw. Laufen/Walken	2,5 km Laufen	Pause	2,5 km Laufen	60 min Walken	7,5 km (+)
	2	Pause bzw. Laufen/Walken	3 km Laufen	Pause bzw. Laufen/Walken	2,5 km Laufen	Pause	3 km Laufen	60 min Walken	8,5 km (+)
	3	Pause bzw. Laufen/Walken	3,5 km Laufen	Pause bzw. Laufen/Walken	2,5 km Laufen	Pause	3,5 km Laufen	60 min Walken	9,5 km
	4	Pause bzw. Laufen/Walken	3,75 km Laufen	Pause bzw. Laufen/Walken	2,5 km Laufen	Pause	3,75 km Laufen	60 min Walken	10 km
	5	Pause bzw. Laufen/Walken	4 km Laufen	Pause bzw. Laufen/Walken	2,5 km Laufen	Pause	4 km Laufen	60 min Walken	10,5 km
	6	Pause bzw. Laufen/Walken	4,5 km Laufen	Pause bzw. Laufen/Walken	2,5 km Laufen	Pause	4,5 km Laufen	60 min Walken	11,5 km
	7	Pause bzw. Laufen/Walken	4,75 km Laufen	Pause bzw. Laufen/Walken	2,5 km Laufen	Pause	4,75 km Laufen	60 min Walken	12 km
	8	Pause bzw. Laufen/Walken	4,75 km Laufen	Pause bzw. Laufen/Walken	Pause bzw. Laufen/Walken	Pause	**5-km-Rennen**	60 min Walken	9,75 km

Ruhetag

Kapitel **2**

DAS FUNDAMENT
„Legging up"* bringt Sie in Form

An einem frostigen Wintermorgen, ich wohnte in einem Hotel in der Nähe von Arlington Park (einer Rennbahn nordwestlich von Chicago), stand ich früh auf, um ein paar langsame Runden auf den Radwegen der nahegelegenen Busse Woods zu drehen. Die mir entgegenkommenden Jogger, Spaziergänger oder Radfahrer grüßte ich mit einem Nicken oder einem kurzen Hallo. Zwei Jogger hatten mich anscheinend erkannt. Als ich an ihnen vorbeilief, hörte ich den einen zum anderen sagen: „Was macht der denn hier?"

Ich war natürlich nicht da, um auf Pferde zu wetten, denn die Rennbahn war um diese Jahreszeit geschlossen. Eigentlich waren meine Frau Rose und ich auf dem Rückweg von einer Leichtathletikveranstaltung in Madison/Wisconsin und in dem Hotel abgestiegen, um bei einer Hochzeitsfeier dabeizusein. Ich war deshalb so früh an einem Sonntagmorgen in eben diesem Waldstück anzutreffen, weil ich ein Basistraining absolvierte, um mich für das Geschwindigkeitstraining in Form zu bringen, das ich später im Frühjahr geplant hatte. Ich hätte den beiden antworten können: „Ich betreibe ‚Legging up'."

Diesen Ausdruck benutzen Leute, die mit Pferden arbeiten. Ich habe ihn von Ed Benham († 2001), einem ehemaligen Jockey aus Ocean City/Maryland, der in der Altersklasse 70+ fast hundert amerikanische Rekorde (Bahn- und Straßenläufe) aufgestellt hat.

* Von „leg", engl. für „Bein"; im Sinne von „Beine machen"

Eine Lektion von der Pferderennbahn

Pferde laufen ziemlich schnell, also sollte das, was für ein Pferd gut ist, auch für einen Läufer gut sein. Beim „Legging up" lief ich so langsam, dass es sogar einen Anfänger gelangweilt hätte. Innerhalb von neunzig Minuten legte ich an diesem Morgen in der Nähe der Rennbahn ca. 9 – 10 Meilen zurück. Das ist ein Schnitt von knapp 10 Minuten pro Meile. In den meisten 10-km-Rennen werden Sie mit diesem Tempo im hinteren Feld liegen. Doch das alles war Teil von Benhams Methode, obwohl er bei Rennen jedesmal viel schneller lief.

Auch wenn sie einem Spaziergang glichen, so sollten diese langsamen Runden doch später im Jahr in schnellen Endspurts resultieren. Die Leistung, die ich kurz zuvor in Madison gebracht hatte, war ein klarer Beweis dafür, dass ich an meinem Tempo arbeiten musste. Im 1.500-m-Rennen hatten sich die zwei Spitzenläufer nach der ersten Runde von mir abgesetzt. Fünf Runden machte ich das Tempo für den Rest des Feldes, dann wurde ich in der letzten Runde von drei weiteren Läufern überholt.

Nach dieser Niederlage wäre die normale Konsequenz gewesen, im Training Sprints zu laufen, um meine Spurtqualitäten zu verbessern – vielleicht ein paar aufreibende 400-m-Wiederholungen auf der Bahn. Jeder Experte erzählt uns: Man kann nicht schnell laufen, wenn man nicht schnell trainiert!

> **Über einen längeren Zeitraum summieren sich selbst Strecken von wenigen Kilometern zu vielen Kilometern.**

Das ist richtig, vorausgesetzt man absolviert das Schnelligkeitstraining zum richtigen Zeitpunkt. Denn eine andere Regel besagt, dass man nicht schnell laufen kann, wenn man nicht zuerst langsam trainiert. Und darum geht es beim Basistraining. Sie müssen zuerst durch Langstreckentraining eine Grundlage aufbauen. Man muss in Form sein, bevor der Anpfiff kommt. Das ist in allen Sportarten so. Ein Stürmer, der keine Laufarbeit leisten kann, kann auch keine Tore schießen. Dr. Melvin H. Williams, Sportphysiologe und ein erfolgreicher Läufer in der Masters-Klasse, ist sogar der Meinung, dass Basistraining für das Laufen über alle Distanzen entscheidend ist.

„Über einen längeren Zeitraum summieren sich selbst Strecken von wenigen Kilometern zu vielen Kilometern", sagt er. „In der Schule war ich nie ein Langstreckenläufer, aber ich bin immer gelaufen, um mich für andere Sportarten in

Form zu bringen. Beim Militär habe ich das Laufen nicht aufgegeben und später versuchte ich, mich damit fit zu halten. Dadurch, dass ich ständig nebenbei lief, konnte ich mir ein Trainingsfundament schaffen, auf das ich sofort aufbauen konnte, als ich ernsthaft mit dem Laufen anfing."

Die langsamen Runden in den Wäldern in der Nähe von Arlington Park sollten mir also helfen, schneller zu laufen.

Basistraining

Ed Benham hatte das in seinem Beruf gelernt. Er ritt sein erstes Rennen als Jockey in Culver City/Kalifornien als er 14 Jahre alt war. Zwei Jahre später schaffte er seinen ersten Sieg. Bis 1940 ritt Benham Wettkämpfe, dann arbeitete er als Vorreiter und Gerätewart, bis er sich 1976 zur Ruhe setzte.

Kurze Zeit später begann Benham zusammen mit seinen beiden Söhnen zu laufen und hatte in seiner Altersklasse sofort Wettkampferfoge. „Ich habe mich selbst genauso trainiert, wie ich die Pferde trainiert habe", sagte Benham.

Das bedeutete, langsam anzufangen. Oder, wie bei dem Basistraining, das Benham den Pferden gab: Er begann mit dem „Legging up". Sechs bis acht Wochen lang ließ er die Pferde nur sehr langsam galoppieren. Schließlich erhöhte er das Tempo leicht, „Breezing"*, wie es in der Jockeysprache heißt. Er ließ die Pferde rennen, zuerst über 200, dann über 400 m, bis sie zuletzt die 1.000 Meter bei schneller Geschwindigkeit schafften. Wenn die Pferde erschöpft schienen, verzichtete er ein oder zwei Tage auf hartes Training und führte sie lediglich jeden Tag eine Stunde herum, bis sie ihren alten Schwung wieder hatten.

„Eine Sache, an der man erkennt, ob ein Pferd übertrainiert ist, ist, dass es sein Futter nicht auffrisst", sagte Benham. Appetitlosigkeit ist auch bei Läufern ein Zeichen von zu hartem Training. Allerdings nehmen wir unser Ruhebedürfnis erst dann zur Kenntnis, wenn uns ein erfahrener Läufer oder Trainer darauf hinweist.

Andere Warnsignale bei zu hartem Training sind nächtliche Ruhelosigkeit, ein leicht erhöhter Puls kurz bevor man aufsteht, ein Taubheitsgefühl in den Beinen und allgemeine Müdigkeit. Man läuft natürlich auch langsamer. Die Ge-

---

* Von „Breeze", engl. für „Brise"; Trainingsmethode, bei der die Pferde über kurze Distanzen schnell laufen. Trainer verwenden auch den Ausdruck „Spritzer".

fahr einer Erkältung ist erhöht, da die Abwehrkräfte sinken. Bis zu einem gewissen Grad gehören Muskelkater und Verspannungen zum Training dazu, doch wenn die Erschöpfung länger als zwei oder drei Tage anhält, brauchen Sie kein Aspirin zu nehmen oder zum Arzt zu gehen, wie etwa bei einer Erkältung. Das Beste ist, Sie schrauben Ihre Trainingskilometer zurück bis Sie, so wie Benhams Pferde, Ihren alten Schwung wieder haben.

Als Benham im Alter von 71 Jahren mit dem Laufen anfing, ging er an diesen neuen Sport ähnlich heran wie zuvor an den Reitsport. „Niemand hat mir gesagt, wie ich laufen soll", sagte er. „also fing ich mit dem ‚Legging up' an. Sobald ich in Form war, kam der gestreckte Galopp." Damit meinte Benham, dass er seine Trainingsdistanzen verkürzte, dafür aber die Geschwindigkeit erhöhte und so seine Schrittlänge streckte.

Weit laufen um schneller zu werden

Für jedes laufende Wesen – ob Mensch oder Pferd – hängt der Erfolg vom Aufbau einer guten aeroben Kapazität ab. Ausdauer ist die Grundlage für die läuferische Leistung. Das gilt sogar für Sprintstrecken von 100 oder 200 Metern.

Die schnellsten Läufer (man denke an Carl Lewis oder Michael Johnson) sind nicht immer die, die am schnellsten aus den Startblöcken kommen, sondern die, die später im Rennen am wenigsten an Geschwindigkeit verlieren. „Das Ausdauertraining muss an erster Stelle stehen", verlangt Bill Dellinger, ehemaliger Lauftrainer und Bronzemedaillengewinner bei den Olympischen Spielen von 1964. „Geschwindigkeit ist nur eine Ergänzung der Stärke."

Für einen Anfänger bedeutet das, die tägliche Trainingsstrecke allmählich von einem auf drei, auf fünf Kilometer oder mehr zu erhöhen und gleichzeitig am Wochenende einen längeren Lauf von etwa sechs bis zehn Kilometern einzulegen. Selbst mit einem einfachen Programm wie diesem können Sie große Fortschritte in Fitness, Kondition und sogar Tempo machen. Sie können Ihre Ausdauer mit langen Läufen trainieren – und für einen Anfänger können auch nur fünf oder sieben Kilometer ein langer Lauf sein.

Benji Durden, Marathonläufer bei der Olympiade von 1980 und derzeit Trainer in Boulder/Colorado, sagt: „Ich bin fest davon überzeugt, dass der lange

MACHEN SIE SICH IHR TRAINING LEICHTER

„Glücklicherweise ist Laufen ein Sport, der sich leicht in den Tagesablauf der meisten Leute integrieren lässt. Man muss keinen Platz reservieren und man braucht kein Spielfeld. Man braucht keinen Partner – obwohl es manchmal schön ist, in Gesellschaft zu laufen. Man geht einfach aus der Tür und fängt an. Obwohl ich eine professionelle Läuferin bin, habe ich mein Training auf einige wenige Varianten eingeschränkt. Ich gehe vor die Tür, und dann biege ich entweder links oder rechts ab. Die eine Richtung ist die lange Strecke, die andere die kurze. Je nachdem, wieviel Zeit ich habe, laufe ich dann schnell oder langsam – relativ gesehen, natürlich.

Viele Läufer ärgern sich, wenn sie in einer Ausgabe der **Runner's World** oder in irgendeinem Buch ein Programm finden, das ihnen exakt vorschreibt, an welchem Tag sie ihr Ausdauertraining und an welchem sie ihr Tempotraining machen sollen. Man muss nicht immer einem genauen Plan folgen. Der Plan sollte immer Ihnen folgen."

Joan Benoit Samuelson

Lauf eine sehr wichtige Rolle spielt. Viele Läufer wollen ihr Tempo steigern und übersehen dabei, wie entscheidend Kondition ist. Der wöchentliche lange Lauf ist von großer Bedeutung. Wenn Sie auf einen Kurzstreckenwettkampf hinarbeiten, müssen Sie während des Trainings trotzdem über lange Distanzen laufen. Dass Sie während des Wettkampfs nicht länger als zwei Stunden laufen müssen, bedeutet nicht, dass Läufe von dieser Länge für Ihr Trainingsprogramm keinen Wert haben."

> *Für jedes laufende Wesen – ob Mensch oder Pferd – hängt der Erfolg vom Aufbau einer guten aeroben Kapazität ab.*

Dr. Russell H. Pate, Direktor eines biomechanischen Labors in den USA erläutert die Vorteile des „Cumulative Caloric Through-put" (etwa: Gesamtkaloriendurchsatz).

„Dieser Begriff bezieht sich auf den Gesamtkalorienverbrauch, also Ihre Gesamtaktivität", sagt Dr. Pate, der selbst zweimal beim Boston Marathon unter den ersten zehn ins Ziel kam. „Um beim Laufen erfolgreich zu sein, muss man viele Kalorien verbrennen, auch wenn man mit niedriger Intensität läuft."

Dr. Pate gibt jedoch zu, dass diese Form des Trainings mit gewissen Risiken verbunden ist. „Besonders mit den langen Läufen kann man es leicht übertreiben, wenn man zu oft oder zu weit läuft. Für mich war einmal in der Woche immer ein guter Schnitt. Der lange Lauf hat physiologische und psychologische Vorteile, die im Labor nicht immer messbar sind. Nur bei langen Läufen findet der gleiche Abbau von Muskelglykogen statt wie beim Wettkampf. Durch diese Form des Trainings werden Anpassungen hervorgerufen, die man auf andere Art nur schwer erreichen kann."

Pate räumt allerdings ein, dass diese Theorie umstritten ist. „Einige Physiologen werden mir da widersprechen. Doch wenn man sich in einem glykogenarmen Zustand befindet, muss man mehr als sonst auf Fett als Energiereserve zurückgreifen. Es ist wahrscheinlich von Vorteil, diese Situation im Training erlebt zu haben. Es hilft, regelmäßig Erfahrungen damit gemacht zu haben.

Auch vom psychologischen Standpunkt her ist es hilfreich. Man muss geistig darauf vorbereitet sein, sich über einen längeren Zeitraum hinweg völlig aufs Laufen zu konzentrieren, sei es für 30 Minuten oder für drei Stunden. Deshalb sind lange Läufe für jedes Trainingsprogramm entscheidend, selbst wenn es um Strecken unterhalb der 5-km-Grenze geht."

Wie lang ist lang?

Wie weit sollte man laufen? Wie lang ist lang? Diese Fragen sind nicht einfach zu beantworten, weder für Anfänger noch für erfahrene Läufer. Wie also kann man sich als Läufer vorbereiten?

Dazu Sportphysiologe Dr. Jack Daniels: „Wenn Sie Ihre läuferischen Fähigkeiten steigern wollen, müssen Sie einen Grad der Belastung erreichen, der keine Überbelastung ist." Denken Sie einen Augenblick darüber nach. Das ist ein wichtiger Punkt.

Läufer müssen also sehr vorsichtig sein, wenn sie ihre Trainingsbelastung erhöhen. „Sie wollen eine positive Reaktion auf die Belastung hervorrufen, keine negative", lehrt Dr. Daniels.

Das richtige Maß an Trainingsbelastung festzulegen ist keine einfache Aufgabe, weder für einen Läufer noch für einen Trainer. Wenn Sie einen Monat lang 30 Kilometer pro Woche laufen, was kommt dann als Nächstes? Erhöhen Sie auf 40? Auf 50? Sollen Sie 60 Kilometer als Wochenziel anpeilen? Eine falsche

Entscheidung kann zu Verletzungen führen oder zum Burnout, der Sie ebenso sehr zurückwerfen wird.

Dr. Daniels weiter: „Wenn man den Schritt von null auf 30 Kilometer pro Woche macht, erreicht man dadurch eine enorme Steigerung der Fitness und der körperlichen Leistungsfähigkeit. Die Verdopplung der Trainingskilometer von 30 auf 60 führt zu nicht annähernd so großen Fortschritten. Das Verhältnis Aufwand-Resultat wird ungünstiger (Gesetz des Leistungszuwachses). Je mehr man arbeitet, desto schwieriger wird es, sich zu verbessern – und irgendwann schlägt die Kurve ins Gegenteil um. Seien Sie also vorsichtig, wenn Sie ihre Trainingsbelastung erhöhen."

Für die Intensität gilt das Gleiche. Wenn Sie Ihre Trainingskilometer beibehalten, aber Ihr Tempo erhöhen, steigern Sie die Belastung ebenso sehr. Ob es sich nun um Länge oder Geschwindigkeit handelt, für beides gilt die Regel, dass die Belastung nicht öfter als alle drei oder vier Wochen erhöht werden sollte. „Nehmen Sie sich die Zeit, sich an einen bestimmten Belastungsgrad zu gewöhnen, bevor Sie einen Schritt weiter gehen", rät Daniels.

Wenn Sie festlegen in welchem Tempo Sie Ihre Kilometerzahl steigern wollen, können Sie von der Kilometerzahl ausgehen, die Sie im Leistungshoch laufen wollen. (Wenn ich Trainingspläne, wie die in diesem Buch, ausarbeite, fange ich jedesmal damit an.) Wenn Sie 70 Kilometer schaffen wollen und momentan 30 laufen, dann können Sie dieses Ziel erreichen, indem Sie Ihre Trainingskilometer alle vier Wochen um zehn erhöhen. Sie können sich also theoretisch innerhalb von 16 Wochen von 30 auf 40, auf 50, auf 60 und schließlich auf 70 Wochenkilometer steigern. Wenn Sie sechs oder acht Monate Zeit haben, können Sie einen langsameren Rhythmus wählen und so das Risiko einer Verletzung noch verringern.

> **Den Belastungsgrad festzulegen ist eine der schwierigsten Aufgaben für Sportler und Trainer.**

„Den Belastungsgrad festzulegen", so Dr. Daniels, „ist eine der schwierigsten Aufgaben für Sportler und Trainer."

Lange Strecken bei niedrigem Tempo zu laufen ist ein guter Weg zur Verbesserung Ihrer Grundausdauer, doch für die Schnelligkeit ist es gefährlich, wenn man nur in langen Läufen trainiert. Mit der Zeit gerät man in das Tempo und den Rhythmus eines Langstreckenläufers, man perfektioniert die Fähigkeit, lange, aber langsam zu laufen. Man verändert seine Schrittlänge und man verliert Tempo. Man büßt die Fähigkeit ein, schnell und effektiv kurze Strecken zu laufen.

Der größte Nachteil der Konzentration auf Trainingsumfänge ist, dass das Tempo bei langen Strecken deutlich niedriger ist als Wettkampftempo. Ein solches Training vernachlässigt die Entwicklung der Muskeln, die man bei schnelleren Rennen braucht. Da das Muskelgewebe je nach Lauftempo unterschiedlich genutzt wird, bilden Läufer, die nur bei Geschwindigkeiten unterhalb der Wettkampfgeschwindigkeit trainieren, nicht das gesamte Muskelgewebe aus, das sie für das Rennen brauchen.

Die beste Methode, die Geschwindigkeit zu trainieren, ist also, sich langsam ein aerobes Fundament zu schaffen und dann zu schnellem, anaerobem Training überzugehen.

Das „Herzstück" der Sache

Um schnell laufen zu können, muss man über ein Herz-Kreislauf-System verfügen, das Sauerstoff effizient transportieren kann. Mit gewissen Einschränkungen gilt die Regel, dass man um so schneller laufen kann, je mehr Sauerstoff die Muskeln aufnehmen können. Die Wissenschaftler sind sich über die Ursachen nicht völlig im Klaren, aber der effiziente Sauerstofftransport – die aerobe Grundlage – wird am besten dadurch entwickelt, dass man bei 70 bis 85 Prozent der maximalen Herzfrequenz (MHF) trainiert.

Trainiert ein Läufer jenseits der 85 Prozent MHF, überschreitet er die anaerobe Schwelle (oder Laktatschwelle). Dies hat verschiedenen Auswirkungen auf den Körper. Wenn Sie anaerob trainieren, entwickeln Sie die Fähigkeit der Muskeln, bei Bedarf Energie freizusetzen. Dafür muss jedoch zunächst ein solides aerobes Fundament gelegt werden. Ohne dieses kann den Muskeln nicht genügend Sauerstoff zugeführt werden und die Leistungsfähigkeit sinkt.

Dr. Robert H. Vaughn, der die Weltklasse-Langstreckenläuferin Francie Larrieu Smith trainierte, beschrieb diesen Effekt in seiner Doktorarbeit. Dr. Vaughan war aufgefallen, dass einige der Läufer, die er trainierte, ihre Wettkampfleistungen besser als andere über längere Zeiträume hinweg aufrechterhalten konnten. Dazu gehörte auch Larrieu Smith, die bei den Olympiaqualifikationen 1988 persönliche Bestzeiten lief und zwei Monate später bei den Olympischen Spielen in Seoul/Korea sogar noch schneller war. Sie wurde Fünfte beim 10.000-m-Lauf.

Als Dr. Vaughan Larrieu Smiths Training analysierte, stellte er fest, dass eine Ursache für ihre Kontinuität die Tatsache war, dass sie ihre aerobe Grundlage erhalten hatte, indem sie regelmäßig Trainingseinheiten über 30 km absolvierte – selbst wenn sie sich auf Rennen vorbereitete, die gerade über ein Drittel dieser Distanz gingen. Larrieu Smiths Trainingsmethode entstand allerdings aus Eigennutz, denn sie bereitete sich nicht nur auf die Olympiade vor, sondern auch auf den Columbus Marathon, der fünf Wochen nach den Spielen stattfinden sollte. Theoretisch hätte sich die Vorbereitung auf diesen Marathon negativ auf Larrieu Smiths Leistung bei der Olympiade auswirken können, tatsächlich war das aber einer der Gründe, warum sie in Seoul ein so gutes Rennen lief.

Larrieu Smiths Langstreckenläufe förderten ihre aerobe Basis und sorgten praktisch dafür, dass die Wege für den Sauerstofftransport offen blieben. Dadurch, dass sie diese solide Grundlage aufrecht erhielt, konnte sie von dem anaeroben (Tempo-) Training, das sie zusätzlich absolvierte, besser profitieren. Andere Läufer, die auch von Vaughan trainiert wurden, trainierten vornehmlich anaerob und mussten feststellen, dass sie ohne eine derart solide aerobe Basis ihre Höchstform nicht über den gleichen Zeitraum hinweg beibehalten konnten.

EIN GLEICHMÄSSIGES TEMPO

Der russische Trainer A. Yakimow erläutert, wie langsames Laufen helfen kann, schnell zu laufen, solange man ein gleichbleibendes Tempo beibehält: „Früher dachte man, dass langes, gleichmäßiges Laufen lediglich die aeroben Prozesse optimieren würde. Inzwischen sind die Experten jedoch zu der Erkenntnis gelangt, dass es gleichzeitig die anaeroben Fähigkeiten des Läufers stärken kann." Yakimow rät Trainern und Läufern, bei der Wahl von Tempo und Dauer eines Laufs mit größter Vorsicht vorzugehen. In einem Artikel schrieb Yakimow: „Die Schwierigkeit liegt darin, seine Energien während eines Laufes so zu verteilen, dass man die gesamte Strecke mit einem gleichmäßigen Tempo laufen kann. Sinkt das Tempo gegen Ende, ist die Aufgabe nicht gelöst." Mit anderen Worten: Ein Trainingslauf, der schnell beginnt und langsam endet, trainiert die Muskeln möglicherweise nicht richtig, entweder in Bezug auf die Ausdauer, oder in Bezug auf die Geschwindigkeit. Lernen Sie also, Ihr Tempo genau zu überwachen.

Eine Basis aufbauen:
Das Training für den ersten 10-km-Lauf

Angenommen, Sie haben den Trainingsplan in Kapitel 1 befolgt und sind Ihr erstes 5-km-Rennen gelaufen, dann können Sie jetzt mit Hilfe des folgenden Plans den nächsten Schritt machen und die aerobe Grundlage aufbauen, die Sie brauchen, um später anaerob trainieren zu können. Die Distanzen werden allmählich erhöht. „Das Erfolgsgeheimnis", so der Sportphysiologe Dr. Larry Mengelkoch, „ist kontinuierlich zu trainieren und keine plötzlichen Sprünge zu versuchen. Bei geringer Intensität werden Sie sich gleichmäßig steigern und somit Verletzungen vermeiden."

Zur Motivation enthält der Trainingsplan quasi als Licht am Ende des Tunnels ein 10-km-Rennen. Wenn es jedoch keinen passenden Wettkampf in Ihrer Nähe gibt, nehmen Sie ruhig eine kürzere Distanz, eventuell sogar einen 5-km-Lauf. Und seien Sie nicht überrascht, wenn Sie dort eine persönliche Bestzeit aufstellen.

Machen Sie sich über das Tempotraining noch keine Gedanken. Das können Sie angehen, wenn Sie sich eine Ausdauergrundlage geschaffen haben.

Sobald Sie Ihr erstes 10-km-Rennen gelaufen sind, werden Sie über diese neue Distanz eine weitere Bestzeit aufgestellt haben.

Und was noch viel wichtiger ist: Sie werden gelernt haben, dass selbst eine geringe Steigerung der Trainingskilometer Sie läuferisch voranbringen wird und Ihnen helfen kann, schneller zu werden.

	Mo	Di	Mi	Do	Fr	Sa	So	Gesamt-strecke
Woche 1	Pause bzw. Laufen/Walken	5 km Laufen	Pause bzw. Laufen/Walken	3 km Laufen	Pause	5 km Laufen	60 min Walken	13 km (+)
2	Pause bzw. Laufen/Walken	5 km Laufen	Pause bzw. Laufen/Walken	3 km Laufen	Pause	5,5 km Laufen	60 min Walken	13,5 km (+)
3	Pause bzw. Laufen/Walken	5 km Laufen	Pause bzw. Laufen/Walken	3 km Laufen	Pause	6,5 km Laufen	60 min Walken	14,5 km (+)
4	Pause bzw. Laufen/Walken	5 km Laufen	Pause bzw. Laufen/Walken	3 km Laufen	Pause	7 km Laufen	60 min Walken	15 km (+)
5	Pause bzw. Laufen/Walken	5 km Laufen	Pause bzw. Laufen/Walken	3 km Laufen	Pause	7,5 km Laufen	60 min Walken	15,5 km (+)
6	Pause bzw. Laufen/Walken	5 km Laufen	Pause bzw. Laufen/Walken	3 km Laufen	Pause	8 km Laufen	60 min Walken	16 km (+)
7	Pause bzw. Laufen/Walken	5 km Laufen	Pause bzw. Laufen/Walken	3 km Laufen	Pause	9,5 km Laufen	60 min Walken	17 km
8	Pause bzw. Laufen/Walken	5 km Laufen	Pause bzw. Laufen/Walken	2 km Laufen	Pause	**10-km-Rennen**	60 min Walken	17 km

Ruhetag

LANGSAM LAUFEN FÜR MEHR TEMPO

Kapitel 3

Schneller werden ohne Tempotraining

Während seines Trainings für die Olympiade von 1960 lief Peter Snell eines Sonntags zusammen mit dem erfahrenen Läufer Murray Halberg auf einem äußerst hügeligen, ca. 35 km langen Rundkurs in Owairaka, in den Außenbezirken von Auckland/Neuseeland. Zu diesem Zeitpunkt war Snell ein aufstrebender junger 800-m-Läufer, während Halberg ein erfahrener Meilenläufer war, der auf die 5.000 Meter umsteigen wollte. Verglichen mit den üblichen Spezialgebieten der beiden schien die Owairaka-Strecke (die unter „Kilometerfressern" immer noch berühmt ist) übermäßig lang zu sein. Das Tempo, das weit unter seiner üblichen Wettkampfgeschwindigkeit lag, ermüdete und frustrierte Snell: „Bei 25 höre ich auf!"

Halberg warnte den jüngeren Läufer davor, zu früh aufzugeben. „Wenn du jetzt aufhörst, geht die ganze Wirkung des Trainings verloren. Du musst überhaupt erst 25 km laufen, bevor du Nutzen aus den letzten zehn Kilometern ziehen kannst."

Snell war zwar nicht ganz überzeugt, aber hielt dieses Training durch, ebenso wie die anderen langsamen langen Läufe, die sein Trainer Arthur Lydiard angeordnet hatte. Im Sommer des gleichen Jahres bei der Olympiade von 1960 in Rom verblüffte der unbekannte Kiwi alle, als er die 800 m in der Rekordzeit von

1:46:3 gewann. Sein Trainingspartner Halberg gewann den 5.000-m-Lauf. Vier Jahre später, bei den Olympischen Spielen in Tokio, gewann Snell sowohl den 800- als auch den 1.500-m-Lauf. In der Zeit dazwischen stellte er außerdem Weltrekorde über die Distanzen 1 Meile (3:54:4) und 800 m (1:44:3) auf. Das erstaunte ihn selbst mehr als Leichtathletikfans.

„Das war ein absoluter Schock für mich, weil ich als Vorbereitung für dieses Rennen kaum Schnelligkeitstraining gemacht hatte", erinnert sich Snell. „Ich habe fast den ganzen Winter lang nur langsame Übungseinheiten eingelegt. Ich bin sogar einen Marathon in ungefähr 02.30 Std. als Training gelaufen! Nach dem Marathon bin ich auf die Bahn gegangen, habe ein bisschen Tempotraining gemacht und zack: Weltrekord. Ich konnte es damals einfach nicht glauben, dass man durch langsames Laufen lernen kann, schnell zu laufen."

Erst später lernte Dr. Peter Snell die wissenschaftlichen Grundlagen kennen, aufgrund derer er seine größtenteils schnell kontrahierenden (phasische oder „weiße") Muskeln durch langsames Laufen trainieren konnte. Nachdem Snell seine aktive Laufbahn beendet hatte, ging er in die Vereinigten Staaten, um an der Washington State University unter Dr. Phil Gollnick den akademischen Grad eines Sportphysiologen zu erwerben.

> *Sobald Ihr Körper beginnt die Glykogenreserven der „weißen" Muskeln anzuzapfen, werden Sie schneller und geben diesen Muskeln so einen zusätzlichen Trainingsschub.*

1974 arbeitete Dr. Gollnick zusammen mit Dr. Bengt Saltin, einem der führenden schwedischen Sportphysiologen, an einer Studie. Gollnick und Saltin untersuchten in ihrem Labor eine Gruppe von Radfahrern. Anhand von Muskelbiopsien, die sie während des Trainings nahmen, stellten sie fest, dass nach 60 bis 90 Minuten ein Großteil des Glykogens in den langsam kontrahierenden (tonische oder „rote") Muskeln erschöpft war. Die „roten" Muskeln werden bei aerobem Ausdauertraining am meisten beansprucht, während die „weißen" Muskeln mehr bei anaerobem Tempotraining zum Einsatz kommen. (Siehe auch „Ein kleiner wissenschaftlicher Exkurs".) Nachdem das Glykogen in den „roten" Muskeln abgebaut war, griff der Körper auf die „weißen" Muskeln zurück, um zusätzliches Glykogen zu gewinnen. Dr. Gollnick und Dr. Saltin entdeckten, dass so die „weißen" Muskeln trainiert wurden.

„Als ich die Ergebnisse der Untersuchung von Gollnick und Saltin durchging", sagt Dr. Snell, „wurde mir endlich klar, was Murray gemeint hatte, als er sagte, unser 35-km-Lauf in Owairaka würde keinen Effekt erzielen, bevor wir nicht mindestens 25 km gelaufen wären. Murray war genauso wenig Sportwissenschaftler wie unser Trainer Arthur Lydiard, doch beide wussten instinktiv, dass wir nur unser Tempo als auch unsere Ausdauer steigern konnten, indem wir die Grenzen unserer Glykogenreserven überschritten."

EIN KLEINER WISSENSCHAFTLICHER EXKURS

Durch die Durchführung von Muskelbiopsien (die Entnahme und Untersuchung eines winzigen Stückes Muskelgewebe unter dem Mikroskop) konnten die Sportwissenschaftler Muskeln in zwei Gruppen einteilen: schnell kontrahierende (phasische oder „weiße") Muskeln und langsam kontrahierende (tonische oder „rote") Muskeln. „Weiße" Muskeln reagieren und erschöpfen schnell, während „rote" Muskeln langsamer reagieren, dafür aber auch langsamer ermüden. Es ist daher nicht überraschend, dass die meisten Sprinter vorwiegend „weiße" Muskeln besitzen, während man bei Langstreckenläufern eher „rote" Muskeln findet.

Das ist einer der Gründe, warum Michael Johnson, der 1996 mit einer Weltbestzeit von 19:32 Sek. über 200 m die Olympische Goldmedaille gewann, niemals Khalid Khannouchis Bestzeit von 2:05:38 Std. wird einstellen können. Aber ebenso wenig könnte Khannouchi Johnson im Sprint besiegen. Sogar einfache Jogger haben von vornherein bessere Erfolgsaussichten auf bestimmten Distanzen als andere. Manche sind geborene 5-km-Läufer, andere geborene Marathonläufer. All das liegt in den Genen, auch wenn man durch Training einiges verändern kann. (Manche Untertypen der „weißen" Muskeln können besser auf Ausdauer trainiert werden als andere.)

Wie gut „weiße" und „rote" Muskeln arbeiten, hängt teilweise davon ab, wieviel Energie während des Trainings verfügbar ist. Beide Muskeltypen müssen Energie verbrennen, um funktionieren zu können. Glykogen ist in dieser Hinsicht die beste Form von „Treibstoff". Glykogen ist eine zuckerähnliche Substanz, die bei der Aufnahme von Kohlenhydraten am einfachsten im Muskelgewebe gelagert werden kann. Auch Fette und Eiweiße können in Energie umgewandelt werden, jedoch auf weniger effiziente Weise. Sind die Glykogenreserven erschöpft, kommt es zum Leistungsabfall. Der Glykogenabbau ist mit dafür verantwortlich, dass Marathonläufer nach 30 Kilometern öfter mal „dem Mann mit dem Hammer" begegnen.

Abschied vom Tempotraining

Obwohl die Untersuchung von Gollnick und Saltin schon viele Jahrzehnte zurückliegt, haben unzählige Wettkämpfer – ob nun zur Vorbereitung auf einen Geländelauf oder auf eine Leichtathletikmeisterschaft – die verschiedensten Varianten des langsamen langen Laufens im Training angewandt. Doch gerade die erfahrenen Läufer, die von langsamen langen Läufen am meisten profitieren könnten, haben immer noch nicht richtig verstanden, dass das Joggen bei niedriger Geschwindigkeit ihr Tempo wirklich erhöhen kann und ihnen dabei helfen kann, über gängige Distanzen wie die 5- oder 10-km-Bestzeiten aufzustellen.

Natürlich wird durch Artikel in Laufzeitschriften oder in Fachbüchern (einschließlich dieses Buches) die Vorstellung verbreitet, dass man zur Optimierung seiner Kurzstreckenqualitäten Tempotraining betreiben müsse: Intervalltraining auf der Bahn, Bergauf-Wiederholungen, Fahrtspiel im Gelände und anspruchsvolles Tempotraining nahe am Wettkampftempo. (Wenn du schnell laufen willst, musst du schnell laufen!) Diese Trainingsmethoden funktionieren, doch sie haben nicht bei allen Läufern den gleichen Erfolg. Nicht jeder kann eine Reihe von 400-m-Spurts oder Berg-Wiederholungsläufen hinlegen, ohne sich dabei Verletzungen zuzuziehen. Viele – einschließlich der steigenden Anzahl von Frauen, die Laufsport betreiben – lassen sich außerdem bedauerlicherweise von der Vorstellung abschrecken, zusammen mit Spitzensportlern auf der Bahn trainieren zu müssen. Der Großteil der Leser dieses

Buches wird Peter Snells Auffassung, dass man mit langsamem Laufen Tempo gewinnen kann, wahrscheinlich mit Erleichterung zur Kenntnis nehmen. Der wichtigste Aspekt ist jedoch, dass mit dem langsamen Laufen ein geringeres Verletzungsrisiko verbunden ist als mit einigen Formen des Tempotrainings.

Doch nicht jede Art des langsamen Laufens führt zum Erfolg, so Dr. Snell, der seine Thesen bei einer Tagung des American College of Sports Medicine ausführte. Um eine völlige Erschöpfung der Glykogenreserven in den „roten" Muskeln zu erreichen, muss man 60 bis 90 Minuten langsam laufen. Erst dann ist es den „weißen" Muskeln möglich, mit einem eben solchen Abbau zu beginnen. In diesem Stadium werden die „weißen" Muskeln trainiert. Dieser Prozess kann laut Dr. Snell noch intensiviert werden, wenn der Läufer an diesem Punkt das Tempo erhöht.

Während einer Reise nach Neuseeland vor einigen Jahren fuhr mich John Davies, Dritter bei den Olympischen Spielen 1964 über 1.500 m hinter Snell, über die berühmte Owairaka-Strecke. Ich konnte mir aus erster Hand ein Bild davon machen, wie Athleten unter Arthur Lydiard trainierten. Im ersten Drittel der 22-Meilen-Strecke erwartete sie eine Reihe von Steigungen mit einem steilen Anstieg als Höhepunkt, dem ein gewundener Waldweg mit Blick auf Auckland folgte.

Das mittlere Drittel der Strecke war relativ eben. Das letzte Drittel ging mehr bergab. Das spornte Lydiards Läufer an, gegen Ende der Trainingsstrecke ihr Tempo zu erhöhen. Genau an diesem Punkt der Strecke hatte damals Peter Snell sein Training mit Murray Halberg abbrechen wollen.

Die Strecke, auf der Snell, Halberg, Davies und die anderen Läufer aus Lydiards Gruppe in den Sechzigern trainierten, führte damals größtenteils durch Ackerland. Dieses Land ist inzwischen von der Stadt verschlungen worden und bildet eine schier endlose Fläche aus Tankstellen, Wohnungsbaugebieten und Einkaufszentren, die sich bis zum Wald erstrecken. Heute trainieren weniger Läufer auf der Owairaka-Strecke und, Zusammentreffen oder nicht, Neuseeländer bringen auch keine olympischen Medaillen mehr nach Hause. Doch die Trainingsmethoden, die zu Snells und Halbergs Erfolgen führten, haben bis heute Bestand und können von Läufern auf allen Leistungsstufen angewandt werden.

Das Geheimnis liegt darin, die langen Läufe am Anfang langsam und am Ende schnell zu laufen.

3:1-TRAINING

Die Beschaffenheit der Owairaka-Strecke brachte Snell und seinen Mitläufer dazu, gegen Ende ihr Tempo zu erhöhen. Sie liefen die Strecke jeden Sonntag, liefen jedoch jeden zweiten Sonntag etwas zurückhaltender, um Übertraining zu vermeiden. Auch wenn es bei Ihnen keine Strecke gibt, die gegen Ende abfällt, können Sie Ihr Training an diesen Langsam-Schnell-Rhythmus anpassen. Das Ergebnis könnte man 3:1-Training nennen – diese Methode wurde von John Davies favorisiert. Davies arbeitet inzwischen als Trainer. Er trainierte unter anderem die ehemaligen Weltrekordhalter über 5.000 Meter Dick Quax und Anne Audain.

Nicht jede Art des langsamen Laufens führt zum Erfolg. 60 bis 90 Minuten sollten es schon sein.

Beim 3:1-Training laufen Sie die ersten drei Viertel der Strecke in gemäßigtem Tempo. Im letzten Viertel steigern Sie allmählich Ihr Tempo, sodass Sie 30 bis 60 Sekunden schneller pro Kilometer werden gegenüber Ihrer anfänglichen Geschwindigkeit. Für den typischen abschließenden 32-km-Lauf während des Marathon-Trainings würde das bedeuten, die ersten gut 24 Kilometer in langsamem Tempo zu laufen und auf den letzten acht Kilometern das Tempo anzuziehen. Bei einem 12-km-Lauf würden Sie also auf den letzten drei Kilometern die Geschwindigkeit erhöhen.

Natürlich muss man kein Marathonläufer sein, um vom 3:1-Training zu profitieren. 60 bis 90 Minuten langsamen Laufens reichen aus, um das Glykogen in den „roten" Muskeln abzubauen. Wenn Sie also einen Kilometer in sechs Minuten schaffen, wären Sie nach zehn Kilometern Ihres 12-Kilometer-Laufs an diesem Punkt angelangt. Während Ihr Körper nun die Glykogenreserven der „weißen" Muskeln anzapft, erhöhen Sie Ihre Geschwindigkeit und geben diesen Muskeln so einen zusätzlichen Trainingsschub.

Bei dem oben erwähnten 12-km-Lauf würde also jemand, der ein 6-Minuten-Tempo läuft, die ersten 60 Minuten in langsamem Tempo laufen, während die verbleibenden 12 Minuten etwas schneller gelaufen würden.

Doch wie viel schneller? Das hängt vom Einzelnen ab und davon, was derjenige unter schnell oder langsam versteht. Ein Läufer, der es gewohnt ist, längere Strecken bei einem Tempo von fünf Minuten pro Kilometer zu laufen, könnte mit sechs oder sieben Minuten pro Kilometer beginnen und sich gegen Ende des Laufs bis auf 4 min 30 oder in Richtung 4 Minuten hin steigern. Wer während des Trainings einen Herzfrequenzmesser benutzt, kann sich an Folgendes halten: Die ersten drei Viertel des Laufes absolvieren Sie bei einem mäßigen

Tempo, das etwa einer Herzfrequenz von 65 bis 75 Prozent der maximalen Herzfrequenz entspricht; dann gehen Sie auf ein mittleres Tempo über (75 bis 80 Prozent der MHF).

Können Sie sich also mit dem 3:1-Training von jetzt an vom Geschwindigkeitstraining auf Ihrem Trainingsplan verabschieden? Wenn Sie Höchstleistungen bringen wollen, wahrscheinlich nicht. Trotzdem ist das 3:1-Training eine nützliche Ergänzung im Arsenal eines 5-km- oder Marathonläufers. Diese Trainingsmethode ist nicht revolutionär; Lydiards Läufer benutzten sie schon vor Jahrzehnten. Was allerdings bis zu einem gewissen Grade revolutionär ist, ist der Gedanke, diese Trainingsform an die Bedürfnisse der großen Mehrheit der Läufer anzupassen, die nicht nach einer Goldmedaille schielen. Aus welchen Motiven auch immer Sie das 3:1-Training anwenden: Es kann Ihnen auf den gängigen Distanzen wie 5 oder 10 km zu der nächsten persönlichen Bestzeit verhelfen.

Der Trainingsplan auf den Seiten ist eine Abwandlung des Plans, den Davies für seine Wettkämpfer verwendet. Er ist an die zeitlichen Einschränkungen der Läufer angepasst, die berufstätig sind und Familie haben. Er ist weniger zeitaufwändig als es eine Vorbereitung auf ein Rennen auf Weltklasseebene wäre.

Davies beschreibt den Trainingsumfang in Minuten, nicht in Kilometern. „Auf diese Weise kann der Plan von Läufern auf allen Leistungsstufen benutzt werden", erläutert der neuseeländische Trainer. (Wenn Sie in Kilometern statt in Minuten denken, teilen Sie einfach die vorgeschriebene Anzahl von Minuten durch Ihr übliches Trainingstempo, dann wissen Sie, wie weit Sie laufen sollten. Für einen Läufer, der ca. sechs Minuten für einen Kilometer braucht, bedeutet ein 60-Minuten-Lauf also eine Trainingsstrecke von 10 Kilometern.)

Das 3:1-Training ist in zwei Abschnitte geteilt: eine Ausdauerphase und eine Wettkampfphase. Die Ausdauerphase soll durch lange, leichte Läufe die aerobe Kapazität aufbauen. „Der Umfang wird während dieser Phase langsam aber sicher erhöht", sagt Dr. Davies. In der ersten Woche läuft man ca. vier Stunden, wovon 75 Minuten in einem einzigen langen Lauf zusammengefasst sind. Nach acht Wochen Aufbautraining ist der Wochenschnitt um mehrere Stunden gestiegen und es werden wöchentlich zwei lange Läufe zu je 90 Minuten absolviert.

Wenn Sie ein Anfänger sind, der mit den 5-km- und 10-km-Trainingsplänen aus den ersten beiden Kapiteln gearbeitet hat, sollte Ihnen der Übergang zu diesem neuen Programm relativ leicht fallen. Wenn es Ihnen zu schwierig erscheint, in der ersten Woche 75 Minuten zu laufen, wiederholen Sie einfach solange die letzten Wochen des 10-km-Trainingsprogramms, bis Sie sich an die Strecke gewöhnt haben. Wenn Sie weiter laufen wollen, müssen Sie langsamer werden, das ist das Geheimnis. Setzen Sie Ihr Trainingstempo herunter und trauen Sie sich auch, kurze Gehpausen einzulegen. In diesem Training werden Sie daran gemessen, wie lange Sie laufen, und nicht daran, welche Strecke Sie in dieser Zeit zurücklegen.

Wenn es Ihnen auch zu viel ist, sechs Tage in der Woche zu laufen, ersetzen Sie die für freitags vorgeschlagenen 30 min Joggen einfach durch einen Ruhetag. In der wöchentlichen Gesamtzeit in der letzten Spalte des Plans sind die 30 Minuten schon abgezogen.

Schwierigkeitsgrad	maximale Herzfrequenz (%)	Beschreibung	Geschwindigkeit
Joggen	50 – 65	locker	langsames Tempo, Joggen
leicht	65 – 75	etwas anstrengender	Gesprächsgeschwindigkeit (kein Joggen)
mittel	75 – 80	anstrengend	nicht mehr gemütlich

Die meisten Läufe werden mit einem leichtem Tempo absolviert, was, wie oben in der Tabelle, 65 – 75 Prozent der maximalen Herzfrequenz entspricht. Für einen Spitzensportler dürfte dieses „leichte" Tempo bei etwa 4 min pro Kilometer liegen, sodass er 15 km in 60 Minuten zurücklegen könnte. Jemand, der nicht so schnell läuft, schafft vielleicht nur die Hälfte dieser Strecke, profitiert aber dennoch auf seinem Level. Zusätzlich sind Regenerationstage vorgeschrieben, an denen nur mit Jogginggeschwindigkeit gelaufen wird, sowie an jedem zweiten Wochenende ein 3:1-Training, bei dem der Läufer die ersten drei Viertel des Laufes bei gemäßigtem Tempo zurücklegt, um auf dem letzten Viertel die Geschwindigkeit zu erhöhen und den Lauf bei mittlerem Tempo zu beenden.

„In der ersten Phase", so Davies, „ist das Hauptziel, zweimal wöchentlich mindestens 90 Minuten am Stück laufen zu können. Wenn Sie regelmäßig so lange laufen, wird Ihr Körper sich auf unglaubliche Weise verändern."

> *Wenn Sie weiter laufen wollen, müssen Sie langsamer werden, das ist das Geheimnis. Setzen Sie Ihr Trainingstempo herunter und trauen Sie sich auch, kurze Gehpausen einzulegen.*

LEERE KILOMETER

Man nennt sie abschätzig „leere Kilometer" – diese langsamen, zusätzlichen Kilometer, die wir an Entspannungstagen oder in der zweiten Tageseinheit laufen, manchmal nur, um unsere Kilometerzahl zu erhöhen: damit wir sagen können, wir sind letzte Woche 40 km gelaufen, und nicht nur 30 oder 80 statt 70. Auch ich bekenne mich schuldig. In meinen besten Zeiten bin ich zweimal täglich gelaufen und habe mir oftmals zusätzliche Trainingseinheiten aufgezwungen, nur damit ich auf 150 km die Woche komme – was ich für eine psychologisch wichtige Grenze hielt.

Doch haben mir diese leeren Kilometer irgendetwas gebracht? Macht es einen zu einem besseren Läufer, wenn man seine Wochenkilometer von 30 auf 40, auf 60 oder mehr erhöht, oder erhöht man damit nur das Verletzungsrisiko? Sind leere Kilometer wie leere Kalorien – man verbrennt viel, ohne dass es eine positive Wirkung zeigt? Ein Bekannter von mir, der Sportlehrer ist, hält langsame Kilometer für reine Zeitverschwendung. „Wenn du schon läufst, dann streng dich auch an", knurrt er für gewöhnlich. Er ist der Ansicht, dass man kürzere Strecken und dafür schneller laufen sollte.

Diese Sichtweise ist nicht unsinnig. Doch die Bedeutung von leeren Kilometern wird möglicherweise unterschätzt. Eine Untersuchung der University of Wisconsin-La-Crosse kam zu dem Ergebnis, dass Läufer, die ihre Erholungstage mit leeren Kilometern füllten, ihre Leistungen erhöhen konnten. „Man muss echte Regenerationstage einlegen, wenn das richtige Training Wirkung zeigen soll", sagen die Autoren der Studie.

Dr. Gerrit Bruin aus den Niederlanden stellt die Behauptung auf, dass Trainingsmonotonie (das ständige Laufen mit der gleichen hohen Geschwindigkeit) noch leichter zu Übertraining führt als zu lange Strecken.

Eine weitere Studie der University of Georgia zeigte, dass das Training selbst bei 40 Prozent der maximalen Leistung die Anspannung deutlich senkt und damit der Erschöpfung vorbeugt. Das sind gute Neuigkeiten für Läufer, die von ihrem Training profitieren, ohne gleich mit hoher Intensität trainieren zu müssen. Gute Nachrichten also auch für diejenigen von uns, die gerne langsam laufen. Wir müssen uns also nicht jedesmal schuldig fühlen, wenn wir zwar unsere Laufschuhe anziehen, uns aber nicht völlig verausgaben wollen. Selbst „leere Kilometer" können Läufer auf vielfältige Weise nützen.

KONDITION. Weitere Strecken zu laufen verbessert die Kondition, die wiederum die Fähigkeit erhöht, schnell zu laufen. Hier liegt das gleiche Prinzip zugrunde, als stemmte man viele Male ein leichtes Gewicht. Jeder einzelne Schritt, den man läuft, zählt.

KALORIENVERBRAUCH. „Leere Kilometer" verbrennen Kalorien genauso wirkungsvoll wie schnell gelaufene Kilometer; es dauert lediglich länger. Läuft man 10 km mit einem Tempo von 6 min/km (60 Minuten Gesamtzeit), verbrennt man in etwa die gleiche Menge Kalorien als wenn man die Strecke in 30 Minuten mit einem Tempo von 3 min/km zurücklegt (bei 80 kg Körpergewicht zwischen 60 und 70 Kalorien pro Kilometer).

BEWEGUNGSÖKONOMIE. Zusätzliche Kilometer helfen Ihnen, ökonomisch zu laufen. Ein tiefer, flacher Schritt ist schneller als ein hoher, springender. Laufen Sie also längere Strecken, dann verbessern Sie Ihre Bewegungsökonomie.

ENTSPANNUNG. Für jemanden, der gerne läuft, ist ein ganzer Tag Pause keine einfache Alternative. An den Erholungstagen leere Kilometer zu laufen, schützt Sie davor, sich niedergeschlagen und ausgebrannt zu fühlen.

Wie verbindet man leere Kilometer mit dem restlichen Training? Achten Sie darauf, dass Ihr Tempo an den Tagen zwischen den harten Trainingseinheiten niedrig genug ist; sodass Sie sich wirklich erholen können. Das können Sie auch auf Ihre langen Läufe am Wochenende übertragen. Nicht jedes Training muss schneller ausgelaufen werden. Noch eine Möglichkeit ist, Ihr Cross-Training teilweise durch leichte Läufe zu ersetzen.

Der Nachteil von leeren Kilometern ist allerdings, dass langes, langsames Laufen Ihre Muskeln nicht nur stärkt, sondern auch anspannt. Man muss mehr Stretching machen, um locker zu bleiben. Wenn Sie also mehr leere Kilometer laufen, dann stretchen Sie auf jeden Fall nach jedem Training. Darüber hinaus sollten die Kilometerumfänge nur allmählich gesteigert werden. Die Regel ist: erhöhen Sie Ihre Laufstrecke nie um mehr als zehn Prozent pro Woche – und sogar das kann zu viel sein, wenn Sie erst einmal über fünfzig oder sechzig Kilometer pro Woche sind. Wenn Sie Ihre Kilometerumfänge erhöhen, legen Sie ab und zu eine Woche mit einem kürzeren Pensum ein, bevor Sie weiter steigern. Unterschätzen Sie leere Kilometer nicht. Haben Sie keine Hemmungen, während des Trainings ein paar sehr langsame Läufe einzubauen, besonders an den Tagen zwischen anstrengenden Läufen. Cross-Training ist nicht immer die beste Lösung. Sie können Ihre Leistungen sehr verbessern, wenn Sie leere Kilometer richtig und zum richtigen Zeitpunkt einsetzen.

Foto: Concurve

Woche		Mo	Di	Mi	Do	Fr	Sa	So	Gesamt-zeit
1		Pause	30 min Joggen	60 min leicht	30 min leicht	30 min Joggen oder Pause	30 min leicht	75 min leicht	3:45
2		Pause	30 min Joggen	60 min leicht	30 min leicht	30 min Joggen oder Pause	40 min Joggen	75 min leicht/mittel	3:55
3		Pause	30 min Joggen	70 min leicht	30 min leicht	30 min Joggen oder Pause	40 min leicht	80 min leicht	4:10
4		Pause	30 min Joggen	70 min leicht	30 min leicht	30 min Joggen oder Pause	50 min Joggen	80 min leicht/mittel	4:20
5		Pause	30 min Joggen	80 min leicht	30 min leicht	30 min Joggen oder Pause	50 min leicht	90 min leicht	4:40
6		Pause	30 min Joggen	80 min leicht	30 min leicht	30 min Joggen oder Pause	60 min Joggen	90 min leicht/mittel	4:50
7		Pause	30 min Joggen	90 min leicht	30 min leicht	30 min Joggen oder Pause	60 min leicht	90 min leicht	5:00
8		Pause	30 min Joggen	90 min leicht	30 min leicht	30 min Joggen	Pause	Test-rennen	3:30

PHASE 1: AUSDAUER

Als Höhepunkt steht am Ende dieser ersten Phase ein Wettkampf, der hauptsächlich dazu gedacht ist, nach acht Wochen (relativ) langsamen Laufens Ihre Fitness zu überprüfen. (Sollte ein Rennen über eine andere Distanz als 5 km bequemer für Sie sein, können Sie auch das laufen.) Erwarten Sie jedoch keine Wunder und keine persönlichen Bestleistungen – das kommt später. Wenn Sie Ihr Ausdauertraining verlängern wollen, wiederholen Sie einfach die Wochen 6 und 7, bevor Sie den Test in der 8. Woche angehen. Das vierzehntägige 3:1-Training am Wochenende erkennen Sie an der Beschreibung leicht/mittel.

PHASE 2: WETTKAMPF

Nach diesem Aufbau von Ausdauer folgt eine zweite Phase, ebenfalls mit Schwerpunkt auf langsamen Läufen. Nun jedoch mit einem Wettkampf alle zwei Wochen. Die 8-km- und 10-km-„Rennen" in den Wochen 10 und 12 sollten wie das 3:1-Training gelaufen werden. Bleiben Sie anfangs im hinteren Feld und zwingen Sie sich, wenigstens die ersten ein bis zwei Kilometer langsamer zu laufen, als Sie laufen würden, wenn dies ein „ernsthaftes" Rennen wäre. Dann steigern Sie die Geschwindigkeit und beenden den Lauf mit hohem Tempo. Dadurch können Sie Ihre Beine mal richtig strecken und außerdem macht es mehr Spaß, auf den letzten Kilometern andere zu überholen, als überholt zu werden.

Beachten Sie, dass der höchste wöchentliche Zeitaufwand, den Sie während vier dieser acht Wochen betreiben müssen, nur fünf Stunden beträgt. Das ist nicht übermäßig viel, nicht einmal für einen Hobbyjogger, der ganztags arbeitet. In den Wochen mit Rennen ist der Zeitaufwand sogar noch geringer. (Allerdings werden Sie beim Wettkampf vermutlich mehr Zeit verbringen als beim Training, da Sie hinterher noch ein bisschen herumtrödeln wollen, um zu erzählen, wie gut Sie gelaufen sind.)

Ab der 14. Woche sollte der Trainingsaufbau anfangen, Wirkung zu zeigen. Das Rennen am Ende dieser beiden Wochen sollten Sie keineswegs in den hinteren Reihen beginnen. Nun geht's um Bestzeiten – setzen Sie auf Sieg! Die Wettkampfdistanz bleibt Ihnen überlassen. Sollten Sie sich eine andere Distanz als Ziel gesetzt haben, passen Sie den Trainingsplan entsprechend an.

Woche		Mo	Di	Mi	Do	Fr	Sa	So	Gesamt-zeit
9		Pause	30 min Joggen	90 min leicht	45 min leicht	30 min Joggen oder Pause	45 min Joggen	90 min leicht/mittel	5:00
10		Pause	30 min Joggen	60 min leicht	45 min leicht	30 min Joggen oder Pause	30 min Joggen	8-km-Rennen (3:1)	3:35
11		Pause	30 min Joggen	90 min leicht	45 min leicht	30 min Joggen oder Pause	45 min leicht	90 min leicht/mittel	5:00
12		Pause	30 min Joggen	60 min leicht	45 min leicht	30 min Joggen oder Pause	30 min Joggen	10-km-Rennen (3:1)	3:45
13		Pause	30 min Joggen	90 min leicht	45 min leicht	30 min Joggen oder Pause	45 min leicht	90 min leicht/mittel	5:00
14		Pause	30 min Joggen	60 min leicht	30 min Joggen	30 min Joggen oder Pause	Pause	5-km-Rennen (3:1)	2:30
15		Pause	30 min Joggen	90 min leicht	30 min leicht	30 min Joggen oder Pause	45 min leicht	90 min leicht	5:00
16		Pause	30 min Joggen	60 min leicht	30 min Joggen	30 min Joggen	Pause	10-km-Rennen (3:1)	3:00

SCHNELLIGKEITSAUSDAUER
Wo Tempo und Intensität zusammentreffen

Kapitel 4

Dr. Russell Pate von der University of South Carolina ist der Meinung, dass selbst Läufer, die schon gut in Form sind, durch Ausdauertraining ihr Tempo noch steigern können. Er fasst beide Trainingsziele in einem Begriff zusammen: „Speed Endurance" (Schnelligkeitsausdauer).

Dr. Pate (Marathonläufer mit der Weltklassezeit 02.15 Std.) definiert Ausdauer als die Fähigkeit, beim Training eine bestimmte Intensität über einen längeren Zeitraum hinweg aufrechtzuerhalten. Man läuft lange. Die Schnelligkeitsausdauer jedoch verbindet die Fähigkeit, lange zu laufen, mit der Fähigkeit, schnell zu laufen. Mit anderen Worten: Man lernt, schneller weiter zu laufen. Drei wichtige physiologische Faktoren tragen zur Schnelligkeitsausdauer bei:

SAUERSTOFFAUFNAHME. Bezüglich der Höchstmenge an Sauerstoff, die der Körper aufnehmen und verarbeiten kann, sprechen Wissenschaftler oft von „VO_2-max". Dieser Begriff beschreibt die aerobe Kapazität, also die Fähigkeit, die Muskeln – vor allem beim Ausdauertraining – mit Sauerstoff zu versorgen. Doch Vorsicht: Verwechseln Sie diesen wissenschaftlichen Maximalwert nicht mit dem „Maximum", von dem Trainer oft sprechen, denn hier ist meistens die maximale Herzfrequenz gemeint. (Siehe: „Die beiden Maximalwerte" auf S. 57)

LAKTATSCHWELLE. Bei manchen Menschen sammelt sich Laktat schneller an als bei anderen. „Bei untrainierten Läufern kann sich Laktat schon bei 30 bis 40 Prozent ihres VO_2-max ansammeln", sagt Dr. Pate. Diese Läufer haben eine sehr niedrige Laktatschwelle. „Andererseits können besser trainierte Ausdauerathleten bis zu einem Wert von 80 Prozent trainieren, ohne Laktat zu produzieren." Diese Athleten haben eine hohe Laktatschwelle entwickelt, sodass sie länger und intensiver auf einem Niveau unterhalb ihres VO_2-max trainieren können. Laut Dr. Pate legt der VO_2-max die Leistungsgrenze des Organismus fest. „Ich kann mich nicht erinnern, jemals einen Athleten gefunden zu haben, der länger als ein paar Minuten bei 100 Prozent VO_2-max trainieren konnte", sagt er, „man produziert einfach zu schnell zu viel Laktat."

EFFIZIENZ. Die Effizienz hängt mit der Biomechanik und der Bewegungsökonomie zusammen. Je harmonischer man läuft, desto weniger Sauerstoff verbraucht man bei einem bestimmten Lauftempo. „Je geringer der Sauerstoffverbrauch, desto geringer die Belastung für Stoffwechsel, Herz und Lunge und desto weiter kann man laufen", sagt Dr. Pate. Die Wissenschaftler sind sich einig, dass die Effizienz die durch Training am schwierigsten zu verändernde Fähigkeit ist.

Foto: Concurve

„Um Schnelligkeitsausdauer zu erlangen, muss man diese drei Faktoren zusammenbringen", erklärt Dr. Pate. „Der Idealfall wäre ein hoher VO_2-max, eine hohe Laktatschwelle und eine sparsame Bewegungsökonomie." Mit einem Trainingsprogramm, das diese drei Faktoren berücksichtigt, lassen sich optimale Ergebnisse erzielen. Egal, auf welchem Trainingsniveau Sie sich befinden, mit einem solchen Programm können Sie nur besser werden.

Schnelligkeitsausdauer aufbauen

Ein Teil Ihres Ausdauervermögens ist angeboren. Wenn Sie Ausdauer besitzen, liegt das möglicherweise daran, dass Ihre Muskulatur anteilsmäßig aus mehr langsam kontrahierenden („roten") Muskeln als schnell kontrahierenden („weißen") Muskeln besteht. Unsere Gene bestimmen also unser Ausdauervermögen. Doch um Ihre Basisausdauer zu steigern, müssen Sie trainieren. „Jeder kann seine Ausdauer durch Training verbessern, unabhängig von der Muskelzusammensetzung", sagt Dr. David Costill, ehemals Wissenschaftler an der Ball State University.

Um Ihre Schnelligkeitsausdauer aufzubauen, müssen Sie ein spezielles Training absolvieren. Wie erreichen Sie dieses Ziel? Nehmen wir zunächst das Thema der Steigerung der Basisausdauer aus Kapitel 2 wieder auf. Dazu muss ich einige komplizierte Fachausdrücke verwenden. Folgen Sie mir bitte mit ein wenig Geduld.

DIE BEIDEN MAXIMALWERTE

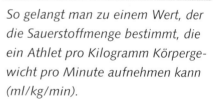

Der Ausdruck VO_2-max wird von Sportphysiologen oft als einfache Maßeinheit für die Bewertung menschlicher Leistung verwendet. Läufer verwechseln ihn jedoch gerne mit einem anderen Maximalwert, der häufig von Trainern benutzt wird: die maximale Herzfrequenz (MHF.)

Der VO_2-max bezieht sich auf die Höchstmenge an Sauerstoff, die zu den Muskeln transportiert werden kann. Wissenschaftler messen diesen Wert normalerweise, während ein Sportler auf einem Laufband läuft oder auf einem Standrad fährt. Man lässt ihn dabei in ein Gerät atmen, das das Atemvolumen misst.

So gelangt man zu einem Wert, der die Sauerstoffmenge bestimmt, die ein Athlet pro Kilogramm Körpergewicht pro Minute aufnehmen kann (ml/kg/min).

Hierbei handelt es sich also um das „wissenschaftliche" Maximum, das Sie nun getrost wieder vergessen können, wenn Sie nicht gute Beziehungen zu einem entsprechenden Institut haben. Das „Trainer-Maximum" ist da hilfreicher: die MHF oder maximale Herzfrequenz.

Für Trainer ist die MHF die beste Maßeinheit für Leistungsfähigkeit, denn schließlich wollen sie die Sportler trainieren und nicht untersuchen. Der Begriff „maximale Herz-

frequenz" ist wörtlich zu verstehen: Er bezeichnet die höchstmögliche Anzahl von Herzschlägen bei extremer Belastung und wird üblicherweise pro Minute gemessen. Hundert Prozent VO_2-max entsprechen hundert Prozent MHF, doch sonst sind beide Werte nicht vergleichbar. So muss man zum Beispiel mit 75 Prozent MHF trainieren, um 50 Prozent VO_2-max zu erreichen.

Es ist übrigens auch möglich, einen VO_2-max von mehr als hundert Prozent zu erreichen, zumindest für kurze Zeit. Bei der MHF sind hundert Prozent tatsächlich die Obergrenze. Mit Ausnahme dieses Kapitels wird der Begriff MHF in diesem Buch öfter auftauchen als VO_2-max, denn MHF ist meiner Meinung nach sowohl leichter zu messen als auch einfacher anzuwenden.

Laut William Fink, der am biomechanischen Labor der Ball State University eng mit Dr. Costill zusammenarbeitete, ist zur Verbesserung des Ausdauervermögens die Anpassung unserer Muskeln nötig. Das Wichtigste dabei sei, mehr Mitochondrien zu produzieren, subzellulare Organellen, die Adenosintriphos-

phat (ATP) erzeugen – die Energie, die unsere Muskeln in Gang bringt. „Wenn jemand aerob trainiert", so Fink, „lässt sich eine gesteigerte Aktivität bei einigen speziellen Enzymen feststellen, die mit der Erzeugung von ATP zusammenhängen. Außerdem entwickeln die Muskeln mehr Kapillargefäße, sodass der Transport von Blut und Sauerstoff zu den Muskeln erleichtert wird."

Ausdauertraining schafft einen gewissen Anteil an Ausdauer, der mit steigender Kraft einhergeht.

Dazu Dr. Pate genauer: „Die Muskeln entwickeln mehr Bindegewebe und einen größeren Durchmesser. Das steigert das Ausdauervermögen."

Das Wichtigste beim Ausdauertraining ist, die Trainingsbelastung langsam zu steigern. „Um eine Anpassung zu bewirken, muss der Organismus gezwungen werden, etwas zu tun, an das er nicht gewöhnt ist. Der Trick ist also, den Organismus so weit zu belasten, dass er sich anpasst, ohne dass unerwünschte Nebenwirkungen oder Verletzungen auftreten, weil man übertrieben hat. Das alles muss individuell geschehen. Wie viel Training man verträgt, ist individuell unterschiedlich."

Wissenschaftler können jedoch inzwischen mit einiger Genauigkeit sagen, wie viel Training ein durchschnittlicher Läufer braucht, um sein Ausdauervermögen, und insbesondere seine Schnelligkeitsausdauer, zu verbessern. Howard A. Wenger und Gordon J. Bell von der University of Victoria in Kanada haben drei notwendige Faktoren für die größtmögliche Steigerung der aeroben Kapazität identifiziert, der wichtigsten Grundkomponente der Schnelligkeitsausdauer. Dabei handelt es sich um Intensität, Häufigkeit und Dauer.

> *Der Trick ist also, den Organismus so weit zu belasten, dass er sich anpasst, ohne dass unerwünschte Nebenwirkungen oder Verletzungen auftreten, weil man übertrieben hat.*

INTENSITÄT. Nach Wenger und Bell „erhöht sich die Stärke der Veränderung des VO_2-max mit steigender Trainingsintensität von 50 auf 100 Prozent des VO_2-max und beginnt zu fallen, sobald die Intensität den VO_2-max übersteigt."

Diese Aussage muss näher erklärt werden, um die mögliche Konfusion von wissenschaftlichem Maximum und Trainings-Maximum auszuschließen. Um Ihren VO_2-max zu erhöhen, müssen Sie mit einer Intensität von mindestens 50 Prozent Ihres VO_2-max trainieren. Das bedeutet, Sie müssen bei mindestens 75 Prozent Ihrer maximalen Herzfrequenz (MHF) trainieren; einem Wert, den man als untersten aeroben Wert bezeichnen könnte. (Ironischerweise müssen Sie zur Steigerung Ihres VO_2-max desto stärker trainieren, je besser Sie in Form sind.)

Im Klartext: Um Ihre Ausdauer zu steigern, trainieren Sie bei 75 oder mehr Prozent Ihrer MHF.

HÄUFIGKEIT. Wenger und Bell führen weiter aus: „Für einen niedrigen Trainiertheitsgrad gilt, dass sich der VO_2-max bei bis zu sechs Trainingseinheiten pro Woche erhöht, sowohl relativ als auch absolut. Bei hohem Konditionsgrad jedoch werden bei nur zwei Trainingseinheiten pro Woche keinerlei Verbesserungen erzielt, während die höchstmögliche Steigerung bei vier Trainingseinheiten eintritt."

Im Klartext: Um Ihre Ausdauer zu steigern, trainieren Sie viermal pro Woche mit einer gewissen Intensität (mindestens annähernd Wettkampfgeschwindigkeit), also etwa jeden zweiten Tag.

DAUER. Wenger und Bell beobachteten einige Wirkung bei Trainingseinheiten von 15 bis 30 Minuten. Die höchstmögliche Steigerung stellten sie bei einer Trainingslänge von über 35 Minuten fest: „Diese Steigerung ist möglicherweise eine Auswirkung der stärkeren Beteiligung von weißen Muskelfasern angesichts der sinkenden Leistungsfähigkeit der roten Fasern." Wird jedoch ein Zeitraum von 45 Minuten überschritten, gehen die Ergebnisse wieder zurück. Dies liegt höchstwahrscheinlich an der Schwierigkeit, die Intensität (wie weiter oben beschrieben) über eine derart lange Zeitspanne hinweg beizubehalten bzw. die Trainingsintensität in dieser Häufigkeit (4x pro Woche) aufrechtzuerhalten.

Im Klartext: Um Ihre Ausdauer zu steigern, sollte der härtere Teil Ihres durchschnittlichen Trainings etwa 35 bis 45 Minuten dauern.

Man kann die Aussagen der Untersuchung von Wenger und Bell wie folgt zusammenfassen: Die Kombination von Intensität und Häufigkeit, für eine größtmögliche Verbesserung sowohl im relativen als auch im absoluten Sinne, besteht aus vier wöchentlichen Trainingseinheiten bei 75 bis 90 Prozent der MHF mit einer Dauer von 35 bis 45 Minuten (Dadurch ermüden Ihre „roten" Muskeln. Ihr Körper muss auf die „weißen" Muskeln zurückgreifen, um das Training bei vollem Tempo zu beenden. So werden Ihre „weißen" Muskeln trainiert. So können Sie nicht nur schneller laufen, sondern auch schneller weiter laufen.) Wenger und Bell ergänzen noch: „Es ist zu beachten, dass weniger starke Sportler durch ein Training bei geringerer Intensität noch immer merkliche Verbesserungen erzielen können, während gleichzeitig das Verletzungsrisiko gesenkt wird."

Cleveres Training

Einer der Vorzüge einer Ausdauersportart wie Laufen ist natürlich, dass man fehlendes Talent – das die meisten für die wichtigste Ingredienz eines sportlichen Erfolges halten – durch Entschlossenheit und Training ersetzen kann. Motiviert Sie diese Aussage? Das sollte es auch. Zur Schnelligkeitsausdauer muss man eine gewisse Begabung mitbringen, doch wer gewillt ist, sich auf hartes – und cleveres – Training einzulassen, kann in jedem Fall ein schnellerer, stärkerer Läufer werden.

Dr. Pate, der dabei sowohl auf seine Erkenntnisse als Sportphysiologe als auch auf seine eigenen Erfahrungen als Weltklasse-Marathonläufer zurückgreifen kann, glaubt, dass cleveres Training der Schlüssel zu einer besseren Schnelligkeitsausdauer ist. Aber was ist cleveres Training? Ein wesentlicher Faktor, so Pate, sind regelmäßige Tempowechsel. Im Folgenden werden vier verschiedene Intensitätsgrade vorgestellt, mit denen Sie Abwechslung in Ihr Training bringen können.

TEMPOSTUFE 1: HOHE INTENSITÄT

„Jahrzehntelang", so Dr. Pate, „haben Sportphysiologen Veränderungen im VO_2-max untersucht und festgestellt, dass man ihn verändern kann. Man kann darüber streiten, ob wir schon den Königsweg der Verbesserung kennen, Tatsache ist aber, dass das Training bei hoher Intensität ein Schlüssel dafür ist. Wichtig ist dabei, mit einer Intensität zu trainieren, die über den eigenen derzeitigen VO_2-max hinausgeht."

Wie sieht ein solches Training aus? Ein typisches Training im ersten Schritt könnte aus drei 1-km-Wiederholungsläufen bestehen, unterbrochen von jeweils fünf oder mehr Minuten Walken oder Joggen. (Ein „Wiederholungslauf" ist ein Lauf über eine bestimmte Strecke, die in einem bestimmten Tempo gelaufen wird, gefolgt von einer fast vollständigen Erholung, auf die wiederum Läufe über die gleiche Strecke folgen.) Dr. Pate empfiehlt dabei ein Tempo,

> **Die Kombination von Intensität und Häufigkeit, die die größtmögliche Verbesserung sowohl im relativen als auch im absoluten Sinne erzielt, besteht aus vier wöchentlichen Trainingseinheiten bei 75 bis 90 Prozent der MHF mit einer Dauer von 35 bis 45 Minuten.**

das ungefähr dem Ihres letzten 5-km-Rennens entspricht. Ein Läufer, der ein 5-km-Rennen in 25 Minuten bewältigt, würde eine 1-km-Wiederholung also bei etwa 5 min/Kilometer laufen. (Mehr zu Wiederholungsläufen in Kapitel 7.)

Wenn ich Trainingspläne aufstelle, benutze ich oft den Begriff „Wettkampftempo" – ein Terminus, der Anfänger oftmals verwirrt. Auf meinen schwarzen Brettern im Internet finden sich oft Fragen wie „Was verstehen Sie unter Wettkampftempo?" Die Antwort ist verhältnismäßig einfach: Das Wettkampftempo

ist die Geschwindigkeit, in der Sie das Rennen, für das Sie gerade trainieren, laufen wollen. Für ein 5-km-Rennen in 25 Minuten, läge Ihr Wettkampftempo, wie oben erläutert, bei 5 min/Kilometer. Wenn Sie für einen 10-km-Lauf, einen Halbmarathon oder einen Marathon trainieren, ist Ihr Wettkampftempo niedriger, je nach der Rennstrecke. Für einen schnelleren Läufer (zum Beispiel jemanden, der einen 5-km-Lauf in 20 Minuten bewältigt), ist das Wettkampftempo höher.

Nach Dr. Pate besteht ein positiver Nebeneffekt darin, dass die „weißen" Muskelfasern beansprucht werden, wenn man bei Wettkampfgeschwindigkeit trainiert. „Wenn Sie diese Muskeln während des Trainings noch nie beansprucht haben, werden Sie Schwierigkeiten haben, im Wettkampf auf sie zurückzugreifen."

TEMPOSTUFE 2: MITTLERE INTENSITÄT

Genauso wichtig im Training sind Läufe an der Laktatschwelle (Schwellenläufe). Bei einem trainierten Läufer liegt die Laktatschwelle bei etwa 80 bis 90 Prozent seines VO_2-max. Es handelt sich um die Schwelle, von der ab Laktat, das bei hoher körperlicher Beanspruchung produziert wird, beginnt, sich im Blutkreislauf anzusammeln, wodurch Sie langsamer werden müssen.

Beim Training im zweiten Schritt sollte länger, aber etwas langsamer gelaufen werden: 20 bis 60 Minuten bei 70 bis 90 Prozent der MHF. „Laufen Sie nicht so schnell wie beim Intervalltraining, aber schneller als bei einem langen Lauf", erläutert Dr. Pate. Mit anderen Worten: Ihr Tempo sollte unterhalb Ihrer 5-km-Geschwindigkeit liegen. Ein Läufer mit Renntempo von 5 min/Kilometer sollte Schwellenläufe also bei etwa 5 min/Kilometer absolvieren.

Als Dr. Pate für den Boston Marathon trainierte (wo er 1975 und 1977 unter den ersten zehn ins Ziel kam), machte er zusätzlich zu seinem Samstagstraining einen Schwellenlauf als Vorbereitung auf seine sonntäglichen langen Läufe.

Diese Trainingsvariante hatte er ganz instinktiv gewählt, doch später, als Sportphysiologe, begriff er den wissenschaftlichen Hintergrund. „Die Sportwissenschaft beschäftigt sich intensiv mit dem Problem der Steigerung der Ausdauerleistung", sagt er, „und es deutet Einiges darauf hin, dass längeres Training an der momentanen Laktatschwelle dazu beiträgt, diese Schwelle hochzusetzen."

> *Einer der Vorzüge einer Ausdauersportart wie dem Laufen ist, dass man fehlendes Naturtalent durch Entschlossenheit und Training ersetzen kann.*

MESSEN SIE IHRE MHF

Viele Trainingsprogramme benutzen die maximale Herzfrequenz (MHF), um Trainingseinheiten einzustufen. Kennen Sie Ihre MHF?

Die MHF eines durchschnittlichen Menschen liegt wohl irgendwo bei 200 Schlägen pro Minute. Aber halten Sie sich nicht zu sehr an Zahlen fest, denn es gibt große Unterschiede, je nach Alter und Kondition des Einzelnen. Auch die verschiedenen Formeln, die benutzt werden, um die MHF zu errechnen, lassen sich nicht immer auf jeden anwenden. Eine einfache Formel besagt, dass man sein Alter von der Zahl 220 abziehen muss. Kenneth H. Cooper, der Autor des Buchs „Bewegungstraining" (Fischer TB., 2000, ISBN 3-596-21104-2), hält allerdings für körperlich fitte Menschen die Berechnung „200 minus halbes Alter" für angemessener. Das funktioniert natürlich nicht bei jedem. Als ich 35 Jahre alt war, hätte meine MHF nach der ersten Formel bei 185, nach der zweiten bei 165 liegen sollen.

Tatsächlich lag meine in Dr. Costills Institut (www.cooperinst.org) gemessene MHF bei 160, sodass also die zweite Berechnungsmethode am genauesten gewesen wäre. Doch über Jahrzehnte hinweg sank mit steigendem Alter meine MHF nur sehr wenig.

Es gibt jedoch Gegenbeispiele. So legte ich beim Training einer Schulmannschaft während eines Intervalltrainings der Neuntklässlerin Megan Leahy einen Pulsmesser an. Bei den 400-m-Wiederholungen auf der Bahn sprang ihr Puls bis auf 240. Ich hätte beinahe den Notarzt gerufen, aber das war tatsächlich normal für sie. Sie war eine sehr leistungsfähige Athletin, die später Zweite bei den State Championships wurde und so ihrer Schule den Mannschaftstitel sicherte.

Sie können Ihre Pulsfrequenz verhältnismäßig genau messen, indem Sie eine Vene an Ihrem Handgelenk berühren und mit Hilfe einer Uhr die Pulsschläge pro Minute zählen. Oder aber, sie kaufen ein Pulsmessgerät, das diese Arbeit für Sie übernimmt. Dieser nützliche Apparat besteht aus einem Brustgurt mit einem Monitor, der ein Signal an eine Armbanduhr sendet und Ihnen so kontinuierlich Anzeigen übermittelt, während Sie laufen. Wenn Sie Ihre Werte gegen Ende eines anstrengenden Intervalltrainings auf der Bahn oder auf den letzten hundert Metern eines 5-km- oder 10-km-Rennens überprüfen, werden Sie Ihre MHF wahrscheinlich ziemlich genau bestimmen können. Um ganz sicher zu sein, müssen Sie sich in einem entsprechenden Institut oder beim Arzt auf einem Laufband testen lassen. Der übliche Belastungstest, den Kardiologen bei Untersuchungen durchführen, führt nicht immer zum richtigen Ergebnis, da Kardiologen oftmals sehr vorsichtig vorgehen und das Laufband anhalten, bevor der Patient den maximalen Belastungsgrad erreichen kann.

TEMPOSTUFE 3: NIEDRIGE INTENSITÄT

Hierbei geht es um einen längeren Lauf bei niedrigerem Tempo – ein typisches Sonntagmorgentraining für die meisten ernsthaften Läufer. Viele nehmen beim Marathontraining 33 km als ihre längste Strecke. Sie laufen aerob, bei gleichmäßigem Tempo und ungefähr 70 Prozent MHF. „Längere Läufe sind sehr sinnvoll", sagt Dr. Pate, „auch wenn man nicht für einen Marathon trainiert."

Bei diesen nicht intensiven Läufen sollte das Tempo so niedrig sein, dass man noch mit seinem Trainingspartner sprechen kann. Manche Läufer nennen das den „Gesprächstest": Wenn man sich nicht mehr unterhalten kann, läuft man zu schnell. Wenn ich Trainingspläne für Marathonläufer aufstelle, empfehle ich üblicherweise, lange Läufe bei ca. 30 bis 60 Sekunden langsamer als Wettkampftempo zu laufen. Ein Läufer, der also in einem 5-km-Rennen mit einer Geschwindigkeit von 5 min/Kilometer laufen kann, sollte bei langen Läufen mit einem Tempo von 5.30 bis 6 min/km (oder langsamer) laufen, wenn er für ein 5-km-Rennen trainiert, und noch langsamer, wenn er sich auf einen Marathon vorbereitet.

TEMPOSTUFE 4: ERHOLUNG

Ebenso wichtig sind Ruhetage, an denen man eventuell langsam über kurze Distanzen laufen oder sich den ganzen Tag frei nehmen kann. „Einige laufen verhältnismäßig viel an den Ruhetagen", so Dr. Pate, „andere wiederum sollten ihre Aktivitäten auf ein Minimum senken. Wenn man sich an Ruhetagen überanstrengt, erhöht man entweder das Verletzungsrisiko oder man ist womöglich so erschöpft, dass man an den intensiven Tagen das Training zurücknehmen muss, sodass der ganze Trainingsplan entwertet wird."

Für Dr. Pate ist Abwechslung das Wesentliche an jedem Trainingsprogramm. Außerdem plädiert er dafür, zu periodisieren. „Ich bin nach wie vor ein Verfechter der Theorie, dass man an der Intensität arbeiten sollte, während man auf ein wichtiges Ziel in einem bestimmten Wettkampf hinarbeitet", sagt er. „Training bei hoher Intensität ist mit Risiken verbunden. Die Erfahrung zeigt, dass solche Trainingseinheiten anspruchsvoller und anstrengender sind. Über einen längeren Zeitraum hinweg mit hoher Leistungsfrequenz zu trainieren ist risikoreich, weil es zu Übertraining und vor allem zu Verletzungen führen kann."

Wenn Sie also Ihre Schnelligkeitsausdauer verbessern wollen, dann umgeben Sie Ihre Kern-Trainingseinheiten mit einem vernünftigen Entspannungsprogramm – kurze, leichte Läufe, Schwimmen oder Walking. Richten Sie Ihren Trainingsplan nach Prioritäten aus: Die höchste Priorität haben die intensiven Trainingstage, also müssen Sie die Ruhetage einhalten die notwendig sind, um Erschöpfung und Verletzungen zu vermeiden.

Für ein abwechslungsreiches Training empfehle ich gerade für Anfänger oft Cross-Training an den Entspannungstagen. Beim Rad fahren, Schwimmen oder sogar Walken können Sie aerob trainieren und trotzdem die beim Laufen besonders beanspruchten Muskeln schonen. Machen Sie jedoch nicht den Fehler, zu viel oder zu intensiv Rad zu fahren, zu schwimmen oder zu Walken, sonst verliert der Ruhetag seinen Zweck.

Kapitel 5

TRAININGSTYPEN KOMBINIEREN
Wie Sie Ihre Trainingszeit optimal nutzen

Ein Läufer aus Salt Lake City fragte mich einmal, ob er seine langen Läufe auch montags absolvieren könne, anstatt am Wochenende, wie ich es in meinen Trainingsplänen empfehle. Natürlich sagte ich ja. Trainingspläne sollten nicht gedankenlos befolgt werden. Später benutzte ich dieses Beispiel gerne in Vorträgen, um zu unterstreichen, dass Trainingspläne so verändert werden können, dass sie für Sie passen. Meine Zuhörer waren immer sehr belustigt, wenn sie von diesem Läufer hörten, der so beunruhigt über eine scheinbar unbedeutende Änderung war.

In vielerlei Hinsicht hat dieser Läufer aus Salt Lake City dann doch zuletzt gelacht. Es macht durchaus einen Unterschied, ob man den langen Lauf an einem Samstag, Sonntag oder Montag absolviert. Die Entscheidung, an welchem Tag man den langen Lauf macht, hat Auswirkungen auf alle Trainingseinheiten für den Rest der Woche. Wenn Sie Ihren langen Lauf zu nah an eine Tempoeinheit legen, wird Ihr Tempo darunter leiden. Und, was noch schlimmer ist, Sie könnten sich verletzen.

Wie kombiniert man also lange Läufe und Tempotraining miteinander? Wie stimmt man leichte Läufe, Cross-Training und absolute Ruhetage aufeinander ab? Diese Entscheidungen gehören zu den schwierigsten, die Läufer und Trainer fällen müssen. Kriegen Sie es richtig hin, werden Sie persönliche Bestleistungen bringen. Klappt es nicht riskieren Sie möglicherweise eine Verletzung – oder Sie schöpfen Ihr Potenzial nicht aus. Leider können die Wissenschaftler zu diesem Thema wenig Hilfe liefern. Dr. Russell Pate von der University of South Carolina bestätigt: „Finanzielle Unterstützung für die Erforschung von Trainingsprojekten zu bekommen, ist schwierig genug, aber auch die Forschung selbst gestaltet sich sehr schwierig. Man versucht dabei, die Verhaltensweisen von Sportlern zu kontrollieren, die sich aber nicht gerne kontrollieren lassen."

Dennoch können die Wissenschaftler mittlerweile zumindest die Fragen definieren, die sich Läufer stellen müssen, wenn sie ihre eigenen Trainingspläne zusammenstellen oder andere Pläne übernehmen wie die in diesem Buch:

REGENERATION. Wie viel Ruhe brauchen Sie nach Ihrem letzten Training? Muskelkater, Kohlehydrat- und Flüssigkeitsverlust, Erschöpfung und Alter, all das diktiert, wann Sie den nächsten anstrengenden Lauf machen können.

RUHE. Wie viel Ruhe brauchen Sie vor Ihrem nächsten Training? Wenn Sie unter den oben beschriebenen Symptomen leiden, können Sie nicht gut laufen. Wenn Sie sich vor einem anstrengenden Lauf erholen, können Sie noch intensiver trainieren und mehr Muskeln aufbauen.

FITNESS. Sind Sie in guter Form? Von Ihrer Form hängt nicht nur ab, wie intensiv Sie trainieren können, sondern auch wie schnell Sie sich wieder regenerieren. Sportler, die sehr gut in Form sind, können mehr anstrengende Läufe in einer Trainingswoche unterbringen.

TRAININGSPLAN. Wie sieht Ihr Gesamtprogramm aus? Vorgefertigte Trainingspläne müssen nicht hundertprozentig genau befolgt werden, doch wenn Sie zu sehr von Ihrem Programm abweichen, erreichen Sie möglicherweise Ihre Ziele nicht.

HINDERNISSE. Was steht Ihnen im Weg? So ausgefeilt Ihr Trainingsplan auch sein mag, manchmal tauchen Hindernisse auf (eine Grippe, ein Wolkenbruch, ein wichtiger beruflicher Termin), die Sie berücksichtigen müssen. (Interessanterweise stuft Dr. Martin, zumindest bei Spitzensportlern, den Freund/die Freundin als ein Hindernis ein.)

IMMER MIT DER RUHE

Wenn Sie Ihre Trainingseinheiten planen, sind Ruhepausen ebenso wichtig wie das Training selbst. Der verstorbene Bill Bowerman, der große Mentor von der University of Oregon und Trainer der Olympiamannschaft von 1972, hat den „Hard/ Easy"-Trainingsansatz bekannt gemacht. Bei seinem College-Team hatte er damit großen Erfolg, doch viele leistungsorientierte Freizeitläufer laufen zu hart und legen zu kurze Ruhepausen ein.

„Wenn aus Anstrengung Überanstrengung wird, dann ist man in Schwierigkeiten", warnt der Sportphysiologe Dr. Jack Daniels.

Dr. Daniels schlägt vor, wenn man nach einem Hard/ Easy-Muster läuft, ruhig auch einige der harten Tage zu weniger harten Tagen zu machen. Auch reicht ein leichter Tag zwischen zwei harten Läufen möglicherweise nicht – besonders für ältere Läufer. Für viele Läufer sind ein oder zwei anstrengende Läufe pro Woche mehr als genug.

In der Wettkampfsaison ist es besonders wichtig zu wissen, wie und wann man Ruhepausen ansetzen soll. Dr. Daniels rät zu einem Ruhetag pro 3.000 gelaufene Wettkampfmeter.

In folgendem Plan finden Sie die notwendigen Erholungsphasen für die üblichen Renndistanzen. Dabei soll an Ruhetagen entweder gar nicht oder nur leicht gelaufen werden, je nach körperlicher Fitness des Läufers.

Wettkampf	Ruhetage	Wettkampf	Ruhetage
800 m	1	15 km	5
1500 m	1	Halbmarathon	7
5 km	2	25 – 30 km	8 – 10
10 km	3	50 km	16

Wenn Sie sich diese Fragen nicht stellen, so Dr. Martin, dann werden Sie niemals erfolgreich sein. Auch wenn Sie nicht die richtigen Antworten geben, sind Sie zum Fehlschlag verurteilt. Das Entscheidende bei einem Trainingsplan ist der richtige Mix von harten und leichten Tagen, um genügend Erholung für harte Läufe zu bekommen. Dr. Edward F. Coyle von der University of Texas in Austin, erklärt: „Die Regeneration hängt davon ab, wie lange Ihre Muskeln brauchen, um die Glykogenreserven wieder aufzubauen. Das ist besonders wichtig, wenn Ihre Trainingsintensität sehr hoch ist."

> *Kriegen Sie es richtig hin, werden Sie persönliche Bestleistungen bringen. Klappt es nicht, riskieren Sie möglicherweise eine Verletzung – oder Sie schöpfen Ihr Potenzial nicht aus.*

Welche Art von hartem Training sollten Sie also absolvieren und wie viel Ruhe brauchen Sie zwischen diesen Läufen? Dr. Pate empfiehlt Folgendes:

1. **Denken Sie zuerst an Ihre Regeneration.** Sportler bringen bessere Leistungen, wenn sie zwischen sehr strapaziösen Trainingseinheiten angemessene Ruhepausen einlegen. Sie müssen genau wissen, wie viel Ruhe sie brauchen, um das Niveau ihres Trainings aufrechterhalten zu können.
2. **Entscheiden Sie, was für Sie wichtig ist.** Ob Sie nun lange Läufe für einen Marathon oder Tempotraining für einen 5-km-Lauf machen wollen, legen Sie diese Haupteinheiten auf jeden Fall in Ihrem Programm als Erstes fest.
3. **Bauen Sie um die Haupteinheit herum.** An ein oder zwei weiteren Tagen der Woche gibt es mehr harte Trainingseinheiten, um auch Ihre Schnelligkeitsausdauer aufzubauen. Marathonläufer können beispielsweise lange Wiederholungen mit Wettkampftempo laufen (fünfmal 1 – 2 Kilometer); 5-km-Läufer einen mittellangen Lauf am Wochenende einlegen (z.B. einen 15-km-Lauf).
4. **Füllen Sie nun die Lücken.** Um Ihre Gesamtkilometerzahl zu erhöhen, füllen Sie die übrigen Tage mit leichten Trainingsläufen. Hängen Sie sich nicht an bestimmten Zahlen auf, trainieren Sie lieber kontinuierlich.
5. **Hören Sie auf die Signale Ihres Körpers.** Ihr Trainer kann nicht in Sie hineinsehen. Sie müssen eventuelle Anzeichen von Übertraining selbst erkennen und darauf reagieren.

5. TRAININGSTYPEN KOMBINIEREN – Wie Sie Ihre Trainingszeit optimal nutzen

„Das Muster bleibt das gleiche", erklärt Dr. Pate, „nur die spezifischen Trainingsaktivitäten unterscheiden sich." Lernen Sie, Ihr Training richtig zusammenzustellen, und Sie werden bei Ihrem nächsten Rennen auf Erfolgskurs laufen.

Stellen Sie Ihr Programm zusammen

Wie verbindet man nun die Theorie mit der Realität? Wie können Ihnen die wissenschaftlichen Kapazitäten, die in diesem Buch zitiert werden, helfen schneller zu laufen? Können dieselben Trainingsmethoden, die es dem kenianischen Weltrekordhalter Sammy Kipketer ermöglichen, die 5 km in 13:00 min zu laufen, bei jemandem funktionieren, der glücklich wäre, diese 5 km in der doppelten Zeit zu schaffen? Ja, denn ganz egal, welche Begabung oder wie viel Leistungsfähigkeit Sie mitbringen: Wenn Sie richtig trainieren, können Sie besser werden. Wenn Sie gelernt haben, wie man harte und leichte Trainingstage richtig kombiniert, schnelle und langsame Läufe aufeinander abstimmt und all dies mit angemessenen Ruhepausen verbindet, dann werden Sie ein schnellerer Läufer sein.

Unter Berücksichtigung der Prinzipien, die wir in diesem und im letzten Kapitel beschrieben haben, hier nun eine Möglichkeit für ein Programm zum Aufbau von Schnelligkeitsausdauer. Die Distanzen variieren abhängig vom Wettkampf, für den Sie gerade trainieren. Wer sich auf ein 5-km-Rennen vorbereitet, läuft kürzere Strecken als jemand, der für einen Marathon trainiert, läuft dafür aber bei höherer Geschwindigkeit. (Tempostufen 1, 2, 3 und 4 beziehen sich auf die Intensitätsgrade, die in „Cleveres Training" auf S. 61 beschrieben wurden.)

> *Das Entscheidende bei einem Trainingsplan ist der richtige Mix von harten und leichten Tagen, um genügend Erholung für harte Läufe zu bekommen.*

Sonntag: Langer Lauf
Strecke: 15 bis 30 Kilometer
Intensität: niedrig
Tempostufe 3: 30 bis 60 sek/Kilometer langsamer als Wettkampftempo
Ziel: Stärkung der aeroben Basis

Montag: Regeneration
Strecke: 0 bis 10 Kilometer
Intensität: niedrig
Tempostufe 3: 30 bis 60 sek/Kilometer langsamer als Wettkampftempo
Ziel: Erholung vom langen Lauf am Sonntag

Dienstag: Tempotraining
Strecke: 5 bis 10 Kilometer
Intensität: hoch
Tempostufe 1: Wettkampftempo (je nach Rennen, für das trainiert wird)
Ziel: Steigerung des VO_2-max und der Effizienz

Mittwoch: Regeneration
Strecke: 5 bis 10 Kilometer
Intensität: niedrig
Tempostufe 3: 30 bis 60 sek/Kilometer langsamer als Wettkampftempo
Ziel: Erholung vom Tempotraining am Vortag

Donnerstag: Schwellenlauf
Strecke: 8 bis 15 Kilometer
Intensität: mittel
Tempostufe 2: 10 bis 20 sek/Kilometer langsamer als Wettkampftempo
Ziel: Anhebung der Laktatschwelle

Freitag: Pause
Strecke: 0 Kilometer
Intensität: keine
Tempostufe 4: kein Lauf, außer für Fortgeschrittene
Ziel: Energie sammeln für ein anstrengendes Wochenende

Samstag: Auf-geht's-Tag
Strecke: 8 bis 15 Kilometer
Intensität: mittel bis hoch
Tempostufe 1 oder 2: Wettkampftempo oder leicht darunter
Ziel: Wettkampf - oder Tempotraining

Die Entwicklung eines Trainingsprogramms ist sowohl Kunst als auch Wissenschaft. Im weiteren Verlauf werde ich einige weitere Zutaten erläutern, durch die ein solches Programm ergänzt werden kann. Das wird Sie zu einem noch schnelleren Läufer machen.

ABWECHSLUNG

Viele Läufer kommen nicht von den immer gleichen Trainingsmustern los. Sie finden ein Modell, das für sie funktioniert (entweder Tempoläufe oder Langstreckenläufe) und betreiben diese Art von Training dann ausschließlich. Das ist nicht vollkommen schlecht – vor allem dann nicht, wenn man damit Erfolg hat – doch manchmal kann dieser Widerstand gegenüber Veränderungen Trainingsfortschritte auch behindern.

Eine Möglichkeit, vorwärts zu kommen, so Dr. Jack Daniels, liegt im Ausprobieren von Neuem: „Das kann zum Beispiel bedeuten, sich auf andere Distanzen zu konzentrieren, wodurch man gezwungen wird, seine Trainingsmuster zu verändern. Wenn Sie in erster Linie ein 5- oder 10-km-Läufer sind, dann könnte es Ihnen gut tun, eine Saison lang für einen Marathon zu trainieren. Dem, der sein Leben darauf ausgerichtet hat, jährlich zwei oder drei Marathons zu laufen, könnte der Durchbruch gelingen, wenn er mal eine Saison an seinen Kurzstreckenqualitäten gearbeitet hat. Ähnlich nützlich kann es sein, von der Straße ins Gelände oder vom Gelände auf die Bahn zu wechseln. Wenn Sie dann zu Ihrer eigentlichen Laufdisziplin zurückkehren, dann tun Sie das mit einer völlig neuen Palette an Trainingsmöglichkeiten."

Achtung: *Wenn Sie Ihre Trainingsgewohnheiten ändern, versuchen Sie, wie ein Anfänger zu denken. Dass Sie jeden Sonntag 30-km-Läufe absolvieren können, heißt nicht, dass Sie 10 x 400 m auf der Bahn bei hohem Tempo ohne Beschwerden überstehen können. Wenn Sie bei einem neuen Trainingsmodell zu früh zu viel trainieren, werden Sie unter extremer Erschöpfung und Muskelkater leiden. Nehmen Sie sich am Anfang etwas zurück und laufen Sie mit halber Kraft, bis Sie sich an das neue Programm gewöhnt haben.*

Ruhetag

Kapitel **6**

DIE RICHTIGE LAUFHALTUNG
Machen Sie Ihren Stil flüssiger

Während der Arbeit an einem Artikel für die Zeitschrift *Runner's World* über den amerikanischen Langstrecken-Star Bob Kennedy fuhr ich vor einigen Jahren zur Indiana University in Bloomington und sah dem zweimaligen Olympioniken beim Training auf dem Old Kinser Pike zu, einer Landstraße südlich des Campus. Ich war beeindruckt von seiner Bewegungsökonomie.

Während seine Arme und Beine in schneller Bewegung waren, blieb sein Oberkörper völlig ruhig. Von den Hüften bis zum Kopf sah er aus wie eine Statue, die man auf einer Schiene entlangzieht. Auf seinem Körper glänzte der Schweiß (das einzig sichtbare Zeichen der Anstrengung bei einem Tempo von 3 min/km an einem warmen Tag). Doch sein Gesicht war eine Maske. Seine Augen starrten geradeaus. Kein Lächeln. Er schien vollkommen darauf konzentriert zu sein, so schnell zu laufen wie er nur konnte.

Kennedy lief an diesem Tag mit Andy Herr, ein Trainingspartner mit einer nachweislichen 10-km-Zeit von 29:30 min, der jedoch kämpfen musste, um dran zu bleiben. Kennedy und Herr waren die ersten Kilometer eines 8 Meilen langen Trainingslaufs über eine Reihe imposanter Hügel bei unterschiedlichem Tempo gelaufen. Sam Bell, der Coach an der Indiana University, folgte ihnen im Auto und hielt nach jeder gelaufenen Meile an, um ihnen ihre Zwischenzeiten zuzurufen. Als Kennedy ihn nach Meile vier passierte, rief Bell: „Du bist bei 20:21! Die nächste Meile soll hart werden."

„Hart" bedeutet für jeden etwas anderes. Bis zu diesem Punkt war Kennedy dicht bei Herr gelaufen, doch nun schaltete er auf „hart" um und zog mühelos davon.

Bell rief die nächste Zwischenzeit: „4:19!"

Die meisten Läufer, denen es vermutlich schwer fallen würde, nur 800 m in einer Zeit von 4:19 zu laufen, können sich kaum vorstellen, welche Kombination von Talent und Training es braucht, um mehr als eine Meile (ca. 1.600 m) in dieser Zeit zurückzulegen, und das auch noch im Training. Doch Talent und Training sind nur die eine Seite der Medaille. Ein Großteil von Kennedys Schnelligkeit resultiert aus seiner effizienten Laufhaltung. Aber ist Kennedys flüssiger Schritt nun natürliche Veranlagung oder ist er der Beweis dafür, dass „Übung den Meister macht"?

Wahrscheinlich ist es eine Kombination aus beidem.

Übung macht den Meister

Eine Videoaufnahme von Kennedys Sieg bei einer Geländelaufmeisterschaft zu Schulzeiten zeigt ihn in flüssigem Lauf, aber leicht gebeugt und mit überflüssigen Auf-und-ab-Bewegungen. In Kennedys Studienzeit, als er von Bell trainiert wurde, verschwanden diese kleineren Haltungsfehler. „In den Jahren an der Indiana University hat sich meine Haltung zweifellos verfeinert", gibt Kennedy zu.

Eine gute Laufhaltung ist eine Fähigkeit, die Experten gerne übersehen, wenn sie darüber sprechen, was einen Top-Langstreckenläufer ausmacht. Wir wissen, dass wir kräftige Beine brauchen, ein starkes Herz und mentale Stärke um schnell laufen zu können, und hilfreich ist es auch einen Körperfettanteil von nur zehn Prozent zu haben. Doch ein wichtiger Aspekt, der bestimmt, ob Sie bei Ihrem örtlichen Volkslauf über 5 km mit den Ersten oder mit den Letzten ins Ziel kommen, ist ein effizienter Laufstil oder eine effektive Biomechanik. Mit anderen Worten: eine gute Haltung.

Wir können unsere Haltung verändern, aber nur bis zu einem gewissen Punkt. Ein erfahrener Trainer kann einem Läufer eine gute Kopf- und Armhaltung beibringen, ihm sagen wie er mit dem Fuß aufsetzen und sich wieder abstoßen soll. Im Wesentlichen, wie man wie ein „guter Läufer" aussieht.

Wir verwenden sehr viel Zeit auf unser Körperbewusstsein. Aber Training kann nur das verfeinern, was einem Mutter Natur mitgegeben hat. Manche von uns haben eine gute Laufhaltung einfach von Natur aus an sich und andere müssen lernen mit dem zu leben, was sie haben. Wenn wir aus dem Mutterleib kommen, sind wir bereits auf läuferischen Erfolg oder Versagen vorprogrammiert und die biomechanischen Verhältnisse von Armen zu Beinen und zum Oberkörper sind schon festgelegt.

Dennoch können selbst ineffiziente Läufer besser werden. Dr. David Costill erinnert sich an drei Mädchen aus der gleichen Familie, die damit begannen, sich an Straßenläufen zu beteiligen. „Am Anfang", erzählt Dr. Costill, „kamen sie hinter mir ins Ziel, aber als sie älter wurden, begannen sie allmählich, mich zu überholen." Die Älteste, stellte im Alter von 13 Jahren einen Marathonrekord von 2:55:00 in ihrer Altersklasse auf.

Dr. Costill weiter: „Das Bemerkenswerteste in den ganzen Jahren war, dass sie am Anfang mehr hüpften als liefen, denn so laufen Kinder nun mal. Doch je älter sie wurden und je mehr sie liefen, desto flüssiger liefen sie. Der Sportphysiologe Dr. Jack Daniels stellte einige Untersuchungen an, bei denen er Kinder zwischen 10 und 14 Jahren in sechsmonatigen Zeitabständen beobachtete. Er maß ihre Sauerstoffaufnahme bei Laufen mit dem gleichen konstanten Tempo. Er stellte fest, dass sich ihr VO_2-max mit fortschreitendem Alter nicht veränderte. Was sich veränderte, war ihre Bewegungsökonomie. Die Folge davon war, dass sie schneller wurden. Diese Verbesserungen scheinen bei Kindern, die noch in der Entwicklung sind, natürlich zu sein, also bleibt die große Frage: „Wie verhilft man Läufern, die älter sind, zu einer besseren Haltung?"

> *Eine gute Laufhaltung ist eine Fähigkeit, die Experten gerne übersehen, wenn sie darüber sprechen, was einen Top-Langstreckenläufer ausmacht.*

Dr. Costill ist der Meinung, dass sich Bewegungsmuster, die in der Jugend entwickelt wurden, verfestigen. Zwar können geringfügige Berichtigungen dieser Bewegungsmuster vorgenommen werden, um die Laufleistung zu steigern, doch größere Veränderungen finden nicht statt. Das trifft insbesondere auf Dr. Costills Hauptsportart, das Schwimmen, zu. „Einen gleichmäßigen Schwimmstoß lernt man frühzeitig oder gar nicht" glaubt er. Er verweist auch auf Sprachmuster, denn auch sie setzen sich in früher Jugend fest. Ich habe zum Beispiel vier Cousins, die in unterschiedlichem Alter (von 6 bis 26) von Italien in die USA auswanderten. Ihre Akzente sind mit ihrem Ankunftsalter verbunden. Fast vier Jahrzehnte später klingt der Jüngste wie ein typischer Amerikaner, während sich der Älteste anhört, als sei er gerade erst vom Boot gestiegen. Sprecherziehung und Sprachunterricht können dabei helfen, Sprachmuster zu verbessern, aber manche Akzente verschwinden nie.

Ebenso können sich Laufmuster einer Verbesserung widersetzen. Eine ökonomische Laufhaltung ist nicht leicht zu erreichen. Manche Experten beharren sogar darauf, dass sie einem selbst zufliegt und nicht gelehrt werden sollte. Emil Zatopek hatte eine fürchterliche Oberkörperhaltung und doch war er wohl der größte Langstreckenläufer aller Zeiten, denn er gewann das „Dreigestirn", die 5.000 m, 10.000 m und den Marathon bei den Olympischen Spielen von 1952. Alberto Salazar lief mit der Anmut eines Postsacks, der von einem Lastwagen geworfen wird, und doch stellte er einen neuen Marathonrekord auf. „Die Leute laufen so, wie sie laufen, weil sie es müssen", sagte mir einmal ein Collegetrainer. „Sie haben keine Wahl. Man verbringt zu viel Zeit damit, Dinge zu trainieren, die man nicht trainieren muss, und das ist eins davon".

Trainer Bell allerdings hatte Einwände gegen diese Aussage, als ich ihm davon erzählte. „Was er damit sagen will, ist, dass man das überhaupt nicht trainieren kann", entgegnete er. „Und da bin ich zufällig anderer Meinung."

Welcher Sichtweise man auch immer anhängen mag, die Frage bleibt: Kann man seinen natürlichen Laufstil ändern? Wie lernt man, effizient zu laufen?

HALTUNGSLEHRE

Warum kann Bob Kennedy so mühelos laufen? Trainer Sam Bell beschreibt Kennedys Haltung (eine Haltung, die er von allen seinen Läufern verlangte, die er trainierte): „Bob läuft aufrecht. Er vergeudet wenig Energie. Er hält seinen Kopf parallel zum Boden und starrt dabei ins Weite. Er hält seinen Rücken gerade und seine Arme schwingen leicht vor und zurück. Wenn sich seine Arme nach vorne bewegen, beugen sie sich leicht und die entspannt gehaltenen Hände (der Daumen ruht auf dem Zeigefinger) erreichen Brusthöhe.

Wenn sich die Arme zurückbewegen, strecken sie sich ein wenig während die Hand die Hüfte erreicht. Oberkörper und Kopf bleiben senkrecht zum Boden. Der ganze Körper ist entspannt."

Wie kamen Bells Läufer zu solch einer Haltung?

Bell legte besonderen Wert auf Steigerungsläufe, auf das Lauf-ABC und entspannte Sprints. Steigerungsläufe sind einfach: die Läufer legen einen lockeren Sprint über der 50 m hin und beschleunigen dabei fast auf Höchstgeschwindigkeit, dann joggen sie zurück und fangen von vorne an. Dabei ist es wichtig zu entspannen.

Das Koordinationstraining (Lauf-ABC) besteht aus einer Reihe von Übungen. Beim „Kniehebelauf" läuft man mit übertriebenen Bewegungen und hebt die Knie bei jedem Schritt bis auf Taillenhöhe. Beim „Skipping" gleitet man vorwärts während man die Arme auf Schulterhöhe schwingt. Beim „Anfersen" werden die Fersen im schnellen Wechsel bis an den Po geführt. Dieses Training wird abgerundet durch einige Übungen, bei denen die Füße seitlich gekreuzt werden.

Schließlich lässt Bell seine Läufer einige entspannte Sprints absolvieren – sozusagen „locker vom Hocker". Sie bewegen sich so schnell es geht mit übertriebenen Arm- und Beinbewegungen federnd voran, als würden sie in der Luft oder übers Wasser laufen. Alle Bewegungen sollen entspannt und locker sein.

So wird der Läufer in eine effiziente und ökonomische Maschine umgeformt. Kennedy sagt: „Der Trainer erklärte mir, dass man am Ende eines Rennens nicht denken darf: „Schneller, schneller, schneller", sondern denken muss: „Haltung, Haltung, Haltung". So entspannt man sich, achtet auf seine Haltung und plötzlich kommt dann auch die Geschwindigkeit."

Laufend Fortschritte

Sie können Ihren Stil um einiges effizienter gestalten, auch wenn Sie erst im Erwachsenenalter mit dem Laufen begonnen haben. Joanne Kittel ist das perfekte Beispiel. Als sie zu einem meiner Laufkurse für Anfänger stieß, war Joanne nicht die ineffizienteste Läuferin der Welt, aber sie war nahe dran.

Joanne wog einmal 98 Kilo. Bevor sie in meinen Unterricht kam, hatte sie über mehrere Jahre 40 davon abgenommen. Sie sah also zumindest wie eine Läuferin aus – das heißt, wenn sie sich nicht bewegte. Beim Laufen sah sie, gelinde gesagt, katastrophal aus. Sie lief vornübergebeugt, stolperte irgendwie vor sich hin und rang nach Atem. Ich hatte Angst ihre Laufhaltung zu korrigieren, weil ich befürchtete, dass jede noch so geringe Ablenkung sie endgültig zu Boden schicken würde.

Doch Joanne hielt durch. Sie wurde zum Traum eines jeden Trainers – eine Läuferin, mit dem Verlangen, besser zu werden. Ganz allmählich baute sie sich eine läuferische Grundlage auf. Zunächst schleppte sie sich nur über zwei oder drei Kilometer, dann konnte sie bereits fünf oder sechs Kilometer laufen, ohne über einen Riss im Asphalt zu stolpern. Im Unterricht und bei Vorträgen hörte sie aufmerksam zu, wenn viel schnellere Läufer von ihrem Tempotraining sprachen. Bald absolvierte sie Sprungläufe auf demselben Golfplatz, auf dem ich morgens trainierte. Später betrieb sie Intervalltraining, bei dem sie 400-m-Markierungen auf ein ebenes Straßenstück malte, das parallel zu einer Eisenbahnlinie verlief. Einige dieser Tricks habe ich ihr beigebracht, aber am meisten lernte sie dadurch, dass sie anderen zuhörte.

Foto: Concurve

Eines Morgens arbeitete ich in meinem Büro mit Blick auf den Lake Shore Drive, einem Tummelplatz für Jogger, Walker, Inlineskater und Radfahrer, besonders an Samstagen. Ich warf einen Blick aus dem Fenster und sah plötzlich diese schnelle Frau, die geschmeidig an meinem Haus vorbeizog. Es war Joanne Kittel! Ich dachte an die stolpernde Frau, die so unkoordiniert gewirkt hatte, als ich sie zum ersten Mal in meinem Unterricht sah, und ich war beeindruckt. Kittel schaffte es schließlich, den Marathon in 3:45:00 zu laufen, was keineswegs olympischen Maßstäben entspricht, aber eine ordentliche Leistung ist, auf die viele Läufer stolz wären. Joannes Erfolg lehrte mich, dass Bewegungsökonomie erlernbar sein kann und nicht einfach ein Geschenk der Genetik ist. Trainer Bell hatte also Recht.

Weniger ist mehr

Doch was genau ist ein effizienter Läufer? Dr. Owen Anderson behandelte das Thema Bewegungsökonomie in einem Artikel in seinen Running Research News. „Ein effizienter Läufer verbrennt mäßige Mengen Sauerstoff bei einem bestimmten Tempo; ein ineffizienter Läufer verbraucht große Mengen an Sauerstoff (und Energie) bei der gleichen Geschwindigkeit." Mit anderen Worten: Wenn Sie bei der gleichen Geschwindigkeit wie Ihre Kontrahenten laufen, kommt Ihnen das Tempo angenehmer vor als den anderen. Oder aber, Sie wenden ebenso viel Energie auf wie Ihre Konkurrenten, laufen aber schneller als sie.

Dr. Anderson teilt meine Meinung, dass die Bewegungsökonomie ein vernachlässigter Trainingsaspekt ist. Sportphysiologen scheinen die Geheimnisse um die Steigerung des VO_2-max gelüftet zu haben, um Läufer schneller zu machen, meint Anderson. Man weiß jedoch wenig darüber, mit welchen Trainingsmethoden man

Obwohl die Sportphysiologen das Geheimnis der Steigerung des VO_2-max gelüftet zu haben scheinen und somit Läufer schneller machen können, weiß man kaum etwas darüber, mit welchen Trainingsmethoden man die ebenso entscheidende Bewegungsökonomie verbessern kann.

die ebenso entscheidende Bewegungsökonomie verbessern kann – die Fähigkeit, die gute Läufer häufig von schlechten unterscheidet.

Martyn Shorten, Professor an der Loughborough University in Großbritannien, gibt zu, dass der Versuch, einen ineffizienten in einen flüssigen Laufstil zu verwandeln, nicht leicht war. Er schlägt folgende Möglichkeiten vor:

- **BEWEGLICHKEIT.** Erstens schränkt fehlende Beweglichkeit die Bewegungsmöglichkeiten und somit die Bewegungsökonomie ein. Läufer, die ihre Laufhaltung verbessern wollen, sollten also zuerst ihre Beweglichkeit verbessern. Deshalb legen so viele Trainer Wert auf Stretching, ein Thema, auf das ich in Kapitel 11 eingehen werde.
- **FLÜSSIGE BEWEGUNGEN.** Zweitens weist Shorten darauf hin, dass hektische Bewegungen nur den Energieaufwand vergrößern ohne wesentlich zur Fortbewegung beizutragen. „Mit den Worten eines Trainers: Ein effizienter Lauf wirkt flüssig, entspannt und geschmeidig – man braucht keinen Computer, um das zu wissen", fasst er zusammen. Ineffiziente in flüssige Bewegungen zu verwandeln ist keine einfache Aufgabe, aber sie kann häufig mit Hilfe von Tempoübungen bewältigt werden, wie Sie in Kapitel 11 sehen werden.

Einer der effizientesten Läufer, gegen die ich jemals angetreten bin, war Curt Stone. Als ich in die Leichtathletik einstieg, war er Amerikas größter Langstreckenläufer. Bei der Olympiade von 1948 wurde er über 5.000 m Sechster. Damals ging ich zur Schule, doch vier Jahre später trat ich in Kalifornien bei den Qualifikationen für die Olympiade von 1952 gegen ihn an, bei denen er die 10.000 m gewinnen und einen neuen amerikanischen Rekord aufstellen sollte. Später sah ich ihn, wie er auch die 5.000 m gewann und einen weiteren Rekord lief.

> *Hektische Bewegungen kosten nur Energie, ohne wesentlich zur Fortbewegung beizutragen.*

Unter den etwa ein Dutzend Läufern, die an diesem Tag im Stadion von Los Angeles liefen, war Curt Stone mit Abstand der effizienteste. Er bewegte sich mit minimalem Kraftaufwand über die Bahn und sein unvermeidlicher Sieg schien vorherbestimmt: wegen seiner antrainierten – oder von Gott gegebenen – Fähigkeit, ökonomisch zu laufen. Natürlich gewann Stone nicht jedes Rennen – kein Läufer kann das. Tatsächlich wurde er bei der Olympiade in Helsinki von Zatopek, dem Mann, der sich wie ein Besessener bewegte, vernichtend geschlagen. Doch selbst da bewunderte ich Stone noch für seine Bewegungsökonomie. Aber meine Geschichte ist noch nicht zu Ende. Etwa sechs Jahre später, bei einer für mich erfolgreichen Leichtathletikveranstaltung, kam ein Sportbegeisterter auf mich zu und fragte: „Wissen Sie, wem Sie ähneln, wenn Sie laufen?" Ich fragte: „Wem?" Zu meiner Überraschung antwortete er: „Curt Stone!"

Lief ich wie Stone, weil ich nach jenem Tag im Stadion meinen Laufstil an den seinigen angepasst hatte? Oder dachte ich damals nur, dass er besser lief, weil mir zumindest unterbewusst schon klar war, dass ich genauso lief?

Kurze Schritte, schnelles Finish

Ich erinnere mich an einen weiteren Läufer aus meiner Vergangenheit: Jim Beatty, einer der weltbesten Meilen- und 5.000-m-Läufer in den sechziger Jahren und späterer Fernsehkommentator. 1956 waren wir beide unbedeutende Mitglieder eines amerikanischen Läuferteams, das drei Wochen zum Training und für Wettkämpfe in Finnland verbrachte. Eines Nachmittags beim Training in Suomi Urheilupisto, einem Sportcamp in der Nähe der Stadt Vierumaki, beobachtete der finnische Trainer Armas Valste Beatty beim Intervalltraining. Beatty war relativ klein und stämmig, aber er hatte einen langen, flüssigen Laufschritt, mit dem er einen großen Streckenabschnitt in einem Zug hinter sich brachte. Valste sah ihm zu und kommentierte knapp: „Er macht zu lange Schritte."

Zu dieser Zeit studierte Beatty noch an der University of North Carolina und hatte eine Meilenbestzeit um 4:06. Er machte seinen Abschluss und zog sich aus dem Laufsport zurück. Einige Jahre später sah er einen amerikanisch-sowjetischen Leichtathletikländerkampf im Fernsehen. Dabei kam ihm die Idee auszuprobieren wie gut er wohl werden könnte, wenn er sich ganz dem Laufen widmen würde. Er zog nach Los Angeles und trainierte unter Mihaly Igloi, dem ehemaligen Trainer der ungarischen Olympiamannschaft, der 1956 in die USA geflüchtet war. Igloi verordnete Beatty ein Trainingsprogramm, das zwei tägliche Trainingseinheiten und über 160 Kilometer pro Woche vorsah und fast ausschließlich aus Intervalltraining auf der Bahn bestand.

Das nächste Mal sah ich Beatty 1959 bei der Fernsehübertragung eines Hallenrennens über eine Meile und das erste was mir auffiel war, dass er seine Schrittlänge um die Hälfte gekürzt hatte. Beatty hatte sie wahrscheinlich nur um wenige Zentimeter reduziert, doch sein Laufstil wirkte kurz, schnell und effizient und er passte sehr gut zu seiner Größe. Er hielt diese kurze Schrittlänge über vielleicht zehn der elf Runden des Rennens bei. Dann, als hätte er plötzlich einen Gang höher geschaltet, wechselte er in einen kraftvollen Sprint mit langen Schritten, der ihn an allen Gegnern vorbeitrug. Er gewann an diesem Tag in 3:59, eine beachtliche Verbesserung gegenüber seiner Collegezeit – außerdem waren damals Meilenzeiten von unter vier Minuten pro Meile noch eine Seltenheit.

Beatty hatte mir gezeigt, dass man seine Laufhaltung verbessern und damit effizienter machen kann. Ob diese Verbesserung das Resultat einer bewussten Stilveränderung durch seinen Trainer oder aber eine unbewusste Schutzreaktion von Beattys Körper auf das kräftezehrende Trainingsprogramm war, weiß ich nicht. Diese Veränderung spiegelte meine eigene Erfahrung mit einer reaktiven Verkürzung der Schrittlänge wider, als ich meine Wochenkilometer von ca. 40 auf spätere 150 und mehr erhöhte.

Fünf Elemente einer effizienten Laufhaltung

Was ist also eine gute Laufhaltung? Und woran erkennt man sie? Der verstorbene Fred Wilt, ein Zeitgenosse von Curt Stone, legte in einer Veröffentlichung (s. Kasten S. 79) eine interessante Analyse der Laufhaltung vor. Einige seiner Auffassungen sind in der folgenden Auflistung von Haltungselementen und Details einer effizienten Haltung enthalten. Was ist also zu tun?

FUSSAUFSATZ. Die meisten besseren Läufer landen auf dem Mittelfuß, also auf einem Punkt direkt hinter dem Fußballen. Dann senken sie die Ferse ab und der Körper gleitet über den Fuß, der einen festen Halt auf dem Boden hat, nach vorne. Schließlich stoßen sie sich mit den Zehen ab. Manche landen mehr auf dem Vorfuß (Vorfußläufer), andere setzen die Füße flacher auf (Fersenläufer). Jeder Läufer hat einen anderen Fußaufsatz, je nachdem, wie seine Körperproportionen (oder Biomechanik) beschaffen sind.

Wenn Sie einen fehlerhaften Fußaufsatz haben (der zu Verletzungen führen kann), müssen Sie sich orthopädische Einlagen besorgen. Die meisten Läufer können dieses Problem allerdings schon durch die Wahl des richtigen Schuhs lösen. Das Schlechteste ist zu versuchen, seine eigene Fußaufsatztechnik an die anderer Läufer anzupassen.

SCHRITTLÄNGE. Es gibt keine eindeutige Definition der perfekten Schrittlänge: Die beste Schrittlänge hängt immer von der natürlichen Haltung eines Läufers ab. Allgemein kann man jedoch sagen, dass kurze, schnelle Schritte in einem 5- oder 10-km-Lauf ökonomischer sind. Durch lange Schritte verliert der Läufer Schwung und sie verursachen Energieverlust, weil der Fuß zu weit vor dem Körperschwerpunkt aufsetzt. Man kann also zu lange Schritte machen – zu kurze Schritte können allerdings ein ebenso großer Fehler sein.

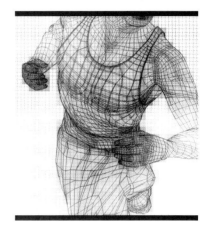

KÖRPERHALTUNG. Der Oberkörper sollte sich etwa senkrecht zum Boden befinden. Das Becken sollte nach vorne gerichtet sein. Der amerikanische Olympionike Garry Bjorklund sagte einmal zu mir: „Anfänger tendieren dazu, zu „sitzen", also ihr Gewicht hinter sich herzuziehen. Sie müssen ihren Körperschwerpunkt nach vorne verlagern und ihr Gewicht über den Metatarsus (den Teil des Fußes zwischen Ferse und Zehen) bringen."

ARMHALTUNG. Ihre Arme und Beine sollten sich im gleichen Rhythmus bewegen. Die Arme sollten eher vorwärts als seitwärts schwingen, die Ellbogen zeigen nach innen. Die Hände sollten leicht geöffnet und nicht zur Faust geballt sein. Der verstorbene Bill Bowerman, Lauftrainer an der University of Oregon, wollte, dass seine Läufer die Arme noch quer über der Brust bewegten. Jim „Jumbo" Elliott von der Villanova University hingegen wollte, dass die Läufer ihre Arme niedrig hielten, sozusagen „mit den Daumen in der Hosentasche". Wenn schon diese beiden anerkannten Trainer in Bezug auf die richtige Haltung nicht übereinstimmen, dann gibt es wahrscheinlich keine perfekte Haltung.

KOPFHALTUNG. Der Kopf dient als Stütze für den restlichen Körper. Vor Urzeiten empfahl mir einmal ein Trainer, ich solle meinen Blick einige Meter vor mir auf die Bahn richten und so meinen Kopf durch meine Augen in einer entspannten Position verankern. Dieser Rat ist wahrscheinlich so gut wie kein anderer. Wenn Sie Ihren Blick durch die Gegend wandern lassen, wandern Sie vielleicht irgendwann mal mit.

Versteckte Haltungsfehler

Ich frage mich, was alles ein wirklich erfahrener Trainer allein durch die Beobachtung mit dem bloßen Auge über die Haltung eines Läufers lernen kann. Bei einem Besuch in der Forschungsabteilung von Nike Sport beobachtete ich Joan Benoit Samuelson beim Lauf auf einem Laufband. Von der Seite betrachtet, verschwammen ihre Beine geradezu, als sie mit 200 Schritten pro Minute bei einem Tempo von knapp unter 4 min/km lief. Ich beobachtete sie aus verschiedenen Perspektiven und konnte wenig sagen – es sah aus, als würde sie sehr flüssig laufen, wie ein neuer Curt Stone.

Doch der Laborleiter, Dr. E. C. Frederick, machte mich darauf aufmerksam, dass Samuelson als Folge eines Bruches, den sie sich vor Jahren beim Skifahren zugezogen hatte, ihr rechtes Bein stärker belastete. Er wusste das, weil man ihren Laufstil per Kamera und Computer analysiert hatte. Das war drei Jahre bevor Samuelson mit ihrem Sieg beim ersten olympischen Marathon für Frauen 1984 in Los Angeles Geschichte schrieb. Es war aber auch drei Jahre bevor sie sich aufgrund einer schweren Knieverletzung (möglicherweise eine Folge des Ungleichgewichts, das Dr. Frederick festgestellt hatte) einer Operation unterziehen musste und so fast diese Olympiade verpasst hätte.

Dr. Frederick erklärte mir, dass bei Tests einzelner Läufer manchmal denjenigen mit der scheinbar schlechtesten Laufhaltung im Labor die höchste Effizienz bescheinigt wird. Es ist zum Beispiel mittlerweile allgemein bekannt, dass der viermalige Sieger beim Boston- und beim New York City Marathon Bill Rodgers neben all seinen Qualitäten auch einen eigenartigen rechten Armschwung hat, mit dem er ein leichtes Ungleichgewicht der Füße auspendelt. Und Frank Shorter schwingt seinen linken Arm so nach außen, dass sie ihn instinktiv auf dieser Seite nicht überholen würden, aus Angst sie könnten niedergeschlagen werden. Dr. Frederick sagte, dass Tony Sandoval, der Gewinner des Qualifikationsmarathons für die Olympiade von 1980, beim Fußaufsatz zwei völlig unterschiedliche Laufstile vereinte: Links setzte er flach auf, während er rechts einen klassischen Mittelfuß-Aufsatz an den Tag legte. Wehe dem Trainer, der versucht hätte, die Haltung dieser Läufer zu verändern. Sie bewältigen jede Endphase eines Rennens mit unnachgiebiger Energie und Effizienz.

Bei einem anderen Projekt untersuchten die Wissenschaftler von Nike Sport den Fußaufsatz. Eine Gruppe von Eliteläufern musste ihre Aufsatz-Technik während verschiedener Läufe auf dem Laufband verändern. Einmal sollten sie auf den Fußballen landen, einmal auf dem Mittelfuß, ein anderes Mal eher flach, und schließlich sogar auf den Fersen. Man erwartete, dass sich der Mittelfuß-Aufsatz als der effizienteste erweisen würde, da die Analyse von Filmmaterial und Fußabdrücken den Schluss nahe legte, dass die schnellsten Läufer der Welt genauso laufen.

Die meisten Läufer gaben bei der Untersuchung an, dass ihnen der Fersenaufsatz am unangenehmsten war. Eine Testperson beschrieb ihn als wahrlich schreckliche Erfahrung – ähnlich der Chinesischen Wasserfolter. Doch als die Ergebnisse errechnet waren, stellte sich heraus, dass der Fersenlauf der effizienteste war, selbst bei dieser widerwilligen Testperson. „Je mehr man dazulernt, desto mehr wird einem manchmal klar, wie wenig man eigentlich weiß", gibt Dr. Frederick zu. Er warnt jedoch davor, aufgrund dieses einen Experiments größere Veränderungen des eigenen Laufstils vorzunehmen. „Es könnte Gründe dafür geben, die im Labor nicht messbar sind, warum ein Läufer bei einem bestimmten Laufstil bleiben sollte."

10 TIPPS FÜR EINE BESSERE LAUFHALTUNG

Fred Wilt (1920 – 1994) lief zwischen 1948 und 1952 als Langstreckenläufer für die amerikanische Olympiamannschaft und erlangte zur gleichen Zeit Berühmtheit durch seinen 500 m US-Landesrekord, der 18 Jahre Bestand hatte (14:26,8). Nachdem er seinen Job beim FBI aufgegeben hatte, trainierte Wilt die Laufmannschaften der Frauen an der Purdue University. Er war Redakteur der Zeitschrift **Track Technique** *und Autor des Bestseller „How they train". Er fungierte als Berater für verschiedene Läufer, darunter Buddy Edelen, Olympionike bei den Spielen von 1964 und ehemaliger Marathon-Rekordhalter mit einer Zeit von 2:14:28. (Wilt trainierte auch mich, als ich im selben Jahr im Boston Marathon meine persönliche Bestzeit aufstellte.) Hier sind seine Tipps für eine bessere Laufhaltung:*

1. Die Laufhaltung ist eine völlig individuelle Sache. Jeder Sportler unterscheidet sich von anderen zumindest minimal in Größe, Gewicht, Knochenaufbau, Länge und Größe der Muskeln, Muskelansatz und Muskelursprung, Kraft, Beweglichkeit, Körperhaltung und Persönlichkeit und vielem anderen mehr. Daher werden zwei Läufer niemals mit derselben Haltung laufen, auch wenn sie an die gleichen mechanischen Prinzipien gebunden sind.

2. Ein Haltungsfehler der schlimmsten Sorte ist es, nach dem Aufsetzen die Ferse nicht den Boden berühren zu lassen (leichter Bodenkontakt). Kurzfristig wird der ganze Fuß aufgesetzt, sodass Sie von der Ferse bis zum Fußballen festen Halt auf dem Boden haben. Das gilt für jedes Tempo und besonders für den Sprint.

3. Es ist zwar physisch möglich, beim Laufen mit der Ferse zuerst zu landen. Das ist jedoch ziemlich falsch und wird auch kaum gemacht, da es den Körper zu sehr durchrüttelt und nur bei sehr niedrigem Tempo gemacht werden kann. Sowohl der Fersenaufsatz als auch das Laufen auf dem Vorfuß (ohne die Ferse überhaupt aufzusetzen) sind falsch.

4. Idealerweise sollten die Fußinnenseiten beim Laufen etwa in einer geraden Linie aufgesetzt werden. Sportler sollten in gerader Linie, jedoch nicht notwendigerweise auf einer solchen Linie laufen. Wird ein Fuß genau vor den anderen gesetzt, wird das laterale (seitliche) Gleichgewicht behindert.

5. Läufer, die Wettkämpfe über längere Distanzen bestreiten, bei denen eine ökonomische Energieverteilung der wichtigste Faktor ist, sollten mit ihrer natürlichen Schrittlänge laufen: nicht übertrieben, nicht zu lang und auch nicht zu kurz, sondern mit einem Schritt, der für das jeweils gewünschte Tempo die effizienteste Bewegungsökonomie garantiert.

6. Sowohl zu lange, als auch zu kurze Schritte sind falsch. Jeder Läufer hat seine eigene optimale Schrittlänge für jedes Tempo, die von der Beinlänge, der Muskelkraft und zuletzt von der Beweglichkeit der Gelenke abhängt.

7. Würde ein Sportler bei gleichbleibendem Höchsttempo ohne Beschleunigung in einem Vakuum ohne Luftwiderstand laufen, hätte der Körper keinerlei Neigung.

8. Die Hände sollten bei jedem Tempo entspannt und rund gehalten werden. Sie sollten niemals zur Faust geballt sein, weil das Spannung erzeugt. Das ermüdet unnötig.

9. Kopf und Rumpf sollten eine natürliche gerade Linie bilden. Richten Sie Ihren Blick beim Laufen einige Meter nach vorne.

10. Gegen offensichtliche Haltungsfehler sollte man am besten viele Wiederholungen über kurze Strecken, z.B. 100 m, mit schnellem, aber nicht erschöpfendem Tempo laufen.

Haltungsbewusstsein schaffen

Ich kann Ihnen zwar nicht unbedingt eine Zauberformel, aber doch einige Vorschläge an die Hand geben, wie Sie sich Ihrer Laufhaltung zumindest bewusst werden – wenn Sie sie nicht sogar verbessern. In seinem Artikel in den Running Research News führte Dr. Anderson verschiedene Lauftechniken an, die Dr. Daniels zur Verbesserung der Laufhaltung einsetzte: Intervalltraining, Bergablaufen, Bergauflaufen und Training für den Sprunglauf. Jeder dieser Techniken habe ich ein eigenes Kapitel gewidmet. An dieser Stelle soll ein kleiner Einblick genügen, wie Sie diese Übungen zur Verbesserung Ihrer Laufhaltung einsetzen können.

Es ist bewiesen, dass Intervalltraining Ihre läuferischen Qualitäten verbessern kann. Es stärkt Ihre aerobe und anaerobe Kapazität. Es stärkt Ihre Beine. Es stärkt Ihr Selbstvertrauen. Für mich selbst besteht einer der größten Vorteile des Intervalltrainings darin, dass es meine Konzentrationsfähigkeit erhöht. Es half mir, meine Laufhaltung beizubehalten. Beim Intervalltraining zu Beginn der Saison hatte ich oft das Gefühl, dass meine Gedanken abschweiften und meine Haltung schon auf der Gegengerade nachließ. Nach einigen Wochen fiel mir die Trainingsroutine leichter und ich stellte fest, dass ich mich über die gesamte Runde hinweg konzentrieren und die effizienteste Laufhaltung durchhalten konnte. Über einen längeren Zeitraum mit höchster Effizienz zu laufen hat mir zweifellos geholfen, schneller zu werden. Meine Zeiten wurden nicht nur im Training besser, sondern auch bei Wettkämpfen.

> *Einer der größten Vorteile des Intervalltrainings ist, dass es die Konzentrationsfähigkeit erhöht.*

Dr. Daniels stimmt darin offensichtlich mit mir überein: So sollten Läufer kurze Runden von 400 m bei schnellem (aber nicht maximalem) Tempo mit völliger Entspannung kombinieren. Das Verhältnis von Training zu Ruhe sollte 1:4 oder sogar größer sein. Das bedeutet, dass man für 400 m, in einer Zeit von 75 Sekunden eine Ruhepause von 5 Minuten oder mehr einlegen sollte. „Die Idee dahinter ist, jeden 400-m-Lauf völlig ausgeruht und entspannt anzugehen", sagt Dr. Anderson, „damit man während der gesamten Zeit eine gute Laufhaltung aufrechterhalten kann."

Dr. Daniels schlägt auch Bergabläufe vor, um sich daran zu gewöhnen, schneller zu laufen, indem man seine Schrittfolge, jedoch nicht den Energieaufwand erhöht. Er empfiehlt sehr leichte Gefälle (von nicht mehr als zwei Prozent).

Bergauflaufen ist wiederum ideal, um die Gesäßmuskulatur zu trainieren und diese mehr in die Laufbewegung einzubinden. Das bringt Sie dazu, mit mehr Energie zu laufen. „Es geht nicht darum zu Sprinten, sondern um gleichmäßig Bewegungen", sagt Dr. Daniels.

Sprunglauftraining, das Trainer Bell favorisiert, trägt ähnlich zur Verbesserung von Kondition, Beweglichkeit und Laufhaltung bei.

Abgesehen von Expertenmeinungen bin ich davon überzeugt, dass ein Läufer das entwickeln muss, was Bell „Körperbewusstsein" nennt und was ich ein „Gespür für Haltung" nenne. Man muss sich seines Körpers beim Laufen bewusst werden. Man kann sich z. B. in einem Trainingslager auf Video aufnehmen lassen, damit man sehen kann, wie man beim Laufen aussieht. Oder Sie können sich, wenn Sie selbst eine Videokamera besitzen, von jemand anderem filmen lassen. Ein Vorteil der modernen Kameras ist, dass man Standbilder erzeugen und so die Haltung an verschiedenen Stationen eines Schritts überprüfen kann. Mit den neueren Modellen können Sie diese Einzelbilder sogar auf einen Computer herunterladen und ausdrucken.

Zur Verbesserung Ihre Bewegungsökonomie probieren Sie folgende Haltungsübungen aus:

- **LAUFEN SIE BARFUSS IM PARK.** Gehen Sie an einem Sommertag an den Strand oder auf eine Wiese und suchen Sie sich eine ebene Strecke im Sand oder auf dem Grün. Ziehen Sie Ihre Schuhe aus und joggen oder walken Sie mit leichtem Tempo über eine Strecke von 50 oder 100 Metern. Fühlen Sie, an welcher Stelle Ihr Fuß den Boden berührt? Setzen Sie auf dem Mittelfuß auf oder mehr Richtung Fußballen oder Ferse? Ist es angenehmer, wenn Sie Ihren Fußaufsatz verändern? Wahrscheinlich nicht, aber so entwickeln Sie ein Gefühl für Ihren Fußaufsatz. Eine Möglichkeit, Körperbewusstsein zu entwickeln, besteht darin, leicht auf Gras zu laufen. Oder Sie laufen auf nassem Sand und untersuchen Ihre Fußabdrücke.

- **LAUFEN SIE SCHNELL AUF DER BAHN.** Begeben Sie sich auf eine 400-m-Bahn. Beginnen Sie an der 300-m-Startlinie, also am Anfang der Geraden auf der Gegenbahn. Erhöhen Sie auf dieser Geraden langsam Ihr Tempo, sodass Sie die Kurve fast mit Wettkampftempo nehmen. Wenn Sie auf der Zielgeraden ankommen, beschleunigen Sie weiter, sodass Sie die Ziellinie mit Höchstgeschwindigkeit überqueren. Wie verändert sich Ihre Haltung bei diesem Steigerungslauf? An welchem Punkt und bei welchem Tempo laufen Sie effizienter oder weniger effizient? Achten Sie darauf, wie sich Kniehub, Schrittlänge, Körper-, Arm- und Kopfhaltung verändern. An welchem Punkt verschlechtert sich Ihre Haltung, weil Sie müde werden? Wenn Antworten dadurch einfacher werden, packen Sie ruhig wieder die Videokamera aus.

- **LAUFEN SIE GERADE AUF DER STRASSE.** Suchen Sie sich eine wenig befahrene Straße, auf der Sie einer geraden Linie folgen können – eine Markierung, ein Riss im Asphalt oder die Linie zwischen Fahrspur und Randstreifen. Laufen Sie ein bis zwei Kilometer oder mehr mit gleichmäßigem Tempo. Konzentrieren Sie sich auf diese Linie und stellen Sie sich vor, Sie wären eine Maschine, die sich darauf bewegt, so wie ein Zug auf Schienen. Seien Sie ein Buddha, versinken Sie in sich selbst. Können Sie diese Linie gerade entlanglaufen, ohne hin und her zu schwanken? Ist Ihr Kopf gerade und geht Ihr Blick geradeaus? Bewegen sich Ihre Arme gleichmäßig vor und zurück, im Rhythmus mit Ihren Beinen? Bewegen sich Ihre Beine gerade vor und zurück?

LAUFEN SIE IM WETTKAMPF KONZENTRIERT. Versuchen Sie, sich bei Ihrem nächsten 5-km-Rennen völlig auf Ihre Bewegungen zu konzentrieren. Schaffen Sie es, Ihre Umgebung, die Bilder und Geräusche des Rennens völlig auszublenden? Können Sie laufen, ohne zu sprechen? Nehmen Sie die anderen Läufer um sich herum nur undeutlich wahr? Können Sie die Laufhaltung beibehalten, die Sie auf dem Gras, auf der Bahn und auf der Straße geübt haben? Das müssen Sie wohl, wenn Sie Ihr Maximum an Schnelligkeit erreichen wollen.

TEMPO- *Feinarbeit*
TRAINING
am Training

„Es gibt nur einen Weg, schneller zu werden. Man muss seinen Beinen beibringen, wie sich schnelles Laufen anfühlt", erklärte mir die Olympiateilnehmerin und Trainerin Francie Larrieu Smith einmal. Sie empfiehlt jede Art von Tempotraining, seien es Wiederholungsläufe, Intervalltraining, Fahrtspiel oder Ähnliches. Sie räumt ein, dass ein Läufer seine Zeiten zwar auch verbessern kann, indem er den langsamen Anpassungsprozess wählt und tagtäglich mit derselben Geschwindigkeit läuft, doch irgendwann macht man dann keine Fortschritte mehr. Man bleibt auf einem Leistungsplateau stehen. Hier kann Tempotraining weiterhelfen.

Viele denken jedoch wie der Läufer, den ich in der Einleitung zu diesem Buch erwähnte. Er behauptete, er wolle gar nicht schnell laufen. Möglicherweise hatte er nur Angst vor dem Training, das er für dieses Ziel würde absolvieren müssen. Drei ältere Läufer erzählten mir einmal, dass sie irgendwann nach einer Diskussion beschlossen hätten, keine neuen Trainingstricks mehr auszuprobieren. Sie waren der Meinung, dass sie ihr Verletzungsrisiko senken könnten, wenn sie sich an ihr gewohntes Trainingsprogramm hielten. Und da mögen sie durchaus Recht haben. Ich erinnere mich auch an eine Läuferin aus meinem Geländelaufteam, die mir sagte, sie sei für Tempotraining einfach nicht schnell genug. Ich konnte sie schließlich vom Gegenteil überzeugen und sie verließ die High School als Captain der Mannschaft.

Spaß am Tempotraining

Viele Läufer wollen schnell laufen. Aber sie sind unsicher, ob sie die Fähigkeiten oder das Durchhaltevermögen haben, um dem Rat von Experten wie Larrieu Smith zu folgen.

Bei einem Treffen unseres Laufvereins erzählte mir Joanne Kittel (vgl. Kapitel 6, die Anfängerin) einmal, wie sehr sie das Tempotraining verabscheue. „Macht das eigentlich irgendwann Spaß?", fragte sie mich.

Ich hatte keine Antwort parat. Mir macht Tempotraining Spaß, gelegentlich heitert es mich geradezu auf. Sicher, ich habe Freude an langen Läufen auf Waldwegen oder auf entlegenen Landstraßen, aber es gibt auch Zeiten, zu denen ich auf irgendeine hässliche Aschenbahn will und dort einfach losstürme. Ist das masochistisch? Vielleicht ist es das.

Sogar Spitzenläufer, die wöchentlich mehr als 150 Trainingskilometer laufen, geben zu, dass Qualität wichtiger ist als Quantität. Sie wissen, dass man das

Tempotraining nicht zugunsten von sogenannten „leeren Kilometern" aufgeben darf. Leere Kilometer haben ihren Platz in jedem Trainingsprogramm, jedoch nicht auf Kosten anderer Trainingsformen.

Bei dem Vereinstreffen erzählte Joanne mir, wie ihr Tempotraining aussieht. Für eine Trainingsmethode hatte sie eine nahe gelegene Straße in Abschnitte von etwa 400 m eingeteilt. Sie lief diese Straße entlang und wechselte an den Markierungen zwischen schnellem und langsamem Tempo. Das erinnerte mich an einige Trainingseinheiten des tschechischen Spitzenläufers Emil Zatopek, der Telefonmasten als Anhaltspunkte für seine Sprints benutzte. Manchmal probierte er sogar aus, an wie vielen Masten er vorbeilaufen konnte ohne Luft zu holen.

So ein Tempotraining kann man wohl kaum als Spaß bezeichnen. Bei einer zweiten Trainingsvariante suchte Joanne einen nahegelegenen Golfplatz auf und machte Sprints über gut 100 m, zwischen denen sie joggte und walkte. Ich bezweifle, dass sie viel über Zatopeks Training wusste, aber die Inspirationsquelle für diese zweite Trainingsmethode erkannte ich wieder. Es war meine eigene. Ich hatte sie oft in Vorlesungen erläutert. Warum wir beide eine Strecke von über 100 m gewählt hatten? Weil das die Entfernung von einem Baum zum nächsten auf dem besonders ebenen Fairway war, wo ich trainierte. Joanne könnte sogar dieselben Bäume benutzt haben.

Ich mache dieses spezielle Golfplatz-Training gerne, weil ich es so gut wie nie zu weit treibe. Ich laufe schnell, aber ich mache selten so viele Wiederholungen, dass ich am Ende erschöpft bin. Normalerweise laufe ich einen Satz von vier bis acht Sprints, zwischen denen ich jogge, und dann walke ich, bis ich mich vollständig erholt habe. Als ich in Topform war, machte ich noch einen weiteren Satz von acht Sprints. Normalerweise fühlte ich mich am Ende des Trainings erholter als vorher. Warum gerade acht Sprints? Warum nicht? Gutes Training ist oft ebenso Kunst wie Wissenschaft.

> *Wenn Sie nur diese eine Trainingseinheit in Ihr Training einbauen, werden Sie Ihre Leistung steigern.*

Kommt Ihnen diese Trainingsmethode schwierig oder übermäßig strapaziös vor? Geht man mit diesen Sprints, wenn sie nur ein wenig schneller als mit Wettkampftempo und nach gründlichem Aufwärmen gelaufen wurden, ein höheres Verletzungsrisiko ein als mit einem langen Lauf auf der Straße? Ist dieses Training an einem kühlen Morgen bei Sonnenaufgang in der idyllischen Umgebung eines Golfplatzes an Schönheit zu überbieten? Ich denke nicht. Und ich bin der Meinung, dass Sie, wenn Sie nur diese eine Trainingseinheit für ein paar Monate im Sommer in Ihr Training einbauen, bestimmt eine Leistungssteigerung feststellen werden.

Wie viele schnelle Läufer bin ich von der Bahn zum Straßenlauf gekommen. Als ich zur Schule ging, nahm ich an Wettkämpfen über eine und eine halbe Meile teil und gewann einige Titel in diesen Disziplinen. Für mich ist Tempotraining etwas ganz Natürliches. Aber Joanne Kittel wird das als Anfängerin wohl anders gesehen haben. Wie die meisten Läufer, die sich mehr für ihre persönliche Entwicklung interessieren, als dass sie von olympischen Ambitionen getrieben würden, fing sie mit langsamen Läufen an und steigerte sich dann zu langen Läufen. Tempotraining war also nichts Natürliches für sie. Es war etwas, durch das sie sich durchbeißen musste.

Es machte ihr also keinen Spaß. Was ihr jedoch Spaß machte, waren die 44:23 min, die sie einige Wochen vor unserer Unterhaltung im 10-km-Rennen gelaufen war. Es war ihr erster 10-km-Lauf, unter 45 Minuten. Und wem hatte sie diese Steigerung zu verdanken? Dem Tempotraining!

Joanne Kittel mixte auch weiterhin schnelle unter ihre langen Läufe, ob sie es nun mochte oder nicht. Das Tempotraining war möglicherweise nicht der einzige – vielleicht nicht einmal der Hauptgrund – für ihren Erfolg. Über viele Jahre hatte sie sich eine Basis aus zurückgelegten Kilometern aufgebaut, die sie zum Erfolg führte. Doch das Tempotraining hatte ohne Zweifel dazu beigetragen, dass sie die 45-Minuten-Marke über 10 Kilometer knacken konnte. Und auch Ihnen kann es helfen, ein besserer Läufer zu werden.

Stellen Sie sich der Herausforderung

Bevor Sie Tempotraining in Ihr Trainingsprogramm aufnehmen, sollten Sie sich überlegen, ob Sie schon reif für diese Herausforderung sind. Trainer Bob Glover von den New York Road Runners rät Läufern, kein Tempotraining zu machen, bevor sie nicht ein Jahr trainiert und ein Rennen beendet haben, mindestens 25 Wochenkilometer laufen und in Wettkämpfen über fünf bis zehn Kilometer schneller sind als im Training.

„Achten Sie darauf, mit dem Tempotraining nicht zu früh anzufangen", warnt Trainer Bob Williams. „Wagen Sie den Sprung von der Basisphase Ihres Trainings auf zwei oder drei Tempoeinheiten pro Woche nicht zu früh. Viele der Verletzungen, die durch sogenanntes Übertraining entstehen, rühren einfach daher, dass man sich zu früh zu viel Intensität zugemutet hat."

Ich werde noch eine Warnung aussprechen. Sie müssen gewillt sein, einige Unannehmlichkeiten auf sich zu nehmen. Ich benutze ungern das Wort „Schmerz", weil es so negativ klingt. Es fällt mir auch schwer nachzuvollziehen, warum Marathonläufer – die die Torturen der letzten zehn Kilometer ihres Rennens klaglos auf sich

> **Viele der Verletzungen durch „Übertraining" rühren einfach daher, dass man sich zu früh zu viel Intensität zugemutet hat.**

nehmen – das, was sie beim Tempotraining als so unangenehm empfinden, nicht akzeptieren können. Wenn Sie ein schneller Läufer sein wollen, müssen Sie einige Unannehmlichkeiten akzeptieren. Das heißt aber nicht, dass das Tempotraining nur beschwerlich ist. Die integrierten Ruheintervalle sind ein Gegengewicht. So schnell wie Sie in die Schmerzzone gelangen, so schnell sind sie auch wieder draußen mit Walking oder Jogging.

Warum das Tempotraining funktioniert

Es hat physiologische Gründe, warum Sie ums Tempotraining nicht drumrum kommen, wenn Sie Ihre Leistung über eine beliebige Strecke, vom Kilometer bis hin zum Marathon, verbessern wollen. Laut William Fink, Physiologe an der Ball State University, besteht der Hauptgrund darin, dass man seinen Körper darauf trainieren muss, das Muskelgewebe zu entwickeln, das für das schnelle Laufen notwendig ist. „Es ist zwar noch nicht vollständig bewiesen", sagt Fink, „aber wenn man beim Wettkampftempo noch entspannt laufen kann, kommt das wahrscheinlich daher, dass man das Muskelgewebe auf dieses höhere Tempo trainiert hat."

Aber es treten auch bestimmte Anpassungsreaktionen im Stoffwechsel ein, die mit dem ph-Wert der Muskeln in Beziehung stehen. Wenn man anaerob trainiert – also bei einem so hohen Tempo, dass der Körper nicht schnell genug Sauerstoff aufnehmen kann, um die sich entwickelnden „Abfallstoffe" abzubauen – sammelt sich in den Muskeln Laktat an. Der pH-Wert sinkt. Schließlich hat sich so viel Laktat angesammelt, dass sich die Muskeln nicht mehr zusammenziehen können. Daher kommt ein Mittelstreckenläufer im Normalfall nach einem 400-m-Sprintrennen mit steifen Beinen und nahe am Zusammenbruch über die Ziellinie. Seine Muskeln funktionieren (zumindest zeitweilig) nicht mehr richtig, weil sich zu viel Laktat angesammelt hat. Obwohl es viel länger dauert, passiert das Gleiche, wenn jemand in einem 5- oder 10-km-Lauf alles gibt.

Durch Training, und vor allem durch Tempotraining, kann dieser Effekt abgemildert werden. Laut Fink ist „eine der Anpassungen, die Entwicklung einer Art „Puffer" des Körpers. Mit angemessen dosiertem Tempotraining kann ein gut trainierter Läufer, die Übersäuerung der Muskeln reduzieren. Er kann länger und schneller laufen, bevor ein zu hoher Laktatgehalt ihn zum Anhalten zwingt."

Teil des Trainingsprozesses ist auch die psychische Fähigkeit, unter großer Belastung weiterhin Leistung bringen zu können – also buchstäblich die Schmerzgrenze zu überwinden. Doch viel von dem, was Läufer, einschließlich Anfänger, oft für psychische Anpassungen halten, könnte einfach eine Stoffwechselveränderung sein, nämlich die Erhöhung der anaeroben Schwelle.

Mit den Worten des verstorbenen Physiologen Dr. Al Claremont: „Zu viele Menschen schreiben sich ab, weil sie angeblich einen zu schwachen Körper haben, obwohl sie zu weit mehr Leistung fähig sind, als sie meinen. Sie sind nur nicht bereit, die harte Arbeit, inklusive Tempotraining, auf sich zu nehmen, die notwendig ist, um diesen angeblich schwachen Körper in einen starken zu verwandeln."

Die anaerobe Schwelle bei jemandem mit „dürftiger" Leistungsfähigkeit liegt etwa bei 60 Prozent des Maximums, das heißt, die Muskeln beginnen Laktat anzusammeln, wenn man mit halber maximaler Herzfrequenz läuft. Bei einem „durchschnittlichen" Läufer liegt die Schwelle ungefähr bei 70 Prozent und ein „guter" Läufer könnte noch bei 85 Prozent des Maximums aerob trainieren. Auf Tempo trainierte Läufer, bewegen sich sogar noch in Welten jenseits davon. Diese Anpassung erlaubt es Läufern, wie dem Marathon-Rekordhalter Khalid Khannouchi, scheinbar endlose Kilometer ohne Anzeichen von Erschöpfung unter 3 min/km zu laufen, weil die Akkumulation von Laktat noch nicht begonnen hat. Doch auch ein weniger talentierter Läufer kann seine anaerobe Schwelle nach oben verschieben: von 50 Prozent in Richtung 85 Prozent. Und der Weg dorthin führt über das Tempotraining.

> *Ein gut trainierter Läufer kann durch gezieltes Tempotraining länger und schneller laufen.*

TEMPOTRAINING VORSICHTIG ANGEHEN

*Bob Williams, Trainer aus Portland/Oregon, warnt davor, Tempotraining zu rasant in den Trainingsplan aufzunehmen. „Fangen Sie mit einem Tag Tempotraining pro Woche an", rät er. „Lassen Sie Ihrem Körper mindestens sechs Wochen Zeit, um sich **allmählich** an diesen Tempowechsel zu gewöhnen."*

Beispielhaft erklärt Williams, dass ein 2.000 Meter-Läufer mit 5 x 400-m-Läufen beginnen und sich Stück für Stück bis auf 10 x 400 m steigern sollte. „Lassen Sie den Kilometerumfang nicht zu hoch werden", sagt Williams.

Ein 5- oder 10-km-Läufer würde einen etwas anderen Ansatz wählen und beispielsweise 800-m-Wiederholungen statt 400 m laufen. Marathonläufer können 2- oder sogar 3-km-Wiederholungen absolvieren. Williams empfiehlt 10-km-Läufern, nicht mehr als die Hälfte der Wettkampfstrecke auf Tempotraining zu laufen (also maximal 5 km oder 12 x 400 m auf der Bahn). Ein 2.000-Meter-Läufer kann die gesamte Wettkampfdistanz auf Tempo laufen, ein Marathonläufer sollte sehr viel weniger anpeilen.

„Es gibt keine goldene Regel, wie schnell man sich steigern sollte oder wie viel Tempotraining in einer Trainingseinheit oder in einer Woche angemessen ist", sagt Williams. „Wenn Sie behutsam anfangen, ist das Verletzungsrisiko geringer. Achten Sie besonders auf die richtige Mischung von Umfang und Intensität, alles andere wäre der sichere Weg ins Verderben."

Rot gegen Weiß

Wir werden nicht alle mit den gleichen Körpern geboren und manche sind einfach von Geburt an schneller als andere. Jeder Mensch verfügt über langsam kontrahierende (ST= slow twitch oder rote) und schnell kontrahierende (FT= fast twitch oder weiße) Muskeln. Die meisten von uns haben etwa die gleiche Anzahl von beiden Typen, doch einige haben mehr von den einen als von den anderen. Zusammen mit biomechanischen Unterschieden ist das ein Grund dafür, warum manche Menschen als Sprinter und andere als Langstreckenläufer Erfolg haben.

Weiße Muskeln reagieren natürlich schneller, brauchen ihre Energiereserven in Form von Glykogen aber auch schnell auf. Weiße Muskeln sind auf kurze Kraftanstrengungen eingestellt. Rote Muskeln ziehen sich langsamer zusammen, können diese Kontraktion aber über einen längeren Zeitraum beibehalten. Sie sind hervorragend für Ausdauerleistungen geeignet.

Neben diesen beiden Grundtypen haben Wissenschaftler einen dritten Muskeltyp ausfindig gemacht, der irgendwo in der Mitte anzusiedeln ist: ein schnell kontrahierender Muskel, der auf Ausdauer trainiert, oder ein langsam kontrahierender Muskel, der auf Tempo trainiert werden kann. In einem Zeitschriftenartikel schrieb Kevin Shyne zu diesem Thema: „Obwohl man lange Zeit angenommen hatte, dass das Verhältnis von schnellen zu langsamen Muskeln genetisch festgelegt ist, ist diese Ansicht jüngst von Trainern und Sportwissenschaftlern in Frage gestellt worden. Sie sind der Meinung, dass Schnelligkeit zu einem viel höheren Grad erlernbar ist als bisher vermutet, und dass jeder sein Tempo durch angemessenes Training beträchtlich steigern kann."

Bob Glover sagt: „Viele Läufer, vor allem Anfänger, unterschätzen ihre athletischen Fähigkeiten. Durch das Tempotraining wird ihnen oft klar, dass sie robuster sind, als sie dachten."

Abgesehen von physiologischen Betrachtungen halte ich das Tempotraining für ein Mittel zur Feinabstimmung. Es ist ein Weg, einem bereits gut funktionierenden Mechanismus – dem menschlichen Körper – die letzten Energiereserven abzuverlangen. Das Tempotraining ist eine Trainingsmethode, mit der Sie selbst nach vielen Monaten oder sogar Jahren langen, stetigen Laufens immer noch Fortschritte machen können, auch wenn es den Anschein hatte, als wäre ein Leistungsstillstand eingetreten.

Beim Wettkampf im Sprintsport ist Tempo auch aus taktischen Gründen wichtig. Der ehemalige Trainer Bill Dellinger sagt: „Ein Langstreckenläufer, der am Ende eines Rennens einen Sprint hinlegen kann, ist ganz entschieden im Vorteil. Er kann sich entspannen und die anderen Läufer das Tempo machen lassen, weil er sich darauf verlassen kann, dass er im Finish beschleunigen kann. Sportreporter nennen das gerne den „Turbo einschalten". Das Problem ist, dass Langstreckenläufer Hunderte von Stunden und Tausende von Kilometern aufs Training verwenden und dabei diese eine Geheimwaffe vergessen, die jeder gerne hätten: Tempo oder die Fähigkeit zu sprinten."

Die Facetten des Tempotrainings

Was ist Tempotraining? Tempotraining ist jedes Training, das mit Wettkampfgeschwindigkeit oder schneller gelaufen wird. Diese Definition berücksichtigt unterschiedliche läuferische Fähigkeiten. Doch an welchem Rennen macht man das Wettkampftempo fest? Innerhalb eines Jahres nehme ich an Wettkämpfen von 800 m bis hin zum Marathon teil – damit ist mein Repertoire größer als das vieler Wettkampfläufer, doch ich bin da kein Einzelfall.

Der Olympiasieger Frank Shorter legt sein Wettkampftempo nach seiner durchschnittlichen Geschwindigkeit in einem 2-Meilen-Lauf fest. Zu der Zeit, als er einer der weltbesten 10.000-m-Läufer war, verstand Shorter unter Tempotraining alles, was schneller als 65 sek über 400 m war. Einige anerkannte Trainer, binden das Tempotraining an die 10-km-Distanz, weil es eine beliebte Distanz ist, zu der die meisten Läufer einen Bezug haben. Da meine 5-km-Zeiten in letzter Zeit etwa bei 25 min liegen, fängt Tempotraining für mich etwa bei 2 min auf 400 m (5 min/km) an.

Wählen Sie Ihr Tempo mit Bedacht. Ein typischer Anfängerfehler ist es, beim Tempotraining mit voller Kraft zu laufen, schneller als Wettkampftempo. Während ein gewisses Maß an Training mit vollem Tempo Ihrer Fitness zu Gute kommt, erhöht ein Zuviel Ihr Verletzungsrisiko.

Es gibt verschiedene Arten des Tempotrainings. Einige sind wirklich schwierig, andere recht leicht, manche sind sich völlig ähnlich, andere gänzlich verschieden. Unterschiedliche Trainer bevorzugen unterschiedliche Trainingsformen. Das basiert zum Teil auf ihrer eigenen Intuition darüber, was für ihre Läufer das Beste ist. Und wenn eine Form des Tempotrainings für einen Läufer nahezu ideal ist, kann das bei einem anderen ganz anders aussehen. Einige Arten des Tempotrainings sind bestens dazu geeignet, Ihre

> *Einige Arten des Tempotrainings sind am besten dazu geeignet, Ihre Kraft zu steigern, andere erhöhen die Ausdauer, verbessern die Laufhaltung oder schärfen die Konzentration.*

Kraft zu steigern, andere erhöhen die Ausdauer. Manche verbessern die Laufhaltung, andere die Konzentration. Ein weiterer wichtiger Aspekt ist das Selbstvertrauen, das man durch hartes Training unter speziellen Bedingungen erhält. Wie Sie Ihr Tempotraining angehen, hängt von Ihren persönlichen Umständen und Ihrer Wohngegend ab. Ihr Trainingsprogramm wird zum Beispiel dadurch bestimmt, ob Sie in der Nähe einer Sportanlage, eines Erholungsgeländes oder eines Waldes mit guten Wegen wohnen. Die Witterung kann ein entscheidender Faktor sein, ebenso wie die Länge oder die Bedeutung des Wettkampfes, für den Sie trainieren.

In diesem Kapitel werde ich eine spezielle Form des Tempotrainings vorstellen: die Wiederholungsläufe. In den darauffolgenden Kapiteln werde ich darüber hinaus das Intervalltraining, Sprints, Sprungläufe, Tempoverschärfungen, Fahrtspiel und Hügeltraining beschreiben. Und ich werde zeigen, wie Sie diese Trainingstypen sinnvoll umsetzen und in Ihr Trainingsprogramm aufnehmen können.

Wiederholungsläufe

Ein Wiederholungslauf wird sehr schnell gelaufen, im Normalfall über eine sehr kurze Distanz. Dann folgt eine relativ lange Erholungspause, bevor man die Distanz erneut angeht.

Für mich besteht ein typisches Wiederholungstraining aus 3 x 300 m. Ich verausgabe mich auf 300 m und walke dann solange, bis ich mich vollständig erholt habe (normalerweise etwa 5 Minuten). Danach laufe ich die 300 m noch zweimal.

Wiederholungsläufe waren die erste Trainingsform, mit der ich als junger Läufer auf der Bahn Bekanntschaft machte. Es war eine einfache Basismethode an seinem Tempo zu arbeiten, die sowohl von Sprintern als auch von Langstreckenläufern angewandt wurde.

So, wie sie von vielen Lauftrainern gehandhabt wurden, waren Wiederholungsläufe eine recht unkomplizierte Art des Trainings. Ein Trainer konnte einfach seine Stoppuhr hervorziehen und seine Läufer eine schnelle Runde sprinten lassen. Nachdem er ihre Zeit genommen hatte, ließ er sie zur Erholung ein Stück Walken. Währenddessen konnte er seine Aufmerksamkeit den Hochspringern oder Kugelstoßern widmen. Nach 5 Minuten sah er dann seine Läufer herumstehen und konnte sie wieder um die Bahn jagen.

Bei einem Essen in New York beschrieb mir Glenn Cunningham, der größte amerikanische Meilenläufer der dreißiger Jahre, die Trainingsmethoden, mit denen er auf seine Distanz bis fast an die 4 min herangekommen ist. Cunningham machte fast ausschließlich Wiederholungsläufe und berichtete, er sei selten mehr als zwölf Meilen pro Woche gelaufen. Ein typisches Cunningham-Training sah so aus, dass er 200 m lief, so schnell er konnte. Nach einer Erholungspause lief er nochmal 200 m, dann ging er nach Hause. Alle Meilenläufer zu dieser Zeit trainierten ähnlich.

Ich machte 1953 meinen Collegeabschluss und trainierte später an der Uni mit Ted Haydon. Haydon orientierte sich an Bill Hayes Trainingsmethode. Haydon war ein erfolgreicher Trainer von der Indiana University, der Läufer wie Don Lash und Fred Wilt trainierte. Nach einem längeren Lauf von knapp fünf Kilometern am Montag liefen wir dienstags drei oder vier 400-m-Läufe, mittwochs ein paar 800er, donnerstags fünf oder sechs 200er, erholten uns am Freitag und liefen samstags ein 3-km-Rennen. Sonntage waren frei. Auch wenn wir es nicht so nannten, unser Training bestand größtenteils aus Wiederholungsläufen, weil wir zwischen den einzelnen Sprints nicht darauf achteten, was wir taten. Wir ruhten uns joggend, gehend und manchmal sogar im Sitzen aus.

1956 fuhr ich nach Berlin, um mit einer amerikanischen Mannschaft an den Meisterschaften des Conseil Internationale du Sport Militaire (CISM) teilzunehmen, einer Leichtathletikveranstaltung für Sportler, die bei den Streitkräften verschiedener Nationen dienten. In unserem Team war Tom Courtney, der später in diesem Jahr bei der Olympiade den 800-m-Lauf in 1:47,07 min. gewonnen hat. Ich würde Ihnen ja gerne erzählen, dass ich mit Courtney trainiert hätte, aber da ich um einiges langsamer war als er, sah ich meistens nur zu, wenn er seinen Satz von 300-m-Wiederholungen lief. Courtney erklärte, dass er mit 8 x 300-m-Wiederholungen in eine Saison startete. Wenn er dann schneller und in besserer Form war, reduzierte er die Anzahl der Wiederholungen, lief aber jede einzelne schneller. Als unmittelbares Wettkampftraining lief er 3 x 300 m mit vollem Tempo.

Das schien mir eine vernünftige Trainingsmethode zu sein, also übernahm ich Courtneys Trainingsprogramm schließlich mit einigen Anpassungen an meine eigenen Bedürfnissen als Langstreckenläufer. Ich entwickelte ein Trainingsmuster für Wiederholungsläufe, das man mit „3 x" beschreiben könnte. Drei wurde zu einer magischen Zahl für mich. Ich machte selten mehr, weil zu viele Wiederholungen aus dem Tempotraining ein Ausdauertraining gemacht hätten. Mein Körper signalisierte mir sehr schnell, dass ich für mehr als drei langsamer werden müsste. Das Trainingsziel war, mit annäherndem Höchsttempo zu laufen. Meine Herangehensweise war nicht im geringsten wissenschaftlich begründet; sie fühlte sich einfach richtig an.

Typische Wiederholungsläufe, die ich nutzte und noch immer nutze, sind: 3 x 200, 3 x 300 und 3 x 400 oder zur Abwechslung ein 200er und ein 300er und ein 400er. Inzwischen laufe ich in einem einzigen Wiederholungslauf selten mehr als eine Runde um die Bahn, obwohl ich vor einigen Jahren am liebsten drei Meilen bei vollem Tempo in eine einzige Stunde gequetscht habe. Würde ich dieses Training heute machen müssen, täte ich das wahrscheinlich lieber auf einem abgemessenen Straßenstück.

Beim Höchstformtraining stehen einmal pro Woche Wiederholungsläufe an, doch niemals exakt die gleiche Trainingseinheit. Aus psychologischen Gründen möchte ich nicht in der Lage sein, mir das Training einer Woche ansehen zu können und feststellen zu müssen, dass ich 1/10 Sekunde langsamer gelaufen bin als in der davor.

Nach Dr. Owen Anderson sollte jede Erholungsphase etwa fünfmal so lang sein wie die Zeit, die Sie für jede schnelle Wiederholungseinheit benötigen. Mir erscheint dieses Verhältnis von 1:5 durchaus sinnvoll. Ich erhole mich normalerweise, indem ich die Strecke walke, die ich gerade gelaufen bin. Wenn ich eine 300-m-Wiederholungseinheit hinter mir habe, drehe ich mich um und walke zu meinem Ausgangspunkt zurück. Wenn ich dann das Gefühl habe, dass ich noch mehr Zeit zur Regeneration brauche, nehme ich sie mir. Als ich Läufer an der High School trainierte, stellte ich manchmal fest, dass sie sofort zur Startlinie zurückgehen oder – joggen wollten – wild darauf, wieder anzutreten. Ich sorgte dafür, dass sie fünf Minuten Pause machten, um sicher zu sein, dass sie gut ausgeruht waren. Ich beobachtete sie und sprach mit ihnen und wenn sie den Anschein erweckten, als bräuchten sie noch mehr Zeit, dann gab ich ihnen mehr Zeit. Ich machte ihnen klar – und das

Foto: Concurve

möchte ich auch hier betonen – dass Wiederholungsläufe kein Training mit dem Holzhammer sein sollen. Nach einem Wiederholungslauftraining sollte man erfrischt sein und das gute Gefühl haben, hart trainiert und mit guter Haltung gelaufen zu sein.

Intensitätskontrolle für beste Ergebnisse

Einige mahnende Worte (ich habe es schon einmal erwähnt, aber es ist wichtig genug, um es zu wiederholen): Läufer, die erst mit dem Tempotraining anfangen (und ganz besonders ältere Läufer), sollten anfänglich keine Wiederholungsläufe mit vollem Tempo laufen. Steigern Sie Ihr Tempotraining genauso wie die Distanzen. Fangen Sie mit leichtem Training an und erhöhen Sie das Tempo allmählich für die gesamte Länge des Wiederholungslaufs. Verbessern Sie Ihre Gesamtzeiten über Wochen und Monate, indem Sie die Beschleunigungen bei den Wiederholungsläufen vom Ende her immer mehr ausweiten. Versuchen Sie Ihren Lauf so zu kontrollieren, dass Sie jede Wiederholung mit einem höheren Tempo abschließen als am Start. Dr. Robert Vaughan lässt die Läufer, die er in Dallas trainiert, 400er absolvieren, bei denen die letzten 200 m schneller als die ersten gelaufen werden. Wenn Sie am Ende eines Wiederholungslaufes kämpfen müssen und sich Ihre Haltung verschlechtert, sind Sie zu lange, zu schnelle oder zu viele Wiederholungen gelaufen. Wählen Sie die Distanz, Geschwindigkeit und Anzahl für Ihre Wiederholungen aus, die Sie in guter Laufhaltung durchstehen können.

Das ist ein Grund dafür, warum ich die 300 m für meine Wiederholungsläufe bevorzuge. Diese Distanz ist länger als die Sprintstrecken 100 und 200 m, also läuft man sie nicht mit vollem Tempo – und das sollte man auch nicht. Außerdem ist sie kürzer als 400 m, also hört man auf, bevor das Laktat einen langsamer werden lässt und die Beine steif werden. Auf den meisten Bahnen liegt die Startlinie für die 300 m hinter der ersten Kurve, am Anfang der Gegengeraden. Dort liegt auch die Startlinie für die 1.500 m. Ich empfehle meinen Läufern, auf den ersten 100 m auf der Gegengeraden relativ langsam anzufangen, auf den zweiten 100 m in der Kurve Tempo aufzubauen und schließlich die letzten 100 m der Zielgeraden zu sprinten. Dabei sollen sie sich die letzten 300 m ihres Wettkampfes vorstellen. So kann man mit Wiederholungsläufen den „Turbo" beim Endspurt trainieren. Wenn die Läufer in einem Rennen an diesem Punkt angelangt sind, können sie sich an den Wiederholungsläufen orientieren, die sie im Training gelaufen sind.

Trainer Sam Bell lehrte nach einer ähnlichen Philosophie. Er gab seinen Läufen jedoch den letzten Schliff durch 150-m-Sprints. Bell trainierte einige hochbegabte Meilenläufer in seinem Team und war der Meinung, dass sich ein 1.500-m-Lauf in der letzten Kurve und auf der Zielgeraden entscheidet. Doch welche Strecke Sie bei Ihren Wiederholungen auch laufen: Behalten Sie die Kontrolle.

Der ehemalige russische Trainer A. Yakimow rät: „Wiederholungstraining ist weder ein Sprinttraining, noch sollte es mit voller Kraft gelaufen werden. Der Athlet läuft mit einem fixen und kontrollierten Tempo, das von der Distanz und Geschwindigkeit abhängt, auf die er sich vorbereitet. Diese Trainingsmethode dient dazu Tempo aufzubauen und die Schnelligkeitsausdauer zu trainieren. Sie kann als Strategie angesehen werden, Tempo sowie ein Gefühl für Tempo zu entwickeln. Der Körper reagiert auf Wiederholungstraining ähnlich wie in einer Wettkampfsituation. Daher wird diese Trainingsmethode hauptsächlich in der Wettkampfsaison angewendet".

Erholungsphase sinnvoll nutzen

„Manche Läufer ruhen sich aus, indem sie sich hinsetzen", führt Yakimow weiter aus, „denn sie haben festgestellt, dass sich der Herzschlag dabei schneller als beim Joggen beruhigt. Das Absenken des Pulses ist jedoch nicht der einzige wichtige Punkt. Es könnte sein, dass es besser ist zu joggen als sich hinzusetzen – vor allem nach einem intensiven Lauf. Langsames Laufen übt auf die Muskeln einen Massageeffekt aus, wodurch Abfallstoffe besser abgebaut werden können und die Versorgung der Muskeln mit Sauerstoff und Zucker verbessert wird. Beim Wiederholungstraining sollte man in den Ruhepausen also joggen, dann walken oder gehen und sich schließlich setzen oder hinlegen."

Als ich an der University of Chicago meine Meilen-Wiederholungsläufe auf der Bahn absolvierte, ging oder joggte ich während meiner 20-minütigen Erholungspausen zur Sporthalle hinüber und legte mich dort auf die Turnmatten.

Das hatte den Vorteil, dass ich aus der Hitze herauskam, da ich dieses Training normalerweise im Hochsommer machte. Wenn ich heute 400-m-Wiederholungen laufe, bleibe ich schon mal auf der Bahn, walke 100 m, jogge 200 m auf der Gegengeraden und um die Kurve und walke wieder 100 m auf der Zielgeraden, bevor ich wieder anfange hart zu laufen.

Warum? Weil es mir richtig erscheint. Jeder Läufer muss eine Art der Erholung finden, die seinen persönlichen Bedürfnissen entspricht. Yakimow stellt fest, dass längere Erholungspausen (bis zu einem gewissen Grad) und ein höheres Tempo einen positiven Trainingseffekt auf Ihre Schnelligkeit haben. Dagegen wirken sich kürzere Ruhepausen und ein langsameres Tempo nicht auf Ihre Schnelligkeit, sondern auf Ihre Ausdauer aus.

Die Tabelle unten zeigt die von Yakimow empfohlenen Ruhepausen. Sie kann Ihnen helfen, zu bestimmen, wie lange die Erholungsphasen bei den verschiedenen Formen des Tempotrainings ausfallen sollen. Sie können diese Übersicht auch für das Intervalltraining nutzen (siehe Kapitel 8).

Hätte Yakimow meine bevorzugte Strecke, die 300 m, in seine Tabelle aufgenommen, läge die dazugehörige Ruhepause wohl etwa bei den von mir vorgeschlagenen 5 Minuten. Als ich Wiederholungsläufe von 3 x 1 Meile lief, lagen meine Erholungsphasen etwa bei den 20 Minuten, die der russische Trainer für 2.000-m-Wiederholungen empfiehlt (die 400 m länger sind). Was viele Trainer durch wissenschaftliche Untersuchungen herausfinden, lernen Läufer intuitiv. Die besten Trainer sind tatsächlich die, die einfach das Training dieser intuitiv agierenden Läufer beobachten, von ihnen lernen und deren Training zum Vorteil anderer Läufer umsetzen.

DISTANZ (M)	**ERHOLUNGSPAUSE (MIN) FÜR**		
	Leichtes Tempo	Schnelles Tempo	Höchsttempo
100	bis 0:30	bis 1:30	bis 3:00
200	1:30	2:00	4:00
400	1:30	3:00	7:00
800	2:30	5:00	9:00
1.000	3:00	6:00	12:00
1.200	4:00	7:00	15:00
2.000	5:00	8:00	20:00

Bewegungsökonomie verbessern

Wiederholungsläufe unterstützen auch die Bewegungsökonomie. In der amerikanischen *Runner's World* beschreibt Dr. Anderson eine Untersuchung, die ein Team von Wissenschaftlern von der Arizona State University anstellte. Die Gruppe verfolgte das Training des Meilenläufers Steve Scott über neun Monate in den Jahren 1980 und '81.

Scott erhöhte seine Bewegungsökonomie um 5 Prozent, aber – so Anderson – erst nachdem er schnelle 200- bis 600-m-Läufe in sein Trainingsprogramm aufgenommen hatte. Nachdem er seine Effizienz erhöht hatte, stellte Scott zwei amerikanische Rekorde auf: 3:31:96 min über 1.500 m und 3:49:68 min über eine Meile.

„Der Schlüssel zur Verbesserung der Bewegungsökonomie ist schnell zu laufen, wenn man sich ausgeruht und stark fühlt und nicht wenn man müde und abgekämpft ist und der Laufstil unnatürlich und erschöpft wirkt", rät Dr. Anderson.

Kapitel 8

WUNDER-WORKOUT

Wie Intervalltraining Ihr Tempo verbessert

Das ganze Jahr über treffen sich jeden Mittwochnachmittag um kurz vor halb sechs die Mitglieder des Jacksonville Laufvereins auf dem Parkplatz der Bolles School. Regelmäßig sind es etwa zwei Dutzend; in den Wochen vor dem großen Straßenlauf, dem Gate River Run, der jedes Jahr im März stattfindet, sind es mehr. Der Leiter der Gruppe ist Bob Carr. Er fing 1969 bei der Navy mit dem Laufen an, um sich vor seinem Einsatz in Vietnam in Form zu bringen. Carr blieb beim Laufen, nahm an jedem einzelnen der 23 River Runs teil und gewann zuletzt im Jahr 2000 das Rennen in seiner Altersgruppe (70 – 74).

Die Gruppe joggt zunächst den San José Boulevard entlang. Die Strecke ist etwa drei Kilometer lang – gut zum Aufwärmen. Dann bewegen sich die Läufer zu den Sportanlagen der Bolles School, die normalerweise auch am späten Nachmittag von Schülern nur so wimmeln. Sie betreiben dort die verschiedensten Sportarten: American Football, Fußball, Schwimmen, Tennis, Baseball. Die Läufer wollen allerdings die Bahn für ihr Intervalltraining nutzen.

Nach einigen Minuten Stretching ruft Carr die Gruppe zusammen und kündigt das Trainingsprogramm für den Abend an: ein halbes Dutzend (manchmal ein paar mehr) 400er oder 800er oder eine Kombination aus diesen und längeren Distanzen. Schnelle Trainingseinheiten werden von langsamen 400-m-Erholungsläufen unterbrochen, die gejoggt oder gewalkt werden. Die Gruppe besteht aus Läufern mit ganz unterschiedlichen Fähigkeiten. Da gibt es Läufer, die es gewohnt sind, regionale Straßenläufe in ihrer Altersklasse zu gewinnen, aber auch solche, die an den Mittwochstreffen hauptsächlich das gesellige Beisammensein schätzen. Dabei nutzen sie die Gelegenheit, um mal ein bisschen die Beine zu bewegen und den Wind in den Haaren zu spüren.

„Wir treffen uns jetzt seit 18 Jahren", sagt Carr. „Das bringt Abwechslung in die übliche Routine, die Straßen immer mit dem gleichen gewohnten Tempo entlangzulaufen."

Nicht nur in Jacksonville, sondern in vielen Gegenden der USA sehen Läufer in der Bahn und dem Intervalltraining auf der Bahn ein wichtiges Mittel zur Leistungssteigerung. Natürlich ist der Nutzen des Intervalltrainings schon seit mehr als einem halben Jahrhundert bekannt. Angefangen hat alles in den späten dreißiger Jahren, als der deutsche Trainer Waldemar Gerschler seinen Top-

athleten Rudolf Harbig abwechselnd schnelle und langsame Runden laufen ließ. 1939 lief Harbig Weltrekord über 800 m in 1:46:6 min. Dieser Rekord blieb für fast zwei Jahrzehnte bestehen, noch lange nachdem Harbig im Zweiten Weltkrieg gefallen war.

Tom Ecker, Experte für Trainingsmethoden, nannte das Intervalltraining einmal „die effektivste Einzeltrainingsmethode, die jemals entwickelt wurde". Dr. David Costill geht davon aus, dass ein Läufer, der zum Intervalltraining wechselt, sein Tempo oft bereits nach einer einzigen Trainingseinheit verbessern kann.

Bill Dellinger von der University of Oregon stellt fest: „Intervalltraining – wenn es richtig gemacht wird – erhöht das Tempo eines Läufers schneller als jede andere Trainingsmethode."

„Wunder-Workout" Intervalltraining? Wenn ich nur eine einzige Trainingsmethode nennen dürfte, die geeignet ist, eine „lahme Ente" in einen Läufer zu verwandeln, dann wäre es diese. Intervalltraining, das mit Bedacht in einen gut ausgearbeiteten Trainingsplan eingebaut ist, macht nicht unbedingt einen Olympiasieger aus Ihnen. Aber es kann Sie zu einem besseren Läufer machen.

Auch Brian Mitchell plädiert für das Intervalltraining: „Dieser Trainingstyp vereint die Vorteile von zwei Trainingsarten. Der Läufer ist die ganze Zeit in Bewegung und kann sein Tempo regelmäßig anziehen – mehr als er es in einem gleichmäßigen Lauf tun würde. So kann er auch seinen Bewegungsumfang vergrößern, was wiederum Auswirkungen auf Muskeln und Nerven hat. Man hat soviel Kontrolle über das Training wie man will. Es ist systematisch und klar definiert. Es bietet für jeden etwas, solange man sich nicht von einer Gruppe anderer Läufer überrennen lässt und gezwungen wird mehr mit deren Tempo zu laufen als mit seinem eigenen."

Intervalltraining – richtig gemacht – erhöht das Tempo eines Läufers schneller als jede andere Trainingsmethode.

Mitchell fügt hinzu: „Intervalltraining kann uns auch auf intelligente Weise voranbringen – Monat für Monat, Saison für Saison. Es ist für jeden durchführbar und leicht anzupassen."

Sollten Beweise für die Effektivität des Intervalltrainings nötig sein, so lieferte sie Dr. med. James Stray-Gundersen mit einer Studie, die er in Zusammenarbeit mit Dr. Peter Snell erstellte. Die Wissenschaftler ließen zehn erfahrene Läufer, deren durchschnittliche 10-km-Zeiten zwischen 34 und 42 Minuten lagen, für sechs Wochen mit 80 Kilometern pro Woche trainieren, um eine Basis aufzubauen. Dann wurden die Läufer in Gruppen eingeteilt. Eine Gruppe machte Schwellentraining, die andere Intervalltraining: 400er in 75 bis 85 Sekunden und 200er in 33 bis 38 Sekunden.

Nach zehn Trainingswochen wurden beide Gruppen getestet. Man ließ sie über 800 m und 10.000 m laufen. Die Untersuchung ergab, dass die Intervalltrainingsgruppe ihre 800er-Zeiten um 11,2 sek und ihre 10-km-Zeiten um mehr als zwei Minuten verbessert hatte. Die Schwellentrainingsgruppe hatte weniger Fortschritte zu verzeichnen: 6,6 sek auf 800 m und nur etwas mehr als eine Minute auf 10 km. Die Steigerung des VO_2-max wies eine ähnliche Verteilung auf: Sie betrug 12 Prozent in der Intervallgruppe, 4 Prozent in der Schwellentrainingsgruppe.

Dr. Stray-Gundersen und Dr. Snell hatten mit gut trainierten Läufern gearbeitet. Arlette C. Perry dagegen untersuchte 66 junge Frauen einer Aerobictanzgruppe. Sie teilte sie in zwei Gruppen, die sie an drei Tagen in der Woche für je 35 Minuten bei 75 bis 85 Prozent der maximalen Herzfrequenz (MHF) trainieren ließ. Die Schwellentrainingsgruppe machte 35 Minuten nonstop Aerobic. Die Intervallgruppe wechselte zwischen drei bis fünf Minuten Aerobic und zügigem Walking, wodurch das Training etwas länger als 35 Minuten dauerte.

Nach zwölf Wochen hatte die Schwellentrainingsgruppe ihre Herz-Kreislauf-Ausdauer um 8 Prozent gesteigert, die Intervallgruppe kam auf 18 Prozent. Andere Studien zeigten ähnlich positive Ergebnisse für das Intervalltraining.

Doch kann jeder Läufer von dieser Trainingsmethode profitieren? Was ist mit denen, die bewundernswerterweise nur ein paar Sekunden von ihrer 5-km-Zeit wegknabbern und gar keine Goldmedaille gewinnen wollen? Lassen Sie uns dieses Wunder-Workout etwas genauer unter die Lupe nehmen.

Was ist Intervalltraining?

„Entgegen der allgemeinen Meinung", so Trainer Dellinger, „heißt Intervalltraining weniger, superschnell und mit äußerster Anstrengung zu laufen, als vielmehr kontrolliert zu laufen." Kontrolle ist natürlich in jedem intelligenten Trainingsprogramm wichtig. Der feine Unterschied zwischen Wiederholungsläufen (wie in Kapitel 7 beschrieben) und Intervalltraining ist – außer, dass man bei letzterem üblicherweise mehr Wiederholungen ansetzt – dass man sowohl die Pausen zwischen den schnellen Läufen kontrolliert, als auch Tempo und Strecke.

Das ist ein wichtiger Punkt. Die Betonung liegt auf „zwischen". Viele Läufer bezeichnen fälschlicherweise den schnellen Teil ihres Tempotrainings als Intervall. („Ich bin meine Intervalle in 2 Minuten pro Runde gelaufen.") Eben nicht. Sehen Sie in einem Wörterbuch nach. Dort wird ein Intervall als zeitlicher Zwischenraum, Zeitspanne oder Pause definiert (Quelle: Brockhaus Enzyklopädie).

Denken Sie daran. Das Intervall ist die Ruhepause, die dazwischen eingelegt wird. Den schnellen Lauf bezeichnet man korrekterweise als Wiederholung (obwohl dieser Begriff wiederum leicht mit dem Wiederholungslauf verwechselt wird).

Doch eigentlich ist es nicht so wichtig, wie man sie nennt – viel wichtiger ist, wie man sie macht.

Gestatten – Waldemar Gerschler

Das Intervalltraining als wichtige Methode zur Verbesserung von Tempo und Ausdauer verdanken wir Waldemar Gerschler. Gerschler trainierte Rudolf Harbig zu seinem Weltrekord über 800 m. Er war nicht der erste Trainer, der seine Läufer abwechselnd schnell und langsam laufen ließ. Zuvor hatte der finnische Trainer Pehhala ein System des „Stufentrainings" entworfen, das aus wiederholten Tempoläufen bestand, zwischen denen langsamer gelaufen wurde.

Auch der Tschechoslowake Emil Zatopek arbeitete mit diesem Muster in seinem Training. Dabei lief er bis zu 60 x 400 Meter, wenn auch langsamer als Wettkampftempo. Nach Zatopeks drei Siegen bei der Olympiade von 1952 fingen Trainer und Athleten an, sich seine Trainingsmethoden genau anzuschauen. Sie erkannten den größten Vorteil des Schnell-Langsam-Trainings: Die Läufer konnten mit Wettkampftempo und -intensität über Wettkampfdistanzen trainieren, weil sich zwischen den Einheiten Erholungssegmente befanden.

Gerschlers besonderer Verdienst war eine Systematisierung des Intervalltrainings, die er zusammen mit dem Kardiologen Dr. med. Hans Reindell ausarbeitete. Gerschler und Reindell sollen dazu über 3.000 Personen getestet haben. Trainer und Arzt bekamen gemeinsam heraus, an welchem Punkt der größte Stimulus auf die Herztätigkeit ausgeübt wird – in den ersten zehn Sekunden des Erholungsintervalls. „Der Lauf sorgt für die Belastung, in der Ruhepause setzt dann die Anpassungsreaktion ein", erklärte Smith. „Da Gerschler und Reindell bei ihren Untersuchungen feststellten, dass die Erholungsphase der Schlüssel zur Anpassung ist, nannten sie diese Trainingsart Intervalltraining." Und daraus wurde eine erfolgreiche Methode zur Verbesserung von Tempo und Ausdauer, die bei nahezu jedem Training und auf fast jedem Trainingslevel angewandt werden kann.

Bevor ich fortfahre, sollte ich erwähnen, dass es zu der Zeit als Gerschler und Reindell ihre Untersuchungen machten kaum oder gar keine Wettkämpfe für ältere Läufer gab. Daher kann man davon ausgehen, dass sie mit jungen Sportlern arbeiteten, deren MHFs etwa bei 200 gelegen haben müssen. Wenn dem so ist, würden die in der Studie genannten 170 bis 180 Herzschläge pro Minute beim schnellen Lauf etwa 85 bis 90 Prozent ihrer MHF entsprechen. Herzfrequenzen von 130 bis 140 Schlägen pro Minute in den Erholungsphasen entsprächen dann etwa 65 bis 70 Prozent. Gerschler und Reindell definierten bei der Beschreibung des Intervalltrainings folgende Variablen:

1. **Distanz.** Wie weit man bei jeder Wiederholung läuft. Gerschler und Dr. Reindell legten fest, dass jeder Lauf nicht länger als 90 Sekunden sein sollte. (Daraus ergibt sich eine Strecke von höchstens 600 m, obwohl die meisten Läufer für ihr Intervalltraining 400 m bevorzugen.) Die Intensität sollte so hoch sein, dass eine Herzfrequenz von 170 bis 180 Schlägen pro Minute erreicht wird. Diese Frequenz wurde von Gerschler und Reindell in den ersten zehn Sekunden der Erholungsphase gemessen.

2. **Intervall.** Wie lange die Erholungsphase andauern sollte. Die Wissenschaftler legten fest, dass auch die Pause nicht länger als 90 Sekunden dauern sollte. Sie beobachteten, dass der Puls im Intervall meist schon nach 30 Sekunden auf etwa 130 Schläge pro Minute fiel. Fiel er nicht unter 140, verringerten sie das Tempo oder verkürzten die Strecke. Wenn das auch nicht half, beendeten sie das Training.

3. **Wiederholungen.** Wie oft man die Strecke läuft.

4. **Tempo.** Wie schnell man über die jeweilige Distanz läuft.

5. **Erholungsphase.** Womit man die Pause füllt.

Ich möchte Ihnen ein Beispiel aus meinem eigenen Training geben. Bei den Recherchen für dieses Buch besuchte ich das sportmedizinische Institut in Indianapolis. Ich wollte dort den Sportphysiologen Dean Brittenham interviewen. Es war Dezember und ich kam früh, um die 200-m-Hallenbahn des Instituts zu nutzen. Das Institut liegt ganz in der Nähe der Sportanlagen der Indiana und der Purdue University, auf der die Qualifikationen für die Olympischen Spiele von 1984 und 1988 stattfanden.

Aus verschiedenen Gründen hatte ich an diesem Morgen beschlossen, 300-m-Wiederholungsläufe zu machen, eineinhalb Runden auf der Bahn. Das war also

EIN INTERVALLTRAINING

Hier ein Beispiel für ein klassisches Intervalltraining: 11 x 300 m, in durchschnittlich 61,1 Sekunden pro Wiederholung, dazwischen Erholungsphasen mit 140 m Jogging in etwa der gleichen Zeit. Beachten Sie, dass ich bei der elften und letzten Wiederholung meine maximale Herzfrequenz von 150 erreicht habe. Durch das Erholungsintervall zwischen den Wiederholungen fiel mein Puls auf etwa 110 Schläge.

Wiederholung	Zeit pro Wiederholung (in sek)	Puls (Schläge/min)	Zeit pro Intervall (in sek)	Puls (Schläge/min)
1	62,1	136	63,5	103
2	61,0	138	63,4	108
3	61,4	141	65,9	105
4	61,5	140	65,4	106
5	61,2	142	65,1	109
6	58,7	147	65,9	109
7	64,0	140	60,1	109
8	63,3	141	62,3	111
9	61,3	145	65,4	111
10	61,6	144	66,7	110
11	56,2	150	72,6	111

meine Distanz, die erste Variable. Bei einer einzelnen Trainingseinheit behält man die Distanz normalerweise bei, sie kann aber von Einheit zu Einheit variieren. Das Wichtige ist, dass die Strecke kürzer ist als die Wettkampfdistanz des Athleten – im Normalfall um ein Vielfaches von 100.

Im Institut sollen schnelle Läufer die äußeren Bahnen benutzen. Die Innenbahnen sind für Geher und Jogger bestimmt. Ich nahm Bahn 5. Das hieß, dass ich nach jedem 300-m-Lauf etwa weitere 140 m um die Bahn zurücklegen musste, um wieder zur Startlinie zu gelangen. Das war mein Intervall, die zweite Variable. Ich wusste nicht, wie es mir gehen würde, da es mein erster Lauf auf der Bahn des Instituts war. Also lief ich einfach, bis ich das Gefühl hatte, ein gutes

Training hinter mir zu haben. Ich hörte nach 11 Wiederholungen auf. Das war die dritte Variable. Es ist nicht wichtig, eine genaue Anzahl an Wiederholungen einzuhalten. Wichtig ist, dass man sie vollständig ausläuft. Darin liegt das große Ratespiel für Trainer (oder Athleten): Sind es zu wenige Wiederholungen, ist das Training weniger wirkungsvoll. Sind es zu viele, bricht man zusammen.

Meine Zeit für die einzelnen 300er lag etwa bei 61 oder 62 Sekunden – allerdings lief ich nach einem Tipp von Trainer Dellinger zwei meiner Wiederholungen (die sechste und die elfte) schneller – in 58 und 56 Sekunden. Das war mein Tempo, die vierte Variable. Wie schnell jede Wiederholung gelaufen werden sollte, hängt vom angestrebten Wettkampftempo des Läufers ab.

Zwischen den Wiederholungen joggte ich mit gemäßigtem Tempo. Die 140-m-Intervallstrecke legte ich in 60 bis 65 Sekunden zurück. (Das entspricht etwa 7,5 Minuten pro Kilometer, also 8 km/h.)

Die Erholungsphase zwischen den schnellen Runden war die fünfte und letzte Variable. Damit das Intervalltraining eine wirklich effektive Methode zur Stärkung des Herz-Kreislauf-Systems sein kann, muss der Puls beim Laufen abwechselnd nach oben gehen und zwischen den Läufen wieder fallen, bis man halbwegs erholt ist.

Das gab ein ganz ordentliches Trainingspaket ab: eine Minute schnelles Laufen gefolgt von einer Minute leichten Laufens, und das Ganze elf Mal. Mein Puls stieg bei den schnellen Läufen auf über 90 Prozent meiner MHF. In den Intervallen fiel er auf 70 Prozent. (Zur Erinnerung: Meine MHF liegt bei ca. 150 oder knapp darüber.)

Gerschler wäre stolz auf mich gewesen, wenn er bei meinem Training dabei gewesen wäre. Da er ein deutscher Wissenschaftler gewesen ist, hätte ihn auch meine Digitaluhr fasziniert (die bis zu 30 Zeiten speichern konnte). So konnte ich die Zeiten meiner Wiederholungen und Intervalle exakt festhalten. Die Tatsache, dass ich noch eine zweite Uhr trug, die alle 5 Sekunden meinen Puls aufzeichnete, hätte Gerschler davon überzeugt, dass er tatsächlich zur falschen Zeit geboren wurde.

In Kurzform könnte man dieses Training so beschreiben: 11 x 300 (im Schnitt mit 61,1 sek), Intervalle 140 (im Schnitt mit 65,1 sek). Das klingt zwar recht wissenschaftlich, in Wirklichkeit ließ ich mich auf der Bahn blicken und hörte einfach auf meinen Körper. Der sagte mir, welches Training meiner Form und Gemütsverfassung an diesem Morgen am besten entsprach – und das tat ich dann. Außerdem hatte ich am Ende des Trainings ein gutes Gefühl. Ich wusste, dass ich hart und effektiv gearbeitet hatte, ob es mir nun im nächsten Wettkampf helfen würde oder nicht.

Diese einzelne gut dosierte Trainingseinheit diente mir als Vorlage für spätere Trainingseinheiten. Eine Woche später war ich geschäftlich in New York und trainierte an einem Morgen auf dem ca. 2 km langen Rundweg, der um das Reservoir im Central Park verläuft. Ich stellte meine Uhr so ein, dass sie alle sechzig Sekunden piepste. Das sollte mich daran erinnern, zwischen langsamen und schnellen Läufen zu wechseln. Ich lief elf schnelle Sprints, zwischen denen ich joggte. Meine Herzfrequenzen waren etwas niedriger als in Indianapolis, wahrscheinlich, weil ich aufgrund des kühlen Wetters nicht mit vollem Einsatz laufen konnte. Ansonsten war dieses Training in New York eine genaue Kopie des ersten Trainings. Auch wenn Intervalltraining meistens auf der Bahn absolviert wird, ist das kein unbedingtes Muss.

Warum Intervalltraining?

Selbst mit relativ niedrigem Tempo ist Intervalltraining anspruchsvoller als normales Laufen. Es ist ein hochgradig anstrengendes Training. Es kann auch zeitaufwändiger sein. Eventuell müssen Sie erst zu einem Sportplatz fahren oder irgendwohin, wo es eben ist und es Markierungen gibt. Warum also sollte man so hart trainieren, wenn Jogging im Park mehr Spaß macht und weniger anstrengend ist?

Der Hauptgrund fürs Intervalltraining ist natürlich die Leistungssteigerung. Obwohl einige das Intervalltraining für eine Quälerei halten, ist es doch eine ziemlich gute Methode, um im Wettkampftempo zu trainieren. Eins ist klar: Es ist leichter 400 m mit 10-km-Top-Tempo zu laufen, zur Erholung langsamer zu werden und dann die nächsten 400 m in Angriff zu nehmen als 25 Run den so schnell wie möglich an einem Stück zu laufen. So gut wie jede Studie über Langstreckenläufer hat gezeigt, dass sie besser werden, wenn sie die Intensität in ihre Trainingsprogramme einbauen.

> **Der Hauptgrund fürs Intervalltraining ist die Leistungssteigerung**

Die Kehrseite der Medaille brachte eine Untersuchung des verstorbenen Dr. Michael L. Pollock über Geher und Jogger ans Licht. Sie zeigte, dass es gerade die Intensität ist, die Anfänger abschreckt. Dadurch werden sie auch anfälliger für Verletzungen. Das glaube ich sofort. Daher sind Leute, die nur für T-Shirts bei 5-km-Läufen starten, auch manchmal nicht mehr ganz Ohr, wenn man Intensität oder Intervalltraining anspricht. Sie wollen nicht schnell sein oder Tempotraining betreiben. Sie wollen einfach ihre täglichen acht bis zehn Kilometer laufen und ein paar Kalorien verbrennen, um sich gut zu fühlen und gut auszusehen.

Wenn Sie auch so denken, bleiben Sie dabei. Doch wer intensives Training für sich angenommen hat, wird verstehen, dass neben dem Wunsch schneller zu werden noch eine mystische Komponente für das Intervalltraining spricht. Es kann nahezu berauschend sein, bis ans Äußerste zu gehen und die eigenen Grenzen auszuloten. Intervalltraining in Gesellschaft von anderen gleichgesinnten Läufern ist ein Gemeinschaftserlebnis, auch wenn man dabei oder danach zu erschöpft ist, um sich zu unterhalten. Einfach ausgedrückt: Es machte richtig Spaß mit der Gruppe von der Bolles School zu laufen. Nach nur einem Training mit der Gruppe von Trainer Bob Carr war mir klar, dass diese Läufer gerne zusammen kamen. Sie genossen es richtig, sich wöchentlich zu treffen. Und die Tatsache, dass sie intensiv trainierten, hielt viele von ihnen nicht davon ab, in den Intervallen beim erholsamen Jogging zwischen den schnellen Wiederholungen angeregt zu plaudern. Wenn man von Woche zu Woche Fortschritte sehen kann, bei sich selbst und bei anderen, ist das auch eine Form der Motivation. Außerdem fördert das Intervalltraining Konzentration und verfeinert Technik und Haltung. Nach dem Lauf mit der Bolles-Gruppe nahm ich mir fest vor, mir so oft wie möglich Zeit zu nehmen, um mit ihnen zu trainieren.

Mehr Kunst als Wissenschaft

Wie schnell sollte man sein Intervalltraining laufen? Das ist eine knifflige Frage – trotz all der Expertentipps und Tabellen in Laufzeitschriften, die genaue Antworten zu geben scheinen. Wenn ein erfahrener Trainer für sechs Monate oder länger Ihr Training beobachtet hat, könnte er Ihnen vielleicht sagen wie schnell Sie laufen sollten – oder auch nicht. Die Arbeit eines Trainers ist nach wie vor eine Art Ratespiel, es ist eher Kunst als Wissenschaft. Menschen haben unterschiedliche Fähigkeiten und das gilt auch fürs harte Training auf der Bahn. Ein Neuling auf dem Gebiet des Intervalltrainings empfindet es sicher als anstrengender als ein alter Veteran wie ich. Und kein Tag ist wie jeder andere. Training in der freien Natur wird vom Wetter beeinflusst. Es kann heiß oder feucht sein, kalt oder windig. Vielleicht kommen Sie auf dem Sportplatz an und sind müde, weil Sie einen harten Arbeitstag oder in der Nacht zu wenig Schlaf hatten, weil eines Ihrer Kinder krank ist. Auch wie Sie am Vortag trainiert haben – ob leicht oder hart – kann

Ihr Training beeinflussen. Daher ist es manchmal schwierig, eine Trainingswoche mit einer anderen zu vergleichen – obwohl sich nach einer gewissen Zeit im Allgemeinen ein Muster erkennen lässt.

Trainer Jim Huff warnt davor, beim Intervalltraining zu genaue Ziele vorzugeben. „Läufer frustrieren schnell, wenn man ihnen sagt, sie sollen mit einem bestimmten Tempo laufen und sie schaffen es nicht. Deshalb müssen Zeitvorgaben realistisch sein", erklärt er. „Man kann nicht einfach nachlesen wie es andere Leute machen und dann versuchen, ihre Trainingsprogramme zu übernehmen."

Dr. Owen Anderson empfiehlt, das Intervalltraining mit einer Intensität von 90 bis 100 Prozent der MHF zu absolvieren – in etwa die gleiche Intensität wie bei einem 10-km-Rennen. Es ist daher ein guter Ausgangspunkt für Intervalltrainings-Einsteiger, etwas schneller als ihr 10-km-Tempo zu trainieren oder in etwa so schnell, wie sie einen 5-km-Lauf bestreiten würden. Einige Trainer empfehlen zur Vorbereitung auf einen 5-km-Lauf mit 1.500-m-Tempo zu trainieren. 1.500-m-Läufer trainieren mit ihrem 800-m-Tempo und so weiter.

Dr. Snell rät davon ab, beim Intervalltraining 400er schneller als Wettkampftempo zu laufen. „Es ist verführerisch, beim Training schnell zu laufen", sagt er, „aber denken Sie daran, dass Sie in einem Rennen nicht so schnell laufen können. Wenn Sie die Wiederholungen zu schnell laufen, sind Sie zu erschöpft für ein gutes Training und außerdem kommen Sie aus Ihrem Wettkampfrhythmus. Ein zu hohes Tempo schadet mehr als eine zu lange Strecke."

Das Training mit Wettkampftempo hat noch einen anderen wichtigen Vorteil: Man entwickelt ein Gefühl für sein Tempo. In der Phase meiner Läuferkarriere als ich viel Intervalltraining machte, konnte ich fast sagen, wie schnell ich in jeder 400-m-Runde war, ohne dass ich auf meine Uhr sehen oder mir der Trainer neben der Bahn die Zeit zurufen musste. Gelegentlich habe ich auch an Läufen mit Ansage teilgenommen, bei denen nicht der Schnellste gewinnt, sondern derjenige, der seine Zeit am genauesten vorhersagen kann. Dahinter steckt natürlich die Absicht, auch weniger erfahrene Läufer in den Genuss eines Sieges kommen zu lassen – bei einem Rennen, in dem Tempo einmal keine Rolle spielt. Trotzdem gewinnen immer wieder die schnellsten Läufer, denn sie haben ihr Tempogefühl meist durch Intervalltraining perfektioniert. Bei einem Lauf mit Ansage über eine Meile brachte ich mich selbst in eine peinliche Lage und alle anderen Wettkämpfer etwas aus der Fassung. Ich wählte eine Zeit von etwa neun Minuten. So kam ich ein gutes Stück hinter fast allen anderen Läufern ins Ziel, aber ich gewann, weil ich meine Zeit bis auf ein paar Sekunden exakt getroffen hatte. In einem Jahr führte ich beim Walt Disney World Marathon ein Team von Brems- und Zugläufern an. Ich traf fünf meiner Meilen-Zwischenzeiten bis auf eine Sekunde genau und brachte eine Gruppe von mehreren hundert Läufern in fast exakt der richtigen Zeit ins Ziel.

Meine Fähigkeit, mein Tempo genau zu bestimmen, hat in letzter Zeit etwas nachgelassen, weil ich sogar mein Intervalltraining immer häufiger abseits der Bahn laufe. Trotzdem besitze ich immer noch ein gutes Gespür für die Tempoveränderungen der anderen Wettkämpfer um mich herum, auch wenn es sich nur um ein paar Sekunden pro Meile handelt. Das ist eine wichtige Fähigkeit, weil man beim Laufen mit fixem Tempo Kraft sparen kann.

Sich realistische Ziele setzen

Trainer Bill Dellinger setzte an der University of Oregon eine Intervalltrainingsmethode ein, die er von seinem Vorgänger Bill Bowerman übernommen hatte. Bei dieser Methode drehte sich alles um das „Jetzt-Tempo" und das „Zieltempo". Das jetzige Tempo ist das Tempo, mit dem man gegenwärtig über Wettkampfdistanz laufen kann. Das Zieltempo ist das Tempo, mit dem man am Ende der Saison über diese Distanz laufen möchte – also auf den wichtigen Leichtathletikveranstaltungen. Für mich ist das wichtigste Rennen des Jahres die Veteranen-Weltmeisterschaft, bei der ich oft die 5.000 m laufe oder manchmal den 2.000-m-Hindernislauf. Um mein Tempo auf diesen Wettkampf einzustellen, nehme ich im Vorfeld auch an mehreren 1.500-m-Läufen teil. Beim Intervalltraining muss ich also mit einem Tempo trainieren, das ich in Rennen von 1.500 bis 5.000 m laufen würde. Die beiden schnellen 300er beim Training in Indianapolis waren eigentlich eine

Abwandlung des Intervalltrainingssystems von Dellinger/Bowerman. Ich lief die Wiederholungen mit dem Tempo, das ich glaubte zu dieser Zeit schaffen zu können. Wenn ich eine 300-m-Zeit von 61,1 sek über 1.500 m halten würde, bräuchte ich für die gesamte Strecke 5:05:6 min. Könnte ich jedoch meine 58,7 sek aus der sechsten Wiederholung schaffen oder die 56,2 sek aus der letzten, würde ich die 1.500-m-Strecke in jeweils 4:53:5 min oder 4:41:0 min schaffen.

Bei diesem Training mitten im Winter in Indianapolis war ich weit von meiner Bestform entfernt, aber im August davor lief ich die Strecke auf einer Leichtathletikveranstaltung in eben dieser Stadt in 4:53:3 min. Und auf derselben Veranstaltung ein Jahr zuvor in San Diego lief ich 4:45:9 min und wurde Dritter. Für das darauffolgende Jahr, ein Weltmeisterschaftsjahr, setzte ich ein höheres Tempo an. So schien dieser Trainingstag in Indianapolis recht gut in mein Trainingsprogramm zu passen. Und tatsächlich wurde ich später im Sommer Erster beim Hindernislauf der Veteranen-Weltmeisterschaft in Turku/Finnland. Das harte Training, das ich zur Vorbereitung auf der Bahn in Indianapolis und auf anderen Sportanlagen absolviert hatte, zahlte sich aus.

Ich sollte noch einmal wiederholen, dass ich an diesem Morgen in Indianapolis nicht mit dem Motto rausgegangen war, um mit Jetzt-Tempo und Zieltempo zu laufen. Ich ging einfach auf die Bahn und lief. Ich ließ meinen Körper – oder im wesentlichen mein Gefühl – bestimmen, wie hart ich trainieren sollte. Ich war dazu in der Lage, weil ich auf eine jahrzehntelange Erfahrung mit dem Intervalltraining zurückblicken konnte.

Weniger erfahrene Läufer sollten ihr jetziges und ihr Zieltempo mit Bedacht festlegen. Bowerman war der Meinung, dass man sich am Ende eines Trainingslaufs erfrischt und nicht erschöpft fühlen sollte. „Zu viele laufen sich einfach in Grund und Boden und haben dann nicht mehr genug Kraft, um richtig zu laufen", sagte er. Bowerman war auch der Ansicht, dass Läufer, die zu viel trainieren, die Freude am Wettkampf verlieren.

Das alles gilt unter der Voraussetzung, dass Sie hauptsächlich für den Wettkampf laufen. Für einen Trainer sind die Wettkämpfe, ob nun in der Freiluftlaufsaison oder bei Bahn- und Hallenveranstaltungen, mit Sicherheit der Sinn und Zweck des Daseins. Das traf auf Bowerman besonders im Jahre 1972 zu – dem Jahr, in dem er Cheftrainer des US-amerikanischen Leichtathletik-Olympiateams war. Wenn Sie Olympiasieger produzieren wollen, dann trägt das Intervalltraining zweifellos ein gutes Stück zu diesem Ziel bei.

Doch 1972 war das Jahr, in dem Frank Shorter in München den olympischen Marathon gewann. Shorters Sieg war nicht der einzige Grund für den Laufboom, der kurze Zeit später einsetzte. Aber ironischerweise spielte er eine große Rolle bei der Ausweitung der Ziele, die Läufer erreichen können. Nicht jeder Läufer hat das Talent eines Frank Shorter oder auch nur einen Bruchteil davon. Nicht jeder strebt eine olympische Medaille an. Das Leben ist für die meisten Läufer heutzutage mehr als die endlose Jagd nach noch einem Finisher-T-Shirt oder der nächsten Trophäe. Die meisten nehmen heutzutage noch nicht einmal an Wettkämpfen teil, und wenn sie es tun, dann mehr aus Gründen der Geselligkeit, als um Erster zu werden. Seit Bowermans Trainerzeit an der University of Oregon haben wir unsere Ziele neu definiert: Der Weg ist oft wichtiger als das Ziel. Das Training ist von größerer Bedeutung als das Rennen. Zufälligerweise war Bowerman auch einer der frühen Pioniere der Fitnessbewegung, der neben dem Training von Topathleten auch Hausfrauen Jogging beibrachte.

Möglicherweise kommt hier meine eigene Philosophie zum Ausdruck, denn ich habe genauso viel masochistische Freude an einem einzelnen gut geplanten Training – einem schnellen Lauf im Park oder einem Satz 400er auf der Bahn – wie an einem Sieg bei einem großen Rennen in meiner Altersklasse. Ich messe meine Fähigkeiten noch immer in großen Wettkämpfen, aber hartes Training hat seine eigenen Reize. Das Intervalltraining kann einem eine ähnliche Befriedigung verschaffen wie der Wettkampf, weil man es in einzelnen Abschnitten bemessen kann. Das soll nicht heißen, dass leidenschaftliche Trainer im Unrecht sind, weil sie besonderen Wert auf das Endprodukt „Wettkampf" legen. Beim Laufen gibt es Raum für viele Philosophien. Doch man kann auch schnelle Trainingsläufe genießen, auch wenn diese nicht Teil der Vorbereitung auf ein kommendes Rennen sind.

Trotzdem gibt es nichts motivierenderes als den Wettkampf – eine derartige Motivation kann einem das Training nicht geben. Als Curry Chapman, der ehemalige Trainer der kanadischen Frauennationalmannschaft, im Fernsehen einen Skiabfahrtslauf kommentierte, bat er die Zuschauer, sich ein Seil vorzustellen, das von der Startlinie durch die Tore hindurch bis zur Ziellinie führen sollte. „Beim Training", sagte Chapman, „hängt das Seil durch. Am Wettkampftag spannt das Adrenalin das Seil an."

Wie Sie Ihre Höchstform erreichen

Eine Wettkampfteilnahme ist ein lohnenswertes Ziel, das man mit konsequentem und systematischem Training erreichen kann. Das Intervalltraining eignet sich natürlich äußerst gut für gestaffelte Trainingsprogramme: Programme, bei denen man auf einem relativ niedrigen Fitnesslevel beginnt und Schritt für Schritt härter trainiert, um seine Leistung zu verbessern. Mithilfe des Prinzips der progressiven Belastung (s. S. 230) wird aus Schwäche Kraft. Das kann man auf verschiedene Art und Weise erreichen.

Donald E. Boggis Jr., Trainer aus New Hampshire, befasst sich in einem Artikel mit der Veränderung der fünf Variablen bei der progressiven Belastung (und Kräftigung) des Körpers. Boggis arbeitet mit Variablen, die sich leicht von denen Gerschlers und anderer Trainer unterscheiden, doch der Effekt ist derselbe. Im Verlauf des Trainingsprogramms, so Boggis, kann man die Zahl der Wiederholungen erhöhen. Oder man erhöht das Tempo mit dem man sie läuft. Man kann die Erholungsphase im Intervall verkürzen, indem man weniger joggt. Oder man erhöht die Distanz der Wiederholungen bei gleichbleibendem Tempo. Es bietet sich eine Fülle von Variationen.

> *Intervalltraining lässt sich leicht schrittweise steigern und ist deshalb sehr effektiv, um sich in Höchstform zu bringen.*

Doch das blinde Befolgen eines auf Zahlen basierenden Systems kann zu Problemen führen. Erschöpfung, falsche Ernährung oder Schlafmangel können Auswirkungen auf die Intensität Ihres Trainings haben. Eine zusätzliche Variable – die in den meisten Artikeln über Lauftraining nicht zur Sprache kommt – ist das Wetter. Kälte, Hitze, Wind und Regen können Einfluss auf Schnelligkeit und Weite einer Trainingseinheit haben.

Trotzdem liegt der Vorteil beim Training nach dem Prinzip der progressiven Belastung darin, dass es bei der Vorbereitung auf ein bestimmtes Rennen einen starken psychologischen Anreiz bietet. Das ist wie bei den Läufern, die für einen Marathon trainieren. Über einen Zeitraum von 18 Wochen (wenn Sie einen meiner Trainingspläne über diese Zeitspanne anwenden) erhöhen Sie Schritt für Schritt die Länge Ihrer Läufe an den Wochenenden. Solange bis Sie im letzten Monat bequem etwa 30 km schaffen, bevor Sie dann die 42 km in Angriff nehmen. Es ist wie der Countdown zum Start einer Rakete. Erst kommen die langen Läufe zur Verbesserung der Ausdauer, danach die schnellen, um Kraft aufzubauen und schließlich gibt man noch einen Schuss Tempotraining (in Form von Intervalltraining) hinzu, um sein Tempo zu optimieren. Intervalltraining lässt sich leicht schrittweise steigern und ist deshalb sehr effektiv, um sich in Höchstform zu bringen.

In Höchstform zu bleiben ist eine andere Sache. In der Diskussion über die Vorteile des Intervalltrainings gaben Gerschler und Reindell Folgendes zu bedenken: „Das Intervalltraining spart Zeit und steigert die Motivation. Der Nachteil ist jedoch, dass die verbesserte Kondition nicht lange anhält."

Wunder-Workout – nein, doch wenn Sie schnell laufen wollen, müssen Sie wohl eine Form des Intervalltrainings in Ihren Trainingsplan aufnehmen.

Mit Innovation zum Champion

Ich entdeckte die Vorteile des Intervalltrainings zum ersten Mal Mitte der fünfziger Jahre, als ich in Deutschland lebte. Gerschler trainierte dort zu dieser Zeit noch Läufer, aber unsere Wege kreuzten sich nie. Ich kannte ihn nur vom Hörensagen.

Ich war als Mitglied der amerikanischen Streitkräfte von Mai 1955 bis November 1956 in Deutschland stationiert. Ich lief jeden Tag, nicht immer mit der Erlaubnis der Army. In meiner Zeit beim 63sten Panzerbataillon in Kitzingen kroch ich des öfteren abends unter einem Stacheldrahtzaun hindurch, um in einem nahegelegenen Wald zu laufen. Als ich später im Hauptquartier des Siebten Bataillon in Vaihingen in der Nähe von Stuttgart stationiert war, tauchte ich jeden Abend um neun Uhr in Laufmontur am Lagertor auf. Die Wachen am Tor waren mit Sicherheit der Meinung, ich sei verrückt, aber sie winkten mich durch, wenn ich ihnen meinen Ausweis zeigte. Diese Läufe im Schwarzwald gehören für mich zu den angenehmsten meiner Läuferkarriere.

Bei anderen Gelegenheiten, normalerweise am Wochenende, fuhr ich in die Stadt, um auf der Bahn des VfB Stuttgart zu trainieren. Ein anderer Soldat, der auch bei uns stationiert war, begleitete mich: Dean Thackwray, der es 1956 in die amerikanische Marathon-Olympiamannschaft schaffte. Stefan Lupfert trainierte häufig mit uns mit. Lupfert gewann mehrere deutsche Hallenmeisterschaften über 3.000 m und startete auch für die Nationalmannschaft im 3.000-m-Hindernislauf.

HÖCHSTLEISTUNGEN BRINGEN

Bob Williams, Trainer aus Portland/Oregon, ist der Meinung, dass Intervalltraining die Bewegungsökonomie verbessern kann. „Man lernt wie man das Laufen mit Wettkampftempo aushält und wie man mit den Unannehmlichkeiten zurechtkommt, die zu maximalen Leistungen dazugehören", sagt er.

Er rät Läufern jedoch eindringlich, dass sie Tempotraining nur betreiben sollen, nachdem sie eine solide Trainingsgrundlage aufgebaut haben, und auch dann nur sparsam. Er sagt: „Nur wenn Sie über mehrere Monate hinweg allmählich Ihre Kilometerumfänge und Ihre Fitness aufbauen, ist man fähig, die extreme Belastung, die Tempotraining – und insbesondere Intervalltraining – für den Körper bedeutet, unbeschädigt durchzustehen."

Die Kehrseite eines solchen Trainingsprogramms kann sowohl in körperlicher und mentaler Erschöpfung bestehen, als auch in einem erhöhten Verletzungsrisiko, wenn man zu oft oder zu schnell trainiert. Um das zu vermeiden, rät Williams dazu, das Tempotraining (auf oder abseits der Bahn) auf einmal pro Woche zu beschränken und es nicht das ganze Jahr hindurch zu machen. „Das Intervalltraining", sagt er, „sollte am besten dann eingesetzt werden, wenn man sich für ein bestimmtes oder mehrere Rennen in Höchstform bringt, in denen man eine persönliche Bestzeit aufstellen und maximale Leistung bringen will."

Ich war mit meinen bisherigen Trainingsmethoden unzufrieden und hatte daher bereits begonnen, die Zahl meiner Wiederholungsläufe zu erhöhen. Als ich mit Lupfert trainierte, beobachtete ich, dass er relativ langsame Wiederholungen lief, dafür zwischen den Wiederholungen schneller joggte, normalerweise mit einem Tempo von 5 min/km. Ein Standardtraining sah für uns so aus: 12 x 400 m, mit 400 m Jogging dazwischen. Die schnellen 400er legten wir in ungefähr 65 bis 70 Sekunden zurück, die langsamen in zwei Minuten.

    Frank McBride, gegen den ich zu Hause schon angetreten war, als er für die South Dakota State University lief, war zu dieser Zeit auch in Deutschland. McBride war bei den Qualifikationen für die Olympiade von 1952 Siebter im 1.500-m-Lauf gewesen und später hatte er großen Erfolg bei Masters-Wettkämpfen. Aber zu dieser Zeit arbeitete er als Trainer amerikanischer Läufer, die in Deutschland stationiert waren. McBride kannte die Theorien von Gerschler und Dr. Reindell und redete mir zum Intervalltraining zu. Ich entdeckte dadurch eine lohnende Trainingsmethode, mit der ich meine 5.000-m-Zeit um mehr als eine Minute und meine 10-km-Zeit sogar um mehrere Minuten verbessern konnte.

Aber um ganz ehrlich zu sein, lag einer der Hauptgründe für meine verbesserten Leistungen aber darin, dass ich in den vorangegangenen ein oder zwei Jahren mein Trainingsvolumen auf mehr als 150 km pro Woche verdoppelt hatte. All die nächtlichen Läufe im Schwarzwald zeigten nun ihre Wirkung. (Das zeigt, wie wichtig es ist, eine gute Trainingsbasis aufzubauen, bevor man mit dem Tempotraining beginnt.) Trotzdem war das Intervalltraining zweifellos der Schlüssel zu meinem Erfolg. Es war mein „Wunder-Workout".

Mit langsamen Runden einen Vorsprung gewinnen

Später, nachdem ich aus dem Militär ausgeschieden und nach Hause zurückgekehrt war, begann ich auf dem Stagg Field zu trainieren, der Sportanlage der University of Chicago. Sie wurde auch von Nichtstudenten benutzt, von Mitgliedern des Leichtathletikvereins der University of Chicago, dessen Trainer Ted Haydon war.

Die meisten der Läufer, die auf dieser Anlage trainierten, waren eher an schnelle Wiederholungsläufe gewöhnt. Wie die meisten amerikanischen Trainer trainierte Haydon seine Läufer so: Man lief eine „harte" Runde um die Bahn und der Trainer nahm die Zeit. Dann walkte oder joggte man langsam eine weitere Runde und wartete, bis er wieder auf einen aufmerksam wurde, damit er eine weitere schnelle Runde stoppen konnte.

Das Intervalltraining hatte gerade erst begonnen, zu den amerikanischen Langstreckenläufern durchzudringen. Andere Läufer, die mit mir 400er liefen, wurden manchmal über mein scheinbar langsames Tempo nervös und sprinteten davon. Doch gegen Ende des Trainings mussten sie kämpfen, um mitzuhalten – wenn sie überhaupt bis zum Ende durchhielten. Sie hatten nicht erwartet, dass das Intervalltraining eine solche Belastung sein würde. Was ihnen den Garaus machte, waren nicht die schnellen Wiederholungen, sondern die (relativ) schnellen Jogging-Intervall-Runden zwischen den Wiederholungen. Früher oder später gewöhnten sie sich an diese Art von Training – oder fanden andere Trainingspartner.

Ein Läufer aus Chicago, der meine Begeisterung für das Intervalltraining teilte, war Gar Williams, der ebenfalls vor kurzem vom Militärdienst in Deutschland zurückgekehrt war. Haydon amüsierte sich darüber, dass Williams ständig diese langsamen Runden drehte.

Ein anderes Mitglied des Leichtathletikvereins der Chicago University konnte sich einige Jahre zuvor bei der amerikanischen Meisterschaft gut platzieren. Er trainierte auf die hergebrachte Art, hauptsächlich mit schnellen Wiederholungsläufen. Ich sagte Haydon, dass ich der Meinung wäre, dass Williams ihn vermutlich später in dieser Saison schlagen würde, wenn wir auf den US-Leichtathletikmeisterschaften starten würden. Haydon wollte mir nicht glauben. Doch Williams tat tatsächlich genau das, was ich vorausgesagt hatte.

Mit der Zeit begannen Haydon und andere amerikanische Trainer den Wert langsamer Runden zu schätzen. (Williams gewann später einen amerikanischen Marathon und war eine Amtszeit lang Präsident des Road Runners Club of America.)

Der Vorteil des Intervalltrainings – und ein Grund, warum es bei Trainern so beliebt ist – ist die völlige Kontrolle über das Training. Es ist sehr systematisch und sehr genau. Es eignet sich außerdem sehr gut dazu, die eigenen Fortschritte von Woche zu Woche in schriftlicher Form festzuhalten. Wenn Sie Ihre Trainingseinheiten in ein Trainingstagebuch eintragen, werden Sie feststellen, dass Sie Ihre 400er in dieser Woche in, sagen wir, durchschnittlich 75,3 sek gelaufen sind – im Gegensatz zu den 76,1 von letzter Woche oder den 85,7 einige Monate zuvor. Unterschätzen Sie den Wert eines solchen Tagebuchs nicht.

Ein wesentlicher Faktor läuferischen Erfolgs ist Selbstvertrauen: der Glaube an sich selbst und die eigene Trainingsmethode. Intervalltraining auf der Bahn ist ein gute Methode, um Selbstvertrauen aufzubauen.

Natürlich spricht das Intervalltraining auch den logischen Verstand an, denn aus den verschiedenen Kombinationen von Gerschlers fünf Variablen ergeben sich unzählige Trainingsmöglichkeiten. Es ist eine ausgezeichnete Methode, den Körper an Belastung zu gewöhnen: Man strengt sich an, nimmt sich zurück, strengt sich wieder an und nimmt sich zurück. Man kann außerdem mit Wettkampftempo trainieren und sich daran gewöhnen.

Nach meiner Bekanntschaft mit dem Intervalltraining in Deutschland experimentierte ich viel mit verschiedenen Trainingsmustern. Am häufigsten trainierte ich mit 400ern (dazwischen 400 m Jogging) oder 200ern (dazwischen 200 m Jogging). Das konnte ich wunderbar auf einer 400-m-Außenbahn oder einer 200-m-Hallenbahn tun. Manchmal lief ich lange Wiederholungen und kurze Intervalle, also beispielsweise 1.000er und dazwischen 200er oder Meilen und 400 m Jogging (oder zwei Minuten Walking) dazwischen. Letzteres machte ich manchmal zusammen mit Tom O'Hara, der einen Hallenweltrekord über eine Meile aufstellte und bei der Olympiade von 1964 für die USA über 1500 m startete. Es war ein Training, das O'Hara häufig an seinen leichten Tagen machte.

Zuviel des Guten

Punktuell experimentierte ich mit Megadosen an Intervalltraining. Ich lief 70 x 300 m mit 100 m Jogging , oder 50 x 400 m mit 30 Sekunden Jogging dazwischen. Ich stellte jedoch fest, dass die Trainingserfolge die Wettkampfergebnisse oft weit überstiegen.

Schließlich wurde mir klar, dass Läufer, die zu viel Intervalltraining betreiben, Verletzungen erleiden – wahrscheinlich als eine Folge des ständigen Abstoppens und Startens, sowie der Belastung des Laufens um enge Kurven auf der Bahn. Geistige Erschöpfung war oft ein ebenso großes Problem wie die körperliche. Das war zu einer Zeit, als ich, wie auch die meisten anderen Langstreckenläufer, das gesamte Training auf der Bahn absolvierte. Die Person, die uns am stärksten beeinflusste, war Mihaly Igloi, der ungarische Trainer, der nach der Olympiade von 1956 in die USA geflohen war und sich um die Karriere einer Gruppe amerikanischer Spitzenläufer kümmerte – darunter Jim Beatty,

Jim Grelle und Bob Schul. (Beatty und Grelle gehörten Anfang der Sechziger zu den weltbesten Meilenläufern und Schul gewann bei der Olympiade von 1964 über 5.000 m.)

Igloi war ein hochbegabter, äußerst leidenschaftlicher Trainer, der jedoch den Ruf hatte (ob zu recht oder nicht), mit seinen intensiven Trainingsmethoden ebenso viele Läufer zu zerstören wie aufzubauen. Jede Trainingseinheit war ein Intervalltraining.

Obwohl ich mit Hilfe des Intervalltrainings große Fortschritte gemacht hatte, fiel auch ich dem Übertraining zum Opfer. Die heutige Methode abseits der Bahn – auf der Straße oder im Wald – zu laufen, ist meiner Trainingsmethode, die ich vor vierzig Jahren, besessen vom Erfolg, einsetzte, weit überlegen.

„Die wichtigste Trainingsregel beim echten Intervalltraining ist", so Brian Mitchell in einem Artikel, „setzen Sie es nicht zu häufig ein und denken Sie nicht, dass es das einzig Wahre ist."

Gelegentlich mache ich noch immer gerne Intervalltraining. Meine Regel fürs Intervalltraining lautet jetzt: nie mehr als ein Dutzend Wiederholungen, weil das Ziel eines solchen Trainings ebenso Tempo wie Ausdauer ist. Für mich sieht ein typisches Intervalltraining heute so aus: 10 x 400 m mit 200 m Jogging zur Erholung zwischen den einzelnen Wiederholungen. Beenden Sie Ihr Training erfrischt. Heben Sie sich Ihre Heldentaten für die Wettkampfwochenenden auf.

Fragen und Antworten

Hier gibt's die Antworten zu einigen der häufigsten Fragen zum Intervalltraining:

F: Über welche Distanz sollte ich meine Wiederholungen laufen?

A: Je länger das Intervall, desto besser entwickelt sich Ihre aerobe Kapazität, die wichtig ist für Ihre Ausdauer. (Denken Sie daran, der Begriff „Intervall" bezeichnet die Erholungsphase oder Pause im Training.) Je kürzer das Intervall, desto besser entwickelt sich Ihre anaerobe Kapazität, die Sie für Ihr Tempo brauchen. Man muss beide Systeme aufbauen, um schnell zu laufen.

Das Intervalltraining umfasst normalerweise Distanzen von 200 bis 800 m, auch wenn einige Läufer längere Wiederholungen bevorzugen. Der Sportphysiologe Dr. Jack Daniels erzählte, dass er Mitglieder seines Geländelaufteams an der State University of New York in Cortland sogenannte extensive Intervalle laufen ließ. Das waren Wiederholungen über Distanzen von etwas mehr als drei Kilometern, die etwas langsamer als mit Wettkampftempo gelaufen wurden – mit Intervallen von nur 30 bis 60 Sekunden. Dennoch sind 400 m die üblichste Distanz, weil sie besonders praktisch sind: eine Runde um die Bahn. Fangen Sie mit Wiederholungen von 400 m an und variieren Sie die Distanzen, sobald Sie sich etwas mehr an das Intervalltraining gewöhnt haben.

F: Wie lang sollte ich während des Intervalls Walken oder Joggen?

A: Gerschler kontrollierte die Länge seiner Intervalle durch Pulsmessungen. Ein Läufer, dessen Puls im Wiederholungslauf auf 170 oder 180 gestiegen war (d.h. ca. 90 Prozent der MHF), sollte erst dann wieder laufen, wenn er auf 120 bis 130 (hier also 70 Prozent MHF) gefallen war.

Besonders fitte Läufer können sich umdrehen und schon nach 30 Sekunden den nächsten Lauf starten. Ich beobachtete den britischen Topathleten Sebastian Coe (zweimaliger Gewinner einer olympischen Goldmedaille und ehemaliger Weltrekordhalter), wie er genau das im Training tat. In einer Trainingseinheit, die ich mir genau ansah, lief Coe einige Wochen vor den Olympischen Spielen von 1984 – wo er über 1.500 m gewann – 20 x 200 m in 27 bis 28 Sekunden. Statt über die gleiche Zeit ist es jedoch üblicher, im Intervall über die gleiche Strecke zu joggen, die man zuvor in der Wiederholung gelaufen ist. Für jemanden, der 400-m-Wiederholungen läuft, bedeutet das also 400 m Jogging dazwischen. Wenn Sie sich ein wenig an diesen Trainingstyp gewöhnt haben, können Sie die Distanz (und/oder die Zeit) Ihrer Intervalle verringern.

F: Wie viele Wiederholungen sollte ich laufen?

A: Es gibt verschiedene Formeln, die das gesamte Laufpensum in Verhältnis zur Wettkampf- oder Trainingsdistanz setzen. Ecker empfiehlt anderthalb bis 3 x Wettkampfdistanz (was wahrscheinlich für Mittelstreckenläufer sinnvoller ist als für Langstreckenläufer, deren Wettkampfdistanzen bei 5 km oder höher liegen).

Dr. Daniels empfiehlt eine Höchstgrenze von 8 Prozent des wöchentlichen Trainingsumfangs für die extensiven Intervalltage: 2,5 Kilometer, wenn Sie 30 Kilometer in der Woche laufen, 6,5 Kilometer wenn Sie 80 laufen. Beide Wissenschaftler haben Recht und beide haben Unrecht. Glauben Sie nicht zu fest an Formeln – auch nicht an die, die ich Ihnen jetzt an die Hand geben werde.

Für Läufer, die mit 400 m als Distanz für ihre Wiederholungsläufe arbeiten, ist fünf ein guter Ausgangspunkt. Wenn Sie keine fünf Wiederholungen schaffen, trainieren Sie wahrscheinlich zu schnell. Ein gutes Trainingsziel sind zehn Wiederholungen. Wenn Sie mehr als zehn schaffen, trainieren Sie wahrscheinlich zu langsam. Läufer, die sich für 200-m-Wiederholungen entscheiden, sollten ein paar mehr machen, Läufer mit 800-m-Wiederholungen ein paar weniger. Beginnen Sie jedoch mit Bedacht. Dr. Costill warnt, dass es zu viele Läufer zu hart angehen, um stärker zu werden, aber damit erreichen sie in der Regel nur das Gegenteil. „Die Gefahr ist", so Costill, „dass man eine falsche Technik entwickelt."

F: Wie schnell sollte ich meine Wiederholungen laufen?

A: Für uns Schreiberlinge von Büchern und Artikeln ist „Wettkampftempo" eine übliche und sichere Maßeinheit. Sie kompensiert die Tatsache, dass sich die, die unsere Texte lesen und sich nach unseren Tabellen richten, stark unterscheiden – sowohl in ihren Wettkampffähigkeiten als auch in ihrem Durchhaltevermögen in harten Trainingseinheiten. Doch der beste Berater ist ein erfahrener Trainer neben der Bahn, aber selbst dieser müsste wahrscheinlich manchmal raten. Beginnen Sie also mit einem angenehmen Tempo – langsamer als Ihr Wettkampftempo – und steigern Sie sich dann auf Renntempo und etwas darüber hinaus.

Häufig wird auch das Tempo empfohlen, das man in einem Rennen laufen würden, das über die Hälfte der Distanz des Wettkampfes geht, für den Sie trainieren. Wenn Sie also auf ein schnelles 10-km-Rennen hinarbeiten, trainieren Sie mit 5-km-Tempo. 5-km-Läufer trainieren mit 3-km-Tempo und so weiter. Wissenschaftler sind der Meinung, dass das Training etwas schneller als mit Wettkampftempo die „Pufferkapazitäten" des anaeroben Systems fördert – das heißt, die Fähigkeit, Belastungen auszuhalten. Unabhängig von wissenschaftlichen Erklärungen ist eine Geschwindigkeit knapp über Wettkampftempo ein gutes Trainingsziel beim Intervalltraining. Für jemanden, der im Intervalltraining 400er läuft, heißt das, bis zu fünf Sekunden pro Runde schneller zu laufen als im Wettkampf.

F: Wie sollte ich mich in den Intervallen erholen?

A: Es gibt drei Arten der Regeneration: Joggen, Gehen/Walking oder völlige Ruhe. Einem von mir trainierten High-School-Läufer konnte ich bescheinigen, noch nie jemanden gesehen zu haben, der sich so schnell von der Ziellinie zu einem der Sitzplätze neben der Bahn bewegte wie er: mit eineinhalb Schritten. Er war der Michael Jordan der Ruhepausen. Völlige Ruhe macht beim Intervalltraining aber keinen Sinn. Man erholt sich vollständig, und das widerspricht dem eigentlichen Zweck, den Puls beim Training auf einer kontinuierlich hohen Frequenz zu halten (zwischen 70 und 90 Prozent der MHF).

Für Anfänger beim Intervalltraining ist Gehen bzw. Walking eine gute Form der Regeneration, obwohl selbst hochtrainierte Läufer (sehr kurze) Gehpausen zwischen sehr intensiven Läufen einlegen. Ich walke manchmal 100 m, jogge 200 m und walke wieder 100 m. Doch die populärste (und effektivste) Form der Erholung ist die ganze Runde zu joggen.

Unabhängig davon, welche Art der Erholung Sie wählen, bleiben Sie während des gesamten Trainings konsequent: Beginnen Sie nicht mit schnellem Jogging zwischen den Wiederholungen, wenn Sie am Ende nur noch gehen können. Wenn das passiert, joggen Sie zu schnell oder Sie laufen zu viele Wiederholungen.

F: Was kann ich vom Intervalltraining erwarten?

A: In einem Artikel in der amerikanischen *Runner's World* schrieb Dr. David R. Lamb, der größte Vorteil sei die Verbesserung der Bewegungsökonomie. „Wenn Sie Ihre Effizienz bei Wettkampftempo erhöhen wollen", so Dr. Lamb, „müssen Sie mit oder ungefähr mit diesem Tempo trainieren." So gut wie jeder Trainer würde Dr. Lamb zustimmen.

Intervalltraining kann auch Ihre Schnelligkeit, Ihre Ausdauer und Ihr Gefühl für Tempo verbessern. Ein weiterer wichtiger, oft übersehener Vorteil des Intervalltrainings ist, dass es Ihre Konzentrationsfähigkeit schärft. Da es sehr schwierig ist, kontinuierliche Zeiten auf der Bahn zu laufen, wenn man mit den Gedanken woanders ist (wie es oft bei langen Läufen passiert), lernt man, sich nur auf die vor einem liegende Aufgabe zu konzentrieren. Diese geschärfte Konzentrationsfähigkeit wird Ihnen bei allem, was Sie als Läufer tun, von Nutzen sein.

Wenn ich im Frühjahr mit dem Intervalltraining beginne, fangen meine Gedanken bei den 400ern schon auf der Gegengeraden an abzuschweifen, als wäre es ein langer Lauf. Und meistens laufe ich dann auch keine schnellen Zeiten. Im Verlauf der Trainingssaison stelle ich dann fest, dass ich mich über längere Zeit konzentrieren kann, bis ich es schließlich über die gesamte Runde schaffe. Und meine Zeiten verbessern sich, sowohl auf der Bahn als auch im Wettkampf. Ich frage mich manchmal, wie viele Fortschritte aus meiner verbesserter Kondition resultieren und wie viele einfach aus der geschärften Konzentration.

F: Wie oft sollte ich Intervalltraining machen?

A: Dr. Daniels lässt seine Läufer nicht öfter als einmal wöchentlich Intervalltraining machen. Einmal pro Woche ist eine gute Faustregel. Diejenigen von uns, die der älteren Generation angehören und Intervalltraining häufiger gemacht haben, haben festgestellt, dass es schwierig ist, ein solch intensives Training ohne Verletzungen durchzuziehen. Heutzutage gibt es so viele andere interessante und effektive Trainingsmethoden für Langstreckenläufer, warum sollte man sich auf eine beschränken?

F: Gibt es eine ideale Jahres-, Wochen- und Tageszeit für das Intervalltraining?

A: Ja. Genauere Antworten hängen von Ihren Zielen, Ihrer Leistungsfähigkeit und Kondition ab. Intervalltraining eignet sich sehr gut, um sich für Wettkämpfe in Topform zu bringen. Wenn Sie also im Sommer schnelle Zeiten laufen wollen, dann ist der Frühlingsbeginn eine gute Zeit, um anzufangen. Das Wetter kann ihnen diktieren, wann Sie Intervalltraining betreiben können – genauso wie die Verfügbarkeit von Trainingsstätten. Wenn Sie lange Läufe am Wochenende machen (oder an Wettkämpfen teilnehmen), sollten

Sie Ihr Intervalltraining so weit wie möglich davon absetzen, also in die Mitte der Woche. Fürs Intervalltraining ist auch ein Warm-up von mindestens 15 bis 20 Minuten anzusetzen (plus ein Cool-down nach dem Training) und so dauert es oft länger als ein Langstreckenlauf. Die meisten Läufer fahren wohl besser damit, wenn sie diese Trainingseinheit am späten Nachmittag und nicht am frühen Morgen ansetzen. Machen Sie das, was bei Ihnen am besten klappt.

F: Wo sollte ich mein Intervalltraining machen?

A: Der beste Ort für das Intervalltraining ist die Bahn. 400-m-Bahnen bieten sich an, da sie normalerweise 100-, 200- und 300-m-Markierungen haben. So können Sie Ihr Training systematischer angehen. Für die, die erst mit dem Intervalltraining anfangen, sind Bahnen mit Sicherheit erste Wahl. Außerdem liefern sie das richtige „Drumherum", denn die ganze Vorbereitung – die Fahrt zur Bahn, das Warm-up, das Wechseln der Schuhe – signalisiert Ihrem Körper: „Heute ist der Tag, an dem schnell gelaufen wird!" Auch Trainingspartner finden sich oft leichter auf der Bahn. Aber sobald Sie über die Grundlagen des Intervalltrainings Bescheid wissen und Ihre Trainingsintensität anhand der Zeit, Ihres Pulses oder sogar Ihres Gespürs beurteilen können, können Sie Ihr Intervalltraining überallhin verlegen: auf die Straße, in den Wald, wohin Sie wollen. An einem gewissen Punkt überschneidet sich ein derartiges Training mit dem Fahrtspiel (auf das ich in Kapitel 9 eingehen werde), aber machen Sie sich darüber jetzt keine weiteren Gedanken.

F: Wie kann ich mich vor Übertraining und Verletzungen schützen?

A: Laut Trainer Dellinger sollte man dazu in der Lage sein, den letzten Wiederholungslauf mit dem gleichen Tempo zu laufen wie den ersten – oder sogar schneller. „Wenn Sie richtig kämpfen müssen", gibt er zu bedenken, „dann sollten Sie beim nächsten Training mit einem niedrigeren Tempo beginnen oder aber die Erholungsphase verlängern." Er empfiehlt außerdem, flache Laufschuhe ohne Spikes zu tragen, auch wenn man auf der Bahn trainiert. (Einzige Ausnahme: ein regnerischer Tag, denn dann kann die nasse Bahn glatt sein.) Es gibt keinen narrensicheren Weg, Übertraining oder Verletzungen zu vermeiden. Aber wenn Sie Ihr Intervalltraining mit der Einstellung angehen, dass es sich um eine Herausforderung, jedoch nicht um eine Strafe handelt, werden Sie diesen Trainingstyp besser genießen können und auch mehr Erfolg haben.

Zu guter Letzt: Auch wenn das Intervalltraining eine sehr wissenschaftliche und präzise Methode ist, um Ihre läuferischen Fähigkeiten zu verbessern, versteifen Sie sich nicht zu sehr auf bestimmte Zahlen. „Bringen Sie Abwechslung in Ihr Programm", rät Dellinger. „Verändern Sie die Intervalle, die Distanzen und experimentieren Sie mit den Erholungszeiten." Ein sehr guter Rat von einem sehr guten Trainer. Auch wenn sich alle Experten darüber einig sind, dass das Intervalltraining wahrscheinlich der effektivste Trainingstyp ist, der jemals erfunden wurde, ist es nicht der einzige – oder unbedingt der beste. Wenn Sie ein schneller Läufer werden wollen, nutzen Sie es mit Bedacht.

Foto: Newline

Ruhetag

Kapitel **9**

DAS SPIEL MIT DER GESCHWINDIGKEIT
Fahrtspiel und Tempotraining

Einmal gegen Ende eines 5-km-Rennens überholte mich eine Frau, die ein T-Shirt trug, auf dessen Vorderseite stand: „Fahrtspiel". Und auf der Rückseite: „It's a runner's thing" („Das ist Läufersache").

Das ist es tatsächlich, und wenn man davon ausgeht, dass diese Läuferin mit dieser Methode trainierte, dann war das wahrscheinlich der Grund, warum sie in den letzten Minuten dieses 5-km-Laufes an mir vorbeizog. Fartlek ist nicht nur Läufersache, es ist auch eine schwedische Sache. Fartlek ist ein schwedisches Wort, das sich mit „Fahrtspiel" oder „Tempospiel" übersetzen lässt. Es wurde vor über einem halben Jahrhundert von dem schwedischen Olympiatrainer Gosta Holmer erfunden. Würde man Wiederholungsläufe, Intervalltraining, Sprungläufe und Sprints in einen Topf werfen und einmal kräftig umrühren, dann käme Fahrtspiel dabei heraus. Wenn man es richtig betreibt, ist es eine sehr effektive und befriedigende Art des Trainings. Außerdem macht es Spaß. Anfänger sollten sich nicht davon einschüchtern lassen, dass die Methode auch von Olympionikern benutzt wird – es ist wirklich ganz benutzerfreundlich.

Ein Sportmagazin beschreibt das Fahrtspiel als „einen durchgehenden Lauf mit Überlänge, durchsetzt von mehreren schnelleren Passagen. Man läuft, bis man müde, aber nicht ausgepumpt ist." Fahrtspiel soll das Gefühl oder die Wahrnehmung von Erschöpfung in den Hintergrund drängen, weil der Läufer es so als eine Art Spiel auffasst.

Das Fahrtspiel wurde zuerst von den beiden großen schwedischen Meilenläufern der vierziger Jahre, Gundar Hägg und Arne Andersson, erfolgreich eingesetzt. Es ist ein schnelles, mittelschnelles und langsames Laufen über unterschiedliche Distanzen, je nach Gelände.

Bei einem typischen Fahrtspiel-Training sucht man sich einen Punkt in der Landschaft, etwa einen Baum oder einen Busch, sprintet dorthin und joggt, bis man sich wieder erholt hat. Dann sucht man sich einen weiteren Punkt in näherer – oder weiterer – Entfernung und läuft diesen mit höherem – oder niedrigerem – Tempo an. Distanz und Tempo bleiben dem Läufer überlassen. Das Wichtigste bei dieser Übung ist, auf den eigenen Körper zu hören. Mal joggen Sie eine längere Strecke. Mal machen Sie mehr Sprints oder Sprungläufe oder Sie walken sogar ein Stück, je nachdem wonach Ihnen gerade ist. „Ein Athlet läuft so, wie er sich fühlt", sagt Trainer Bill Dellinger.

> Anfänger sollten sich nicht davon einschüchtern lassen, dass die Methode auch von Olympioniken benutzt wird – es ist wirklich ganz benutzerfreundlich.

„Das Fahrtspiel-Training kann für den Läufer die härteste Trainingseinheit der Woche sein oder auch die leichteste." Das hängt davon ab, wie Sie das Training gestalten und wie viel Zeit Sie dafür aufwenden. Dellinger bezeichnet das Fahrtspiel als „instinktives" Training.

„Um ein guter Langstreckenläufer zu sein", ergänzt er, „müssen Sie Kraft und Ausdauer aufbauen, lernen mit Wettkampftempo zu laufen und sich Wettkampftaktiken erarbeiten. Durch das Fahrtspiel können Sie all diese wesentlichen Elemente in einem einzigen Training miteinander verbinden."

WECHSELNDE GESCHWINDIGKEITEN

Das Fahrtspiel ist eine Form des Tempotrainings, bei der man – fast instinktiv – abwechselnd langsame und schnelle Läufe über die verschiedensten Distanzen kombiniert. Der Olympionike Bob Kennedy erinnert sich an ein Fahrtspiel-Training an der Universität, bei dem vier oder fünf Läufer zusammen liefen. Über eine Strecke von acht Kilometern wechselten sie sich mit der Vorgabe des Tempos ab, sodass die übrigen Läufer nie wussten, was sie zu erwarten hatten. „Die Tempowechsel brachten einen wirklich dazu, sich zu konzentrieren", erinnert sich Kennedy. „Dieses Training ähnelte dem, was in einem harten Wettkampf passiert."

Nach seinem Hochschulabschluss hatte Kennedy weniger oft Gelegenheit, in der Gruppe zu trainieren, integrierte das Fahrtspiel jedoch weiterhin in seinen Trainingsplan. Seiner Meinung nach ist für Einzelläufer der Schlüssel zum Fahrtspiel, sich vorher zu überlegen, ob man kurze oder lange Wiederholungen, Sprints oder Tempoeinheiten absolvieren will. „Sie sollten wissen, was Sie tun", sagt Kennedy. „Wenn Sie sich Ihren Trainingsplan erst beim Laufen überlegen, leisten Sie vielleicht nicht das, was Sie leisten können." Kennedy ist der Ansicht, dass der Tempowechsel das ist, was das Fahrtspiel so wertvoll für Ausdauer und Geschwindigkeit macht.

Schnelle Erfolge, kaum Verletzungen

In einem Artikel in der amerikanischen *Runner's World* beschreibt Dellinger eine Studie über die Vorteile des Fahrtspiels gegenüber denen des Intervalltrainings. An dieser Studie nahmen 30 Langstreckenläufer teil. Eine Gruppe absolvierte Fahrtspiel-Training, eine weitere Intervalltraining und die dritte Gruppe betrieb eine Kombination aus beidem. Nach einem Jahr Training, in dem die Läufer alle zwei Wochen getestet wurden, war die Fahrtspiel-Gruppe am langsamsten in Form gekommen und wies die schwächsten Anfangserfolge auf. Aber die Läufer erlitten auch die wenigsten Verletzungen. Die Intervall-Gruppe hingegen lieferte die besten Früherfolge, verbuchte jedoch auch die meisten Verletzungen. Gegen Ende der Studie begannen die „Fahrtspieler"– vielleicht, weil sie aufgrund weniger Verletzungen kontinuierlicher trainieren konnten – die Intervall-Gruppe zu überrunden.

Das aufschlussreichste Ergebnis lieferte jedoch die dritte Gruppe. Die Leistungen dieser Läufer glänzten: weil sie Fahrtspiel und Intervalltraining kombinierten. Sie wiesen bessere Ergebnisse auf und erlitten weniger Verletzungen.

Ganz offensichtlich kann das Fahrtspiel eine effektive Rolle im Training beinahe jeden Läufers spielen, vor allem was das Tempotraining in Kombination mit anderen Trainingsmethoden betrifft.

Fahrtspiel für alle

Gosta Holmer war der Meinung, dass man das Fahrtspiel-Training, wenn man es richtig betreibt, drei bis fünf Mal pro Woche einplanen kann. Er empfahl, Bergauf-Läufe nicht öfter als zweimal wöchentlich zu absolvieren, vorzugsweise montags und donnerstags. „Das Fahrtspiel erinnert an die Spiele, die man als Kind gespielt hat", sagte Holmer. „Es stimuliert unseren Forscherdrang."

Der schwedische Trainer arbeitete zu einer Zeit, in der ausschließlich junge und hochbegabte Athleten Laufen als Wettkampfsport betrieben. (Der 5-km-Lauf als Sportereignis für die breiten Massen war damals noch nicht einmal als Idee geboren.) Die Zeiten haben sich geändert, denn heute können Läufer auf den verschiedensten Leistungsstufen von gelegentlichem Fahrtspiel-Training in ihrem Trainingsprogramm profitieren.

ANFÄNGER. Kann sich ein durchschnittlicher Läufer heutzutage durch Holmers Fahrtspiel-Training verbessern?

Die Antwort ist: Ja. Der Atlanta Track Club, der 60 ehrenamtliche Trainer beschäftigt, bietet ein spezielles Programm für Mitglieder an: Jeder kann auf Anfrage fachmännischen Unterricht erhalten. Im Internet finden sich viele Infos und Tipps zum Fahrtspiel, z.B. unter www.spiridon-frankfurt.de/fahrtspiel.htm. Zu den ehrenamtlichen Trainern in Atlanta gehört auch Mary Reed, die hauptsächlich Anfängerinnen im Einzelunterricht trainiert.

Sobald ihre Läuferinnen einen Trainingsstand erreicht haben, der Tempotraining für sie sinnvoll macht, bringt Reed ihnen Fahrtspiel bei, anstatt sie auf die Bahn zu schicken. Auf einer 1,2 km langen Runde um eine Talsperre lässt sie sie abwechselnd langsame und leichte Läufe über beliebige Distanzen und mit unterschiedlichem Tempo laufen.

„Ich habe festgestellt, dass viele Anfänger, die in der Schule keinen Sport betrieben haben, sich von der Bahn abschrecken lassen", sagt Mary Reed. „Sie denken, dass die Bahn nur etwas für schnelle Läufer ist. Sie haben Angst, sie könnten die Langsamsten sein und in einer Staubwolke zurückgelassen werden. Anstatt also morgens um halb fünf auf die Bahn zu gehen, wenn kein anderer da ist, machen wir einfach das Fahrtspiel."

Durch Fahrtspiel versucht Reed Anfänger davon zu überzeugen, dass sie vom Tempotraining profitieren können. Zunächst lässt sie sie ein 5-km-Rennen laufen. Dann trainieren die Läufer für drei oder vier Wochen mit

Fahrtspiel, bevor sie sich wiederum in einem 5-km-Wettkampf messen können.

„Anfänger", so Mary Reed, „machen ohnehin häufig von einem Rennen zum nächsten Fortschritte, einfach weil sie einen weiteren Monat trainiert haben. Doch wenn man Fahrtspiel dazu nimmt, sind die Verbesserungen oft dramatisch."

TEAMLÄUFER. Verschiedene Trainer haben natürlich auch verschiedene Ansichten über das Fahrtspiel. An einem College in Massachusetts hat W. H. „Skip" O'Connor ein Programm entwickelt, dass eher auf Zeit, nicht auf zurückgelegter Strecke basiert und folgende Übungen einschließt: „Bursts", „lifts", „steady strides", „spezielles Hügel-Training", „fast openers", „fast closers", „passing pickups" und „bolts".

„Bursts" waren Sprints von knapp 50 m auf ebener Strecke, die innerhalb von sechs Minuten etwa sechsmal wiederholt wurden. Diese Sprints wurden vorher abgesprochen und auf ein Signal des Teamführers von allen Läufern durchgeführt.

„Lifts" wurden etwas langsamer gelaufen. Lediglich für kurze Einschübe wurde das Tempo erhöht.

Die „steady strides" sahen genauso aus – nur die Grundgeschwindigkeit war etwas höher.

Die „fast openers" wurden mit sehr hohem Tempo begonnen. Später ging es dann etwas ruhiger voran.

Bei den „fast closers" wurde diese Reihenfolge einfach umgedreht. Man startete langsam und zog das Tempo später stark an.

Bei den „passing pickups" lief der jeweils letzte Läufer an allen anderen vorbei und setzte sich an die Spitze. Das Ganze wurde so lange wiederholt bis der Läufer, der zu Beginn vorne lief, wieder dort angelangt war. Dann erholte man sich eine Weile, bis der nächste Durchlauf gestartet wurde. So hatte jeder Läufer die Möglichkeit für kurze Zeit schneller zu laufen, während er die anderen überholte.

„Bolts" dagegen waren plötzliche und unerwartete Sprints, die einzelne Läufer auf vorheriges Geheiß O'Connors mehrmals während der Trainingseinheit einlegten.

EINZELLÄUFER. Der russische Trainer A. Yakimow schrieb in einem Artikel, er sei der Meinung, sowohl die Länge der schnellen Läufe, als auch die Länge und Art der Erholungsphasen sollten vom Sportler selbst bestimmt werden, je nach seiner körperlichen Verfassung. Das Wichtigste ist der ständige Tempowechsel. Hier ist Yakimows Formel:

1. Sechs bis zehn Minuten leichtes Laufen zum Aufwärmen. (Ein schneller und gleichmäßiger Lauf über ein bis zwei Kilometer.)
2. Fünf Minuten flottes Walken.
3. Leichtes, gleichmäßiges Laufen mit kurzen Beschleunigungen (über 50 bis 60 m), bis Sie eine leichte Ermüdung verspüren.
4. Leichtes Laufen, gelegentlich unterbrochen von vier oder fünf schnellen Einheiten (ähnlich plötzlichen Tempoverschärfungen in einem Rennen).
5. Eine Minute schnelles Bergauflaufen.

Yakimow betonte, dass man am Ende des Trainings keine Erschöpfung, sondern vielmehr Begeisterung verspüren sollte. „Das Fahrtspiel ist keine „pflegeleichte" Trainingsart, wie manchmal angenommen wird. Es sollte nicht nur als Erholung von härteren Trainingseinheiten dienen. Es verlangt ebenso große körperliche und geistige Anstrengung wie jede andere Trainingsmethode auch."

Zwanglos laufen

Würde man die Prinzipien von Holmer, O'Connor und Yakimow (oder die irgend eines anderen Trainers) einfach blind befolgen, würde man das Fahrtspiel-Training seines größten Vorteils berauben: die spielerische Freiheit. Nach Dellinger ist es die beabsichtigte Unbestimmtheit, die das Fahrtspiel weniger belastend als andere harte Trainingsmethoden erscheinen lässt.

Merrill Noden beschrieb das Fahrtspiel in einem Artikel mit dem Titel „Playing on the Run" („Beim Laufen spielen"): „Beim Intervalltraining (ob auf der Bahn oder anderswo) misst man immer zwei Variablen: die Strecke, die man läuft und die Zeit, die man dafür benötigt. Beim richtigen Fahrtspiel bleibt immer eine oder sogar beide dieser Variablen außen vor." Folglich ist es unmöglich, seine Leistungen exakt zu beurteilen.

Somit ist das Fahrtspiel das ideale Training fürs Gelände, denn Trainingsorte außerhalb des Sportplatzes sind fast nie kilometriert oder in Streckenabschnitte eingeteilt. Natürlich haben Wege, die von Läufern regelmäßig genutzt werden, oft Kilometermarkierungen, die man nicht völlig ignorieren kann, doch normalerweise kann man abseits der Straßen, sei es im Wald oder in einem Park, völlig zwanglos laufen. Dort bestimmt eher die Umgebung das Training. Ein plötzlich auftauchender Hügel rechtfertigt einen kurzen Sprint. Eine ebene Strecke bietet Gelegenheit für einen kontrollierten, schnellen Lauf. Auf weichem Untergrund muss man langsamer laufen.

Sie müssen sich das Fahrtspiel nicht für besondere Tage aufheben. Sie können die Grundregeln in fast jedes Training einbauen. An den Tagen, an denen Sie längere Läufe machen, können Sie Tempoverschärfungen oder Sprints einlegen, wann immer Ihnen danach ist.

An einem Wintertag lief ich zum Beispiel mit Liz Galaviz, der besten Läuferin aus meinem Geländelaufteam. Es lag Schnee, also liefen wir mit nicht genau festgelegtem Tempo eine 8-km-Strecke durch die Straßen der Stadt.

Galaviz war gut in Form, so dass ich mich bereits auf halber Strecke anstrengen musste, mit ihrem schnellen Tempo mitzuhalten. An einer Kreuzung, an der wir normalerweise rechts abgebogen wären, wies ich sie in Richtung eines Hügels, der ca. 100 bis 150 m hoch war. Nebeneinander liefen wir die Steigung hinauf und ich

> **Sie können das Fahrtspiel in fast jedes Training einbauen.**

konnte hören, wie ihr Atmen schneller wurde. Als wir den Gipfel erreichten und es wieder nach unten ging, wurden wir langsamer, um uns zu erholen.

„Das habe ich nur aus Bosheit gemacht", sagte ich.

Galaviz lächelte: „Ich weiß."

Doch sie wusste, dass ich das getan hatte, um sie für die Kurzstreckenläufe abzuhärten, die sie später im Frühjahr laufen würde. Das war klassisches Fahrtspiel – jedoch eines, das in den Rahmen eines anfangs relativ leichten längeren Laufs integriert worden war. Es war das perfekte „Tempospiel".

TEMPOTRAINING

Eine weitere Art dieses Spiels mit der Geschwindigkeit, die seit den frühen 1990ern immer populärer geworden ist, hat viele Bezeichnungen. Die gebräuchlichsten sind wohl „Tempotraining" oder „Tempolauf". Im Gegensatz zum Fahrtspiel besteht ein Tempolauf normalerweise aus einer einzigen, durchgehenden Tempoverschärfung in der Mitte eines mittellangen Laufs.

Tempoläufe werden nicht mit einem bestimmten Trainer verbunden, doch der Sportphysiologe Dr. Jack Daniels hat wahrscheinlich am meisten zur Verbreitung dieser Trainingsmethode beigetragen. Dr. Daniels veröffentlichte in der Zeitschrift *Runner's World* unter dem Titel „Cruise Control" einen Artikel über solche Tempoläufe und sogenannte „Cruise Intervals" (extensive Intervalle). Die Popularität des Blattes sorgte dafür, dass man mehrere Monate nach Erscheinen des Artikels kein Gespräch mit einem ernsthaften Läufer führen konnte, ohne dass dieses Thema zur Sprache kam.

Unterschiedliche Trainer und Sportphysiologen haben zur Beschreibung dieser Trainingsform unterschiedliche Begriffe gewählt. Man bezeichnete sie als anaerobes Schwellen-Training oder extensive Intervalle. Dr. Peter Snell, Wissenschaftler und ehemaliger Olympiasieger, zieht den Begriff Laktatschwellentraining vor. John Babington, der Trainer der dreimaligen Geländelauf-Weltmeisterin Lynn Jennings, nennt es „up-tempo aerobic running" (etwa: „aerober Höchsttempolauf"). Heute scheinen jedoch die Begriffe Schwellentraining und Schwellenläufe am häufigsten verwendet zu werden.

Wie immer man diese Trainingsmethode bezeichnen mag – gemeint ist immer eine Form des Trainings, bei der Sie Ihr Tempo nach und nach stark erhöhen und auf diesem Level halten, bevor Sie sich entspannen und sich schließlich gemächlich nach Hause aufmachen.

Wenn Sie Ihr Tempo grafisch festhalten würden, wäre das Ergebnis eine klassische Glockenkurve, die ansteigt, ein Plateau erreicht und dann wieder abfällt. Das Plateau steht für das Maximum an Trainingsintensität und gleichzeitig für den Punkt, an dem Sie das erreichen, was als Ihre Laktatschwelle identifiziert wurde.

Nach Dr. Robert Vaughan ist dies der „Krümmungspunkt", die geheimnisvolle Schwelle bei ca. 90 Prozent der maximalen Herzfrequenz (MHF), bei der die Körperfunktionen anfangen, sich zu verschlechtern. Wenn Sie oberhalb dieser Schwelle laufen, bei, sagen wir, 91 Prozent, beginnt sich Laktat in Ihren Muskeln anzusammeln, was unweigerlich zu einem Einbruch führt. Laufen Sie jedoch knapp unterhalb dieser Schwelle, beispielsweise bei 89 Prozent, passieren einige erstaunliche Dinge mit Ihrer Kondition.

Als Dr. Daniels diese Auswirkungen in *Runner's World* beschrieb, kündigte die Zeitschrift den Artikel auf der Titelseite mit den Worten „Die größte sportliche Entdeckung seit 50 Jahren" an. Genau genommen war das nur geringfügig übertrieben.

TEMPO-TIPPS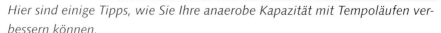

Hier sind einige Tipps, wie Sie Ihre anaerobe Kapazität mit Tempoläufen verbessern können.

1. **BLEIBEN SIE LOCKER.** Gestalten Sie Ihre Tempoläufe nach Ihren Erfahrungen, nicht nach irgendwelchen Schemata. Diese sollten Ihnen nur als ungefähre Richtschnur dienen. Nehmen Sie sich am Anfang einige Zeit zum Aufwärmen und wärmen Sie sich in etwa genauso lange ab. Dazwischen liegt das Herzstück Ihres Trainings, das etwa 20 bis 40 Minuten dauern sollte.

2. **LAUFEN SIE HART.** Laufen Sie bei einem Tempo, das angenehm, aber hart ist. Trainer empfehlen eine Geschwindigkeit, die pro Kilometer knapp zehn Sekunden unterhalb Ihrer besten 10-km-Zeit liegt.

3. **LAUFEN SIE ALLEINE.** Sie werden wahrscheinlich Schwierigkeiten haben, einen Trainingspartner zu finden, dessen anaerobe Schwelle mit Ihrer eigenen identisch ist. Selbst wenn Ihnen das gelingt, sollten Sie trotzdem vorsichtig sein und nur nach Ihren Fähigkeiten laufen. Zu leicht setzt man sich in Konkurrenz zu anderen und steigert das Tempo zu stark, auch wenn man sich in keinem Wettbewerb befindet.

4. **VERGESSEN SIE DIE ZEIT.** Beurteilen Sie Ihre Leistung nicht nach der Uhr. Man macht sich zu leicht vor, man hätte sich verbessert, weil einen der Wind in dieser Woche schneller laufen ließ als in der davor. Das Prinzip der „progressiven Belastung" funktioniert bei einigen Trainingsarten, aber nicht hier. Es ist einfach bei der Gesamtzeit zu schummeln, indem man in der Aufwärm- und Abwärmphase zunehmend schneller läuft. Dadurch verliert das Training seinen Sinn! Wenn Sie am Anfang und am Ende jedes Tempolaufs leicht joggen, laufen Sie keine Gefahr, eine Trainingseinheit mit der anderen zu vergleichen.

5. **LAUFEN SIE ÜBERALL.** Auf der Straße, auf der Bahn, im Wald, sogar auf dem Laufband im Fitness-Studio. Das Wichtigste ist die Intensität, nicht wie (oder wo) Sie diese Intensität erreichen.

6. **LAUFEN SIE AUSGEGLICHEN.** Laufen Sie mit gleichbleibendem Kraftaufwand, nicht mit gleichbleibendem Tempo. Wenn Ihnen anfangs der Wind ins Gesicht bläst, haben Sie ihn auf dem Weg nach Hause im Rücken. Ihr tatsächliches Tempo sollte sich also steigern, nicht aber der Kraftaufwand. Das Gleiche gilt für hügeliges Gelände – dort steigt oder fällt Ihr Puls je nachdem, ob Sie gerade bergauf oder bergab laufen.

7. KONZENTRIEREN SIE SICH. Sie werden feststellen, dass Sie effektiver laufen, wenn Sie sich konzentrieren. Da Sie das Tempo frei wählen können, bieten Tempoläufe eine gute Gelegenheit, auf Ihre Laufhaltung zu achten und daran zu arbeiten. Mit Hilfe dieses Körperbewusstseins können Sie später Ihre Wettkampfqualitäten verbessern.

Geheimnisse der anaeroben Schwelle

Reden wir etwas über die anaerobe Schwelle – was ist sie und was bedeutet sie für die menschliche Leistungsfähigkeit? Dr. David Costill definierte die anaerobe Schwelle als den Punkt im Training, an dem der Stoffwechsel anscheinend vom aeroben in den anaeroben Zustand übergeht. Also der Punkt, an dem der Körper mehr Sauerstoff braucht als er produzieren kann. Muskeln produzieren Laktat, wenn Sie nicht mehr genügend Sauerstoff aufnehmen können, um Energie aerob zu produzieren. Daher ist die Ansammlung von Laktat im Blut ein guter Indikator für das Tempo, das ein Läufer während langer Läufe durchhalten kann.

Der Begriff „anaerobe Schwelle" wurde vermutlich 1972 von Dr. Karl Wasserman, einem kalifornischen Physiologen, geprägt. Er maß den Laktatgehalt im Blut bei Testpersonen, die mit fortschreitend gesteigerter Intensität trainierten, und stellte fest, dass der Laktatgehalt an einem bestimmten Punkt plötzlich anstieg. Dr. Wasserman folgerte, dass es sich hierbei um die anaerobe Schwelle handelte, der Punkt, an dem der anaerobe Stoffwechsel beginnt.

Nicht alle Wissenschaftler teilen diese Einschätzung heute noch, obwohl es bei der Aufstellung von Trainingsplänen bequem ist anzunehmen, dass es da so eine gestrichelte Linie gibt, über der man nicht lange bleibt, wenn man weiterlaufen will.

Die biochemischen Mechanismen, die das Glykogen produzieren, das die Muskeln mit Energie auftankt, sind komplex und benötigen verschiedene Energiequellen. Bei leichtem Training überwiegt der aerobe Stoffwechsel. Das Glykogen wird vollständig aufgespalten. Sauerstoff verbindet sich mit freigesetzten Wasserstoffionen, um Wasser und Kohlendioxid zu erzeugen, die problemlos abtransportiert werden.

Der Begriff „aerob" wird definiert als „in Gegenwart von Sauerstoff ablaufend"; das heißt also, dass das Herz-Kreislauf-System ausreichend Sauerstoff liefert, um eine gleichmäßige Energieversorgung durch die Aufspaltung von Glykogen zu gewährleisten. Aerobe Prozesse laufen im Allgemeinen bei langsamen Geschwindigkeiten – Jogging oder Langstreckenläufe – ab.

Doch wenn sich die Intensität des Trainings erhöht, schaltet sich ein neues System ein. Der Energiebedarf übersteigt das Tempo, mit dem der Sauerstoff geliefert werden kann. Das Glykogen wird anaerob aufgespalten, doch der Prozess kann nicht zum Abschluss gebracht werden. Laktat und freie Wasserstoffionen sammeln sich an.

Der Begriff „anaerob" wird definiert als „in Abwesenheit von Sauerstoff ablaufend". Das bedeutet, dass die Trainingsintensität so hoch ist, dass das Herz-Kreislauf-System nicht mehr genug Sauerstoff für eine effiziente Energieversorgung zur Verfügung stellen kann. Abfallstoffe können nicht mehr schnell genug abtransportiert werden. Infolgedessen sammelt sich Laktat in den Muskeln und im Blut an und macht es schließlich unmöglich weiterzulaufen. Anaerobe Prozesse laufen im Allgemeinen bei Sprints oder bei Kurzstreckenläufen unter 1.500 m ab.

Wann wird also aus aerober Aktivität anaerobe Aktivität? Wann wird das Joggen zum Sprint – oder wann fühlt es sich so an? Wo ist die unsichtbare Schwelle beim Laufen? Wie können Sie diese Grenzlinie – oder anaerobe Schwelle – bestimmen und sie sich für Ihre Trainingsläufe zunutze machen?

Laufen an der unsichtbaren Schwelle

Mit hoher Wahrscheinlichkeit haben Sie sowohl im Training als auch im Wettkampf einen Vorteil, wenn Sie Ihre anaerobe Schwelle bestimmen. So könnten Sie bei einem Tempo knapp unterhalb dieser Schwelle trainieren und so Energie und Leistung maximieren, ohne unter Laktatakkumulation zu leiden.

Können Sie dieses Wissen auch im Wettkampf brauchen? Davon bin ich weniger überzeugt, denn in Rennen zwischen 5 und 10 km müssen gut trainierte Läufer letztendlich in die Grauzone oberhalb dieser Schwelle vordringen, um Spitzenleistungen bringen zu können. Wenn Sie es richtig machen, sollten Sie mit fast 100 Prozent Ihrer MHF die Ziellinie überqueren. Im Training ist jedoch die Fähigkeit, die anaerobe Schwelle überprüfen zu können, höchst nützlich. Doch natürlich macht Sie alles, was Ihren Körper fordert – sei es im Training oder im Wettkampf – zu einem besseren Läufer.

Unglücklicherweise stimmen Theorie (das, was Wissenschaftler im Labor herausfinden) und Realität nicht immer überein. Was die anaerobe Schwelle betrifft, sind viele Läufer offensichtlich davon überzeugt, dass es ein bestimmtes Tempo gibt, unterhalb dem jede Aktivität aerob ist und oberhalb dem jede Aktivität anaerob ist. Sie denken vielleicht, dass ein 400-m-Lauf in 120 Sekunden (also bei einem Tempo von 5 min/km) aerobes Training ist, während eine Zeit von 60 Sekunden anaerobes Training bedeutet – mit der anaeroben Schwelle irgendwo dazwischen.

Das ist nicht richtig. „Tatsächlich sind aerobe und anaerobe Aktivität ein zusammenhängendes Ganzes. Rein aerobe Prozesse gibt es im Sport wahrscheinlich gar nicht. Diese treten nur in Ruhestellung oder bei leichtem Walken auf. Sogar der abrupte Abschlag beim Golfen ist anaerob."

Und selbst wenn Sie mit sehr niedrigem Energieaufwand arbeiten – sagen wir, mit 50 Prozent Ihrer MHF – trainieren Sie sowohl aerob als auch anaerob. Sie nehmen Sauerstoff auf, aber nicht so viel, wie Ihr Körper verlangt. Wenn Sie die Trainingsintensität steigern – von 60 über 70 zu 80 Prozent oder mehr Ihrer MHF – wird mehr und mehr Energie anaerob umgewandelt. Schließlich erreichen Sie den Punkt, an dem Ihre Muskeln versagen und Sie nicht mehr weiterlaufen können. Wissenschaftler führen dies im Labor herbei, indem sie eine Testperson auf einem Laufband laufen lassen und den Neigungswinkel so lange weiter erhöhen, bis der Läufer das Tempo nicht mehr aufrechterhalten kann. Einem Sprinter, der sich auf den 400 Metern auf der Zielgeraden abkämpft, kommt es sicherlich auch so vor, als wäre die Bahn kurz vor der Ziellinie nach oben gekippt worden.

Wissenschaftler studieren die aerobe Energieproduktion seit dem frühen 19. Jahrhundert. Seitdem ist es relativ einfach geworden, die aerobe Kapazität mit Hilfe von standardisierten Techniken im Labor zu messen, einschließlich der Blutgasanalyse. Obwohl die Wissenschaftler damit begonnen haben, in jüngerer Zeit ihr Augenmerk mehr auf die anaerobe Energie zu lenken, ist diese nicht so leicht zu messen. Es ist problematisch aus Blutgasanalysen Schlussfolgerungen über die sogenannte anaerobe Schwelle zu ziehen, da nicht alle Prozesse im Blut stattfinden. Die wirklich wichtigen Vorgänge spielen sich im Muskel ab, die Erhöhung des Blutsäuregehalts erfolgt erst danach – wie lange danach, wissen wir nicht. Der Säuregehalt im Blut beeinflusst die Fähigkeit der Muskeln sich zusammenzuziehen – und Ihre Fähigkeit zu laufen.

Der Punkt dabei ist, dass der Begriff „anaerobe Schwelle", so wie er zur Zeit von vielen Sportphysiologen benutzt und auch in der Öffentlichkeit verbreitet wird, wahrscheinlich ein falscher Terminus ist. Für genaue Messungen müsste man den Laktatgehalt im Muskel überwachen können, was selbst mit den neuen non-invasiven Messgeräten, die den Sportwissenschaftlern heute zur Verfügung stehen, keine leichte Aufgabe ist. Selbst mit dem Pulsmesser, den ich ab und zu beim Training trage, kann ich nur eine bessere Schätzung darüber abgeben, wann ich meine anaerobe Schwelle erreiche. Ich vermute, meine anaerobe Schwelle bei 90 Prozent meiner MHF – bei 133 von insgesamt 150. Sie könnte jedoch auch etwas höher oder etwas niedriger liegen. Ein Faktor ist meine relativ gute Kondition. Bei einem untrainierten Menschen könnte die anaerobe Schwelle unter 50 Prozent, bei einem Spitzensportler über 90 Prozent liegen, wenn auch wahrscheinlich nicht sehr weit darüber.

Nach einem Wettkampf in Minnesota unterhielt ich mich mit einem durchschnittlich trainierten Läufer aus Minneapolis, der in ein Fitness-Studio gegangen war, um seine anaerobe Schwelle messen zu lassen. Da er sich gerade auf einen sehr wichtigen Ultramarathon vorbereitete, scheute er keine Kosten. Bei dem Test musste er auf einem Standrad fahren, während sein Lungenvolumen und der Laktatwert im Blut überwacht wurden. Schließlich sagte man ihm, dass seine anaerobe Schwelle bei 130 Schlägen pro Minute läge.

Dieser Wert, 72 Prozent, scheint für einen Läufer mit guter Kondition eher niedrig zu sein, vor allem, da er mir sagte, seine MHF läge bei 180. Doch diesen

Wert hatte man in dem Fitness-Studio nicht gemessen, man hatte ihn lediglich anhand einer Standardformel geschätzt. Solche Formeln sind gut, um Durchschnittswerte vorherzusagen, aber nicht jeder ist nun mal durchschnittlich. Ich sagte dem Läufer, dass bei sowas nur Unsinn herauskommen konnte. Obwohl in diesem Fitness-Studio anscheinend die neueste Spitzentechnologie verwendet wurde, hatte man dort jede Möglichkeit einer sorgfältigen Messung seiner anaeroben Schwelle von vornherein verhindert, weil man eine wahrscheinlich fehlerhafte Schätzung seiner MHF zugrunde gelegt hatte. Die teure Messmethode war kaum mehr als ein Reklametrick.

Ich befragte den Läufer weiter zu seinem Training, das er mit einem Pulsmesser überwacht. Zusammen mit seinem Trainingspartner absolviert er regelmäßig zweistündige Läufe bei einem gleichmäßigen Puls von 140 bis 145, was etwa 80 Prozent seiner MHF entspricht. „Dann liegt Ihre anaerobe Schwelle wahrscheinlich um die 150", schätzte ich. Am Ende sagte ich ihm, er solle aufhören, zu wissenschaftlich zu sein und einfach so trainieren, wie er sich fühlt.

Training mit dem Pulsmesser

Dennoch muss ich zugeben, dass es oft Spaß macht, seinem Training zumindest einen gewissen pseudowissenschaftlichen Anstrich zu geben. Und es kann motivierend sein, die eigenen Trainingserfolge zu messen. Ich benutze des öfteren einen Pulsmesser, um mein Training zu überwachen, speziell die Reaktion meines Herz-Kreislauf-Systems auf Belastung. Ein solches Pulsmessgerät wird um die Brust geschnallt und verfügt über einen Sender, der Signale vom Herzen zu einem Empfänger in einer Uhr sendet. Beim Laufen können Sie auf die Uhr schielen und Sie erhalten jederzeit eine aktuelle Pulsmessung. Mit aufwändigeren Modellen können Sie Ihre Trainingsaufzeichnungen zu Hause noch einmal überprüfen -eine Art Wiederholung der eigenen Herzleistung. Mit der geeigneten Software kann man diese Aufzeichnungen sogar auf einen Computer herunterladen und Grafiken erstellen, die zusätzliche Motivation geben.

Ich halte Pulsmesser für ein sehr nützliches Handwerkszeug beim Training, doch die meisten erfahrenen Läufer können die Qualität ihres Laufs wahrscheinlich über die gefühlte Anstrengung beurteilen – indem sie auf ihr Gespür und auf ihren Körper hören. Ein anderer Weg der Belastungsbestimmung ist es natürlich, auf abgemessenen Strecken zu laufen, aber hier werden verschiedene Variablen außer Acht gelassen. Äußere Umstände können dazu führen, dass Zeitmessungen ungenau werden. Hitze, Kälte, Wind, Steigungen, Bodenbeschaffenheit – durch all diese Faktoren kann ein Tempo von 5 min/km einer viel schnelleren Leistung gleichen, die sogar 4:30 oder 4:00 min entspricht. Eine Läuferin, die von Roy Benson trainiert wurde, arbeitete bei der Fluglinie Delta Airlines. Sie wohnte in Denver/Colorado, flog aber von Atlanta nach Puerto Rico. So lief sie an manchen Tagen in 5.000 m Höhe bei trockenem Klima und ca. 4° C, an anderen Tagen auf Höhe des Meeresspiegels bei feuchtem Klima und ca. 27° C. Für sie war ein Pulsmesser sehr nützlich, um ihre Belastung zu überwachen.

Maximale Erfolge

Was sind die Vorteile von Schwellen- oder Tempotraining? Man erzielt maximale Erfolge bei minimalem Schadensrisiko. Dieses Training kann individuell zugeschnitten und an unterschiedliche Fitness-Grade angepasst werden. Es treibt Sie nicht ins Übertraining. Mit jeder Trainingseinheit steigert es Ihr Selbstbewusstsein. Und es führt zu Erfolgen, egal ob Sie sich im hinteren, im mittleren oder im vorderen Läuferfeld befinden.

In welchem Verhältnis steht das Trainingstempo zum Wettkampftempo? In einem Artikel über das Training für 10-km-Rennen referiert Dr. Anderson, dass 5-km-Läufer bei 95 bis 100 Prozent Ihrer MHF laufen, 10-km-Läufer bei 90 bis 92 Prozent, 15-km-Läufer bei 86 und Marathonläufer bei 80 Prozent.

Dr. Anderson geht zudem davon aus, dass das Intervalltraining (siehe Kapitel 8) bei 90 bis 100 Prozent MHF betrieben wird. Daraus schloss Anderson, dass ein gutes Tempo für das Schwellen-Training knapp unterhalb des 10-km-Wettkampftempos liegen sollte (ca. 6 bis 10 sek /km langsamer). Dr. Daniels empfiehlt, dass man bei Tempoläufen mit der gleichen Geschwindigkeit laufen sollte wie bei einem Rennen, für das Sie etwa eine Stunde brauchen würden.

Dr. Daniels definiert Schwellen-Training auch als einen gleichmäßigen, kontrollierten Tempolauf, der über 20 Minuten am „Schwellentempo" liegt.

Er hält eine gleichbleibende Belastungsintensität für wichtig. „Zu schnell zu laufen ist genauso schlecht, wie zu langsam zu laufen", sagt er. „Ein Tempolauf ist hart, aber kontrolliert. Das Wichtige ist die Intensität, nicht die Zeit oder das

EINE SACHE VON 20 MINUTEN

Zwanzig Minuten sind die ideale Länge für den Mittelteil – den qualitativen Teil – eines Tempolaufs, empfiehlt Dr. Jack Daniels. Wärmen Sie sich ganz normal auf: 2 bis 3 Kilometer Jogging, ein bisschen Sprunglauf, ein wenig Stretching. Dann laufen Sie 20 Minuten bei gleichmäßigem Tempo, das Dr. Daniels als „angenehm hart" beschreibt. Bei dieser Geschwindigkeit sollte Ihr Puls bis auf etwa 90 Prozent des Maximums steigen, etwa so wie in einem Rennen, für das Sie eine Stunde brauchen würden. Zum Abwärmen joggen Sie 2 bis 3 Kilometer.

Dr. Daniels sagt, dass dieses Training zwei Zwecke erfüllt. „Erstens gibt es Ihnen das Gefühl, sich über eine längere Zeit auf eine Sache konzentrieren zu können. Man lernt, Unannehmlichkeiten zu ertragen. Zweitens profitieren Sie davon körperlich. Ihr Körper kann besser Laktat abtransportieren."
Da Sie das Tempo an Ihre Fähigkeiten anpassen können, ist der Tempolauf etwas für jeden Läufer. Jeder hat sein eigenes Schwellentempo. Tempoläufe können auf der Bahn, oder – vorzugsweise – auf der Straße oder im Gelände absolviert werden.

Tempo, denn die können variieren – je nach Strecke, Umgebung oder danach, ob der Läufer erschöpft oder ausgeruht ist."

Ein großer Vorteil dieser Trainingsmethode ist, dass Sie die Konzentration des Läufers schärft. Man läuft nicht einfach mit 80 bis 90 Prozent MHF einfach so vor sich hin – zumindest nicht über eine akzeptable Distanz – ohne dass man genau darauf konzentriert ist, was man tut.

Dr. Daniels Empfehlung zur Einteilung des Trainings: 20 Prozent der Gesamtzeit entfallen auf das Warm-up, 70 Prozent (20 bis 30 Minuten) auf gutes und hartes Laufen, und 10 Prozent auf das Cool-down.

Wenn ich in meine Trainingspläne für verschiedene Strecken – von 5-km-Läufen bis hin zum Marathon – Tempoläufe aufnehme, sei es auf meiner Website oder in Artikeln in *Runner's World*, empfehle ich normalerweise, in der ersten Phase leicht zu laufen und dann allmählich schneller zu werden – etwa 10-km-Tempo: Dieses Tempo sollte in der zweiten, der Schwellenphase, beibehalten werden, um dann in der dritten, der Abwärmphase, wieder auf ein leichtes Tempo herunterzuschalten. Bei einem typischen 45-minütigen Tempolauf könnte die Aufwärmphase 10 bis 15 Minuten dauern, die Schwellenphase 20 bis

25 Minuten und die Abwärmphase 5 bis 10 Minuten. Ich gebe für diese Phasen Zeitspannen und keine genauen Zeiten an, da Tempoläufe am besten im Wald oder auf der Straße gelaufen werden, wo genaue Streckenabmessungen nicht immer möglich sind.

Obwohl ich beim Trainingsaufbau Tempoläufe vorschreiben würde, die sich von Anfang bis Ende des Programms von 30 auf 60 Minuten steigern, scheinen 45 Minuten die ideale Länge für einen Tempolauf zu sein, egal, auf welchem Trainingsstand Sie sich befinden. Bei weniger als 30 Minuten haben Sie nicht genügend Zeit, alle Bestandteile unterzubringen. Bei mehr als 60 Minuten wird aus dem Training schon fast ein Langstreckenlauf. 45 Minuten sind da ein guter Mittelweg.

Was den Reiz von Tempoläufen ausmacht, ist ihre beabsichtigte Unbestimmtheit. Man ist nicht allzu penibel, was Zeit, Strecke oder Tempo anbelangt. In dieser Hinsicht gleichen Tempoläufe dem Fahrtspiel-Training, das ich am Anfang dieses Kapitels beschrieben habe. Der Körper bestimmt das Training. Zugegebenermaßen braucht man allerdings etwas Erfahrung, um die Signale seines Körpers richtig zu lesen.

> *Was den Reiz von Tempoläufen ausmacht, ist ihre beabsichtigte Unbestimmtheit. Man ist nicht allzu penibel, was Zeit, Strecke oder Tempo anbelangt.*

Benji Durden nutzt eine andere Variante dieser Trainingsmethode, wenn er mit Läufern – sowohl Freizeit- als auch Elitesportlern – arbeitet. In einem sehr ausgefeilten 84-Wochen-Trainingsprogramm schreibt er Tempoläufe vor, die sowohl harte als auch leichte Läufe in der Mitte einer Trainingseinheit vorsehen. Bei einem Training, das er mit: „18 Auf./Abw., 2 (5 scharf / 3 leicht)" beschreibt, ließ er seine Läufer beim Aufwärmen 18 Minuten leicht laufen, dann 5 Minuten mit scharfem oder härterem Tempo, dann wieder 3 Minuten mit leichtem Tempo, danach 5 Minuten mit scharfem Tempo, bevor das 18-minütige Abwärmen folgte. Das mag sich jetzt kompliziert anhören, aber Durdens Läufer finden meist schnell heraus, über was er spricht. Bei solchen Trainingsmethoden verschwimmen die Grenzen zwischen Fahrtspiel und Tempotraining, aber was wirklich zählt, ist das, was bei Ihnen am besten klappt.

Dr. Costill merkt an, dass keine dieser Trainingsmethoden das Nonplusultra für jeden Läufer ist. „Sie sind nicht mehr als eine semiquantitative Möglichkeit, auf einem hohen aeroben Niveau zu laufen."

Wie man es auch nennen mag; ich halte sowohl Tempoläufe als auch das Fahrtspiel für eine angenehme und wirkungsvolle Art des Tempotrainings.

Ruhetag

Kapitel **10**

PURE GESCHWINDIGKEIT

Verbessern Sie Ihr Finish

Muss sich ein Wettkämpfer im 5- oder 10-km-Rennen Gedanken über reine Schnelligkeit, Höchstgeschwindigkeit oder Spitzentempo machen – oder wie immer man es auch nennen mag, wenn man sprintet, so schnell man kann? Vergessen wir den Sieg um jeden Preis; was ist mit denen, deren Ziele bescheidener sind? Wenn Ihr Interesse darin besteht, Ihre Zeiten über diese Distanzen um ein paar Sekunden zu verbessern, und nicht darin, Wettkämpfe zu gewinnen, müssen Sie sich dann wirklich darüber Gedanken machen, wie schnell Sie sprinten können? Vielleicht sollten Sie es, vielleicht aber auch nicht.

Die Sieger in 5-km-Rennen und darüber sind die Läufer, die es schaffen, ihr Tempo über die gesamte Distanz hinweg zu kontrollieren und zu halten. 1.500-m-Läufer verlassen sich vielleicht darauf, dass ihnen ihr Finish zum Sieg verhilft, doch 5-km-Läufer sichern sich den Sieg eher, indem sie nach der Hälfte des Rennens hart anziehen, mit voller Kraft laufen und bis zum Ende ein hohes Tempo halten. Und die meisten Läufer treten, wenn sie die „Finish-Phase" oder die letzten 100 m erreichen, nur gegen ihre eigenen Bestzeiten an.

Egal, auf welcher Position man läuft, fast jeder Läufer, der auf die Zielgerade einbiegt und hinter der Ziellinie die Digitaluhr unbarmherzig ticken sieht – 55…56…57…58…59 – hofft in diesem Moment sicherlich auf den letzten Kick.

Genau so einen Countdown erlebte ich einmal beim Berlin Marathon, als ich mich der Ziellinie näherte. Ein schneller Spurt brachte mich in genau 3:09:59 hinüber. Das liegt weit entfernt von meiner persönlichen Bestzeit. Insgesamt wurde ich 3711ter und 49ster in meiner Altersklasse. Na toll, sagen Sie jetzt. O.k., aber als die Ergebnisse endlich mit der Post kamen, war ich sehr stolz darauf, der letzte Läufer zu sein, der zwischen 3:00:00 und 3:10:00 ins Ziel gekommen ist. Ich nehme mir meine Triumphe, wo immer ich sie kriegen kann.

Wenn ein etwas härteres Training – oder zumindest eine Verfeinerung Ihres Trainings – den Unterschied zwischen einer Zeit von 30:00 und 29:59 ausmachen könnte, würden Sie es tun? Natürlich würden Sie!

Sehen wir den Tatsachen ins Auge: Wir hätten alle gerne ein besseres Finish. An welcher Position wir auch laufen, auf den letzten 100 m hätten wir gerne die Fähigkeit, einen Gang höher zu schalten, das Gaspedal durchzudrücken und die Zuschauer zum Jubeln zu bringen, oder an dem Typ vorbeizufegen, in dessen Windschatten wir schon seit zehn Minuten laufen.

Miesmacher würden jetzt natürlich sagen: Wenn man im ganzen Rennen ein ordentliches Tempo läuft, hat man seine ganze Energie völlig aufgebraucht und überhaupt keine Reserven mehr übrig für ein Finish. Das Ziel scheint zu sein, jeden Wettkampf vollkommen entkräftet zu beenden, in dem Wissen, dass man seine erschöpften Muskeln nicht dazu bringen könnte, auch nur noch einen einzigen Laufschritt zu machen.

> *An welcher Position wir auch laufen, wir hätten gerne die Fähigkeit, einen Gang höher zu schalten und an dem Typ vorbeizufegen, in dessen Windschatten wir schon seit zehn Minuten laufen.*

Für jemanden, der nach einer olympischen Medaille strebt, mag das ein bemerkenswertes Ziel sein, aber die meisten von uns haben am Ende eines Rennens noch nicht den letzten Tropfen aus der Zitrone rausgequetscht. Selbst die besten von uns bewegen sich irgendwo um die 98 oder 99 Prozent, was die Erschöpfung der Energiereserven angeht. Während meiner sechs Jahrzehnte dauernden Läuferkarriere bin ich etwa drei oder vier perfekte Rennen gelaufen, bei denen ich auch nicht eine Zehntelsekunde schneller hätte laufen können. Im Normalfall hat man aber noch einige Reserven übrig, sowohl psychisch als auch physisch. Die meisten von uns können irgendwo noch eine unangezapfte Energiereserve finden. Wir können im Finish schneller werden, wenn wir unsere Arme bewegen und unsere Knie heben. Wenn wir das tun, nutzen wir nicht unbedingt Energien oder aktivieren Muskeln, die wir besser früher hätten nutzen sollen. Wir zapfen vielmehr andere Energiereserven an und nutzen andere Muskeln – Sprinter-Muskeln – die sonst nicht zum Einsatz kommen.

Höchsttempo erreichen

Abgesehen von all den offensichtlichen Vorteilen beim Finishen sein Spitzentempo einbringen zu können, ist diese Art der Geschwindigkeit auch über das gesamte Rennen wichtig. Wenn Sie es schaffen, ein besserer Sprinter zu werden und ökonomischer und effizienter zu laufen, dann werden Sie das gesamte Rennen schnell laufen und nicht nur das Ende.

SPRINTS. Sprint meint normalerweise: Einen Sprintlauf aus voller Kraft, so lange Sie können oder so lange Sie wollen. Sprinter erreichen ihre Höchstgeschwindigkeit im Normalfall nach 60 m in einem 100-m-Lauf und behalten dieses Tempo dann einfach bei, bis sie die Ziellinie überqueren. Bei den 200-m-Läufern ist der Sieger nicht immer der schnellste, sondern eher der, der nach Erreichen der Höchstgeschwindigkeit am wenigsten Tempo verliert. Das war Carl Lewis' große Fähigkeit. Wissenschaftler sind der Meinung, dass ein Mensch ungefähr über 300 Meter mit Höchsttempo sprinten kann ohne bedeutend langsamer zu werden. Doch wenn Sie Michael Johnson bei den Leichtathletikweltmeisterschaften von 1999 beim Weltrekord über 400 m in 43,18 sek gesehen haben, stellen Sie diese wissenschaftliche Auffassung vielleicht in Frage.

STEIGERUNGSLÄUFE. Ein Steigerungslauf ist etwas langsamer als ein Sprint, normalerweise schneller als Wettkampftempo, aber bei Weitem nicht Höchsttempo über die gesamte Distanz. Manche Steigerungsläufe können sehr schnell sein: Der Läufer beschleunigt allmählich und erreicht dann tatsächlich über zumindest einen kurzen Teil der Strecke Höchstgeschwindigkeit. Andere Steigerungsläufe können relativ langsam sein, denn auch wenn Sie nicht schneller als mit Ihrem Marathon-Wettkampftempo laufen, kann es immer noch eine Steigerung sein. Wie dem auch sei, Sprints und Steigerungsläufe sind Varianten desselben Themas. Unterschiedliche Trainer definieren sie vielleicht unterschiedlich, aber beide sind Läufe über kurze Distanzen: die Gerade auf einer Bahn oder ein kurzes Fairway auf einem Golfplatz (ca. 100 m). Der eine ist lediglich langsamer als der andere.

TEMPOVERSCHÄRFUNGEN. Eine Tempoverschärfung ist eine Art „Explosion" – ein Sprint oder ein Steigerungslauf, der mitten in einem Langstreckentraining eingelegt wird. Fahrtspiel, das in Kapitel 9 beschrieben wird, besteht aus einer Reihe von Tempoverschärfungen. Tempoläufe fallen jedoch nicht in diese Kategorie, da es hier normalerweise nur eine einzige (und allmähliche) Beschleunigung gibt. Spitzenläufer setzen Tempoverschärfungen mitten im Rennen als strategischen Schachzug ein, um sich dadurch vom Feld abzusetzen.

Sind Sie jetzt verwirrt? Das ist verständlich, denn die Unterschiede zwischen Sprints, Steigerungsläufen und Tempoverschärfungen sind nicht groß. Sie sind alle Variationen desselben Themas: des Tempotrainings. Lassen Sie mich also Sprints, Steigerungsläufe und Tempoverschärfungen etwas genauer unter die Lupe nehmen.

Die Muskeln strapazieren

Es gibt einen feinen Unterschied zwischen Sprints und den zwei schon behandelten Arten: Wiederholungsläufe und Intervalltraining. Wenn ich Wiederholungen laufe, laufe ich fast mit voller Kraft und vollkommen anaerob, aber mit maximaler Erholungszeit. Wenn ich Intervalltraining mache, laufe ich im Allgemeinen etwas zurückgenommen, aber mit weniger Ruhepausen: Ich absolviere also eine Mischung aus anaerobem und aerobem Training.

Ein Sprint ist ein Lauf mit voller Kraft, aber über eine kürzere Strecke, sodass die Muskeln mehr strapaziert (und trainiert) werden als das Herz-Kreislauf-System. Sprints sind – genauso wie Wiederholungsläufe – vollständig anaerob; wenn Sie allerdings genügend davon laufen und dazwischen joggen, können Sie einen ähnlichen Effekt erzielen wie beim Intervalltraining. Zu einem bestimmten Zeitpunkt meiner Karriere betrieb ich Sprinttraining, das in 50 x 100 m gipfelte. Aber das nahm den Sprints ihren eigentlichen Sinn, denn zumindest so, wie ich sie heute laufe, nehmen sie etwa die Mitte zwischen Wiederholungsläufen und Intervalltraining ein.

INTENSITÄT

Der Sportphysiologe Dr. Kenneth Sparks ist der Meinung, dass der Schlüssel zum Erfolg bei jedem Training die Intensität ist. „Die bedeutende schwedische Studie über die Kenianer hat gezeigt, dass dies einer der Gründe ist, warum sie so schnell laufen: Sie trainieren mit einem höheren Prozentsatz Ihrer Leistungsfähigkeit.

Die L.S.D.-Bewegung (Long Slow Distance – lange langsame Strecken) hat uns geschadet. Die Leute hatten den Eindruck, sie könnten lange, langsame Läufe absolvieren und davon profitieren. Ich glaube nicht, dass das so stimmt. Ich laufe meine langen Läufe mit gutem Tempo – alternativ verkürze ich die Strecken auf vierzehn bis sechzehn Kilometer. Das holt mehr aus einem heraus. Man muss allerdings vorsichtiger sein, wenn man älter wird und genügend Ruhepausen einplanen. Aber halten Sie auf jeden Fall die Intensität aufrecht."

Was ist die wissenschaftliche Erklärung dafür, beim Training schneller zu laufen, als im Wettkampf?

Dr. Costill nennt hier die Lauftechnik – die Fähigkeit, mit sehr hohem Tempo effizient zu laufen – und fügte dann hinzu: „Ich war nie davon überzeugt, dass man durch anaerobes Training die Energieproduktion des anaeroben Systems erhöhen kann. Dieses System kann man auch durch gemäßigtes Training recht gut schulen, wie zum Beispiel durch Intervalltraining. Der eigentliche Vorteil beim schnellen Laufen ist, dass man kräftiger wird."

> **Der eigentliche Vorteil beim schnellen Laufen ist, dass man kräftiger wird.**

Die meisten Leichtathleten laufen ihre Sprints auf der Bahn. Sie nennen sie manchmal „Geraden", weil es angenehm ist, wenn man auf der Geraden sprintet, in der Kurve leicht joggt und auf der nächsten Geraden wieder sprintet. Andere Läufer ziehen es vor, zwischen den Sprints zu walken. Sie walken, halten an, drehen um, walken, joggen und sprinten dann zurück in die andere Richtung. Oder sie walken dorthin zurück, wo sie angefangen haben und sprinten wieder in dieselbe Richtung. Wenn ich beim Warm-up vor einem Rennen auf der Bahn oder auch einem Straßenrennen Sprints laufe, halte ich normalerweise an, walke die Hälfte der Strecke zurück und jogge dann bis zu dem Punkt, an dem ich meinen nächsten Sprint beginnen will. Das alles ist eine Frage der persönlichen Vorlieben – davon, wie und wo Sie Ihre Sprints am liebsten laufen.

Normalerweise laufe ich meine Sprints am liebsten auf weichem Untergrund. Wenn die Bahn aus hartem Asphalt besteht, sind Sie vielleicht besser beraten, wenn Sie die Sprints auf dem Rasen neben der Bahn laufen. Aber prüfen Sie immer, ob der Boden weich und eben ist, bevor Sie schnell darauf laufen. Fußballfelder sind oft sehr ramponiert. Unebenheiten können Sprintern sehr schnell zu einem angeknacksten Knöchel verhelfen.

Häufiger nutze ich das Fairway auf einem Golfplatz. Ich wohne einen knappen Kilometer von einem privaten Golfplatz entfernt, der glücklicherweise nicht umzäunt ist. Während der Sommermonate bin ich früh morgens vor den Golfern da, manchmal sogar vor Sonnenaufgang. Eine kühle, angenehme Tageszeit. Es gibt mehrere Fairways, auf denen ich gerne Sprints laufe, je nachdem, wo die Golfwarte an diesem Morgen gerade mähen.

Ich laufe eher von einem Baum zum nächsten als abgemessene Distanzen. Die Distanz ist belanglos, die Zeit unwichtig. Wo auch immer Sie ihre Sprints laufen, ob auf einem Golfplatz oder auf der Bahn, ich halte es für sinnlos, auf Strecken unter 200 m die Zeit zu nehmen. Zeitunterschiede von Zehntelsekunden von einem Sprint zum nächsten sagen wenig aus. Das An- und Ausschalten der Uhr lenkt nur ab. Konzentrieren Sie sich darauf, so schnell, so gleichmäßig und so weit zu laufen wie Sie können. Machen Sie sich über Ihre Zeiten an anderen Punkten Ihres Trainings Gedanken.

ERHÖHT TEMPOTRAINING DAS VERLETZUNGSRISIKO?

An der Universität von Otago in Neuseeland analysierten William G. Hopkins und sein Assistent David G. Hewson über einen Zeitraum von zwei Jahren 350 Läufer (232 Männer und 118 Frauen). Der Leistungsstand der Läufer reichte von außergewöhnlich bis hin zu durchschnittlich. Mit Hilfe von Fragebögen untersuchten Hopkins und Hewson vier Trainingsphasen der Läufer: Aufbau, vor dem Wettkampf, Wettkampf und nach dem Wettkampf. Das verglichen sie dann damit, wie oft die Läufer Trainingstage wegen Übertraining, Verletzungen oder Krankheiten verloren hatten.

Was waren die Gründe dafür, dass die Läufer durch Verletzungen Zeit verloren? Ob Sie vorher Stretching betrieben oder nicht oder die Beschaffenheit des Bodens, auf dem sie trainierten, schien keine Auswirkungen zu haben. Ebenso wenig Al-

ter, Geschlecht oder persönliche Bestzeiten. Wer sich am häufigsten verletzte, waren die, die während der Trainingsphase vor dem Wettkampf zusätzliches Krafttraining absolvierten und in allen Trainingsphasen die meisten langen Läufe unter Wettkampftempo liefen. Am wenigsten Verletzungen hatten die, die schnelle Läufe sowohl in ihre Aufbauphase als auch in die Trainingsphase direkt vor dem Wettkampf integrierten.

Daraus schloss Hopkins, dass es unklug sei, aus Angst vor Verletzungen auf das Tempotraining zu verzichten. Er empfahl vielmehr, das Trainingstempo auf das Rennen abzustimmen. „Die Lehre, die Sie daraus ziehen sollten", so Hopkins, „ist, weniger Kilometer, aber dafür mit hoher Intensität zu laufen."

Sprints und Steigerungsläufe: So geht's

Wie weit sollte man sprinten? Ich rate Ihnen, sich auf 50 bis 150 m zu beschränken – also in etwa die Länge einer Geraden auf der Bahn. Wenn Sie viel weiter laufen, dann trainieren Sie etwas anderes als pures Tempo. Sie fangen dann an, Ihre Schnelligkeitsausdauer zu trainieren, also die Fähigkeit, das Tempo zu halten, anstatt zu steigern. Jede Trainingsart hat ihren Platz in einem ausgeglichenen Trainingsplan.

Als Fred Wilt mich trainierte, erklärte er mir, dass Langstreckenläufer aus drei Gründen mindestens einmal pro Woche Sprints laufen sollten:

1. Um die Muskeln zu kräftigen.

2. Um das Herz-Kreislauf-System daran zu gewöhnen, mit einer sehr viel höheren Belastung fertig zu werden, als der, die normalerweise bei Wettkampftempo auftritt.

3. Um anaerobe Ausdauer zu entwickeln.

Ich halte diese Argumentation noch immer für stichhaltig. Von den drei erwähnten Gründen ist der Kraftaufbau meiner Meinung nach der wichtigste. Dr. Costill stimmt darin mit mir überein. „Körperkraft ist gleich Schnelligkeit", sagt er.

Eine von Wilts Sprintvarianten war, auf den ersten 50 oder 60 Metern allmählich auf Höchstgeschwindigkeit zu beschleunigen und dann das Tempo wieder stufenweise zu verringern. Sie können das sowohl mit Sprints als auch mit Steigerungsläufen machen. Probieren Sie es aus und sehen Sie, wie es wirkt.

Ich absolviere Steigerungsläufe zur therapeutischen Regeneration, manchmal nach einem langen Training oder auch an einem Trainingstag, den ich als leicht einstufen würde. Für mich sind Steigerungen eine andere Art von Stretching. Ich nutze Steigerungsläufe auch als Teil des Warm-up vor einem Wettkampf oder vor intensivem Tempotraining. Bevor ich Wiederholungen laufe oder Intervalltraining mache, laufe ich Sprints oder Steigerungsläufe, meistens letztere. Wenn ich beim Aufwärmen acht Geraden laufe, sind die ersten drei oder vier davon Steigerungsläufe (bei denen ich nur allmählich das Tempo steigere), dann folgen ein oder zwei Sprints, bevor ich mit ein oder zwei Steigerungen abschließe.

WARUM KURZE SPRINTS?

Wenn man „Tempotraining" sagt, schrecken viele Läufer allein schon vor dem Wort zurück. Doch diese wichtige Trainingsmethode muss weder zu schnell, noch zu hart sein. Besonders erwachsenen Läufern empfiehlt Trainer Roy Benson eine Trainingsart, die er aerobe Intervalle nennt.

Benson definiert diese als kurze Beschleunigungen von nicht mehr als 20 Sekunden, die man zu verschiedenen Zeiten in sein Trainingsprogramm einbauen kann. „Wenn man lange Strecken nur langsam läuft, vor allem im Basistraining,", so Benson, „verliert man seine biomechanische Effizienz. Kurze Sprints unterstützen die Balance von Kraft und Beweglichkeit und verbessern die Beinkoordination." Der Lauf sollte schnell, aber leicht sein. „Denken Sie an Ihre Beine, nicht an die Lunge", erklärt Benson. „Dahinter steckt die Idee eines größtmöglichen Bewegungsumfangs mit der schnellstmöglichen Bewegungsabfolge. Doch die Strecke sollte kurz genug sein, damit Sie nicht nach Atem ringen müssen. Wenn Sie diese Sprinteinlagen länger als 20 Sekunden machen, sollten Sie sie mit nicht mehr als 80 Prozent Kraftaufwand laufen."

Untersuchungen belegen, dass die Ansammlung von Laktat in den Muskeln in den ersten 20 Sekunden eines schnellen Laufs unwesentlich ist. Sie vervierfacht sich jedoch fast zwischen 20 und 30 Sekunden. Das verursacht ungewöhnliche Kontraktionen und die Muskeln müssen sich ausdehnen, obwohl sie noch angespannt sind. „Man verspannt sich und das soll dadurch verhindert werden, dass man kurz vor der maximalen Belastung aufhört", sagt Benson. „Tempotraining kann einfach sein, wenn man es richtig anpackt."

Ganz einfach und wirkungsvoll können Sie diese Trainingsmethode auf der Bahn absolvieren: Sie sprinten die Geraden und joggen in den Kurven. Oder machen Sie Fahrtspiel mit einer Stoppuhr: Laufen Sie 20 Sekunden schnell, dann joggen Sie für den Rest der Minute. Sie laufen für 20 Sekunden hart, für 40 Sekunden leicht.

Oder aber, Sie legen inmitten Ihrer langen Läufe Spurts ein. Nach etwa zwei Dritteln eines 10-km-Laufs fangen Sie mit 20-Sekunden-Sprinteinlagen an. Machen Sie das auf 1,5 bis 2 Kilometern. „Strengen Sie sich nicht zu sehr an", warnt Benson. „Zwingen Sie sich nicht, sonst verfehlt das Training seinen Sinn."

Eine Übung zur Regeneration

Viele Langstreckenläufer absolvieren im Training regelmäßig lange Läufe. Häufig hat man nach einem langen, langsamen Lauf steife, verspannte Beine. Das ist ein Grund, warum Langstreckenläufer ihre Beweglichkeit verlieren, die jedoch eine wesentliche Voraussetzung für schnelles Laufen ist. Als Regeneration von der Langstrecke legte ich früher oft noch eine zweite, kurze Trainingseinheit später am Tag ein, die hauptsächlich aus Steigerungsläufen bestand. Jetzt, da ich älter (und vielleicht weiser) bin, absolviere ich auch gegen Ende der Woche eine Trainingseinheit mit Steigerungen.

Einer der Hauptgründe, warum ich Steigerungsläufe mache, besteht darin, einige der negativen Begleiterscheinungen zu beheben, die ich aus langen und anstrengenden Trainingseinheiten davongetragen habe – wie z.B. schwere Beine – und um mich auf weitere schnelle Trainingseinheiten vorzubereiten.

Denken Sie daran: Sprints verbessern Kraft und Tempo, Steigerungsläufe sind zur Erholung gedacht. Eine Reihe von leichten, fließenden Steigerungen bereitet Sie auf härtere, schnellere Trainingseinheiten in den folgenden Tagen oder Wochen vor. Und mit diesen als hart bezeichneten Trainingseinheiten können Sie dann wiederum Kraft und Tempo aufbauen.

Bei mir würde ein typisches Entspannungstraining mit Steigerungsläufen so aussehen, dass ich zunächst von zu Hause aus zum Golfplatz joggen würde. Dabei nehme ich einen kleinen Umweg, sodass ich nach ca. 1,5 Kilometern dort ankomme. Ich mache etwas Stretching unter einem Baum neben dem ersten Fairway, wozu auch gehört, dass ich mich an einem der unteren Äste baumeln lasse. Dann jogge ich zum 18. Fairway, wo ich acht oder mehr 120-m-Steigerungen mache (von Baum zu Baum). Daraufhin jogge ich über eine etwas längere Route nach Hause. Insgesamt bin ich dann etwa fünf Kilometer gelaufen. In meinem Trainingstagebuch sieht das nicht übermäßig beeindruckend aus, aber es tut meinem Körper gut.

Die erste Steigerung ist normalerweise kaum mehr als ein o-beiniges Schlurfen, mit dem ich die Knoten aus meinen letzten harten Trainingseinheiten löse. Meist walke ich zwischendurch eher, als dass ich jogge. Wenn ich acht Steigerungsläufe hinter mich gebracht habe, kann ich normalerweise mit einem annehmbar schnellen Tempo laufen, wenn auch noch keine Sprints. Ich lasse es nicht zu einer Strafe werden und höre auf, solange ich mich noch gut fühle. Wenn ich nach Hause jogge, laufe ich meistens viel entspannter als auf dem Hinweg. Ich genieße den Sonnenuntergang. Ich winke den Golfwarten zu und die winken zurück. Am Ende fühle ich mich erfrischt. Das Training hat keinerlei wissenschaftliche Grundlage, aber es macht Spaß.

Ein gutes Warm-up

Steigerungsläufe sind auch Teil meines Warm-up vor einem Wettkampf. Ich beginne normalerweise mit zwei oder drei Kilometern Jogging. Nach etwas lockerem Stretching mache ich zwei bis vier Steigerungsläufe über etwa 75 Meter mit einem Tempo, das mir angenehm erscheint. Noch etwas mehr Jogging und ich bin bereit für das Rennen. Diese Aufwärmübung ist ein Überbleibsel aus meinen Tagen auf der Bahn und ich komme damit gut zurecht.

Dr. Jack Daniels ist einer von vielen anerkannten Trainern und Physiologen, die Steigerungsläufe als Trainingselement an sogenannten „leichten" Tagen empfehlen. Dr. Owen Anderson beschreibt in einem Artikel über Dr. Daniels' Training eine Gestaltungsvariante für Steigerungsläufe.

„Nach der Hälfte oder am Ende Ihres leichten Laufs laufen Sie für etwa 100 m ungefähr mit dem Tempo, das Sie für einen 1,5-km-Lauf wählen würden. (Kein Sprint, versuchen Sie, ein angenehmes Tempo zu finden.) Nach jeder Beschleunigung joggen Sie für 15 bis 20 Sekunden leicht, bevor Sie die nächste beginnen. Nach fünf Steigerungen walken Sie ein paar Minuten, bis Sie sich vollkommen ausgeruht und erholt fühlen. Dann machen Sie weitere fünf. Damit schließen Sie das Training für diesen Tag ab. Sinn und Zweck dieser Einheiten ist die Techniken des Wettkampftempos zu trainieren (man hat zehnmal die Möglichkeit, mit Wettkampftempo zu laufen) und den vielleicht etwas langweiligen Trainingstag aufzumöbeln. Machen Sie zunächst Steigerungsläufe an einem oder zwei Ihrer leichten Trainingstage pro Woche; wenn alles gut geht, können Sie die Anzahl der Tage erhöhen."

Steigerungen sind auch Teil meines reduzierten Trainings kurz vor einem Wettkampf (Tapering), vor allem, wenn es ein Marathon ist. Wenn ich Tapering-Trainingspläne für Marathons erstelle, empfehle ich normalerweise, an zwei der drei letzten Tage vollständig auszusetzen und am verbleibenden Tag 3 Kilometer zu laufen. Weil wir alle unterschiedliche Gewohnheiten haben, ist es mir gleich, an welchen Tagen Sie pausieren und an welchen Sie laufen. Ich ziehe es jedoch vor, am letzten Tag vor dem Marathon leicht zu laufen. Mit anderen Worten: Wenn der Marathon am Sonntag stattfindet, erholen Sie sich Donnerstag und Freitag und laufen Sie am Samstag.

Viele Läufer sind überrascht, wenn Sie meine Trainingspläne mit dem 3-km-Lauf am Samstag sehen. „Macht mich das nicht zu schlapp?", fragen Sie. Vielleicht, aber was wichtiger ist: Ein leichter Lauf dieser Länge macht Sie locker, vor allen Dingen, wenn Sie am Vortag auf der Anreise zusammengefaltet in einem Flugzeug oder einem Auto verbracht haben. Und was ist das Kernstück dieses empfohlenen 3-km-Trainings am Tag davor? Sie haben es erraten: Steigerungen! Vor dem Boston Marathon jogge ich normalerweise von meinem Hotel in der Nähe des Ziels zum Charles River (eine Strecke von ca. 1,5 Kilometern), mache drei oder vier Steigerungen auf einer Rasenfläche und jogge dann zurück. Das brauche ich, um fit für den Wettkampf zu werden.

Steigerungsläufe zu erlernen, ist einfach. Es dauerte nur etwa 15 Sekunden, um einem neuen Mitglied meines Teams zu erklären, wie es geht. Probieren Sie diese Art des Tempotrainings einfach aus, dann werden Sie sehen, wie einfach es ist.

Setzen Sie sich vom Feld ab

Tempoverschärfungen sind die dritten im Bunde, aber eigentlich passen sie nicht so recht zu Sprints und Steigerungsläufen. Einige Läufer argumentieren, dass Tempoverschärfungen nichts mit Spitzentempo zu tun haben, und Sie haben vielleicht auch Recht – außer, dass man Tempoverschärfungen normalerweise mit sehr hohem Tempo läuft.

Was sind Tempoverschärfungen? Es sind schnelle Sprints, die mitten in einem langen Lauf eingelegt werden. Trainer Ron Gunn bezeichnete sie auch als „break'em drills" (Absetz-Übungen), weil man sich durch eine Tempoverschärfung mitten im Rennen häufig von seinen Gegnern absetzen kann.

Gunn ließ seine Läufer erst im letzten Drittel des Trainings Tempoverschärfungen laufen. „Wenn man sie zu früh macht, kann man sie für den Rest des Rennens vergessen", erklärt er.

Ich setzte Tempoverschärfungen oft in der Mitte eines harten, schnellen Laufs ein. Wenn ich einen schnellen 10-km-Lauf mache, beginne ich beispielsweise mit einem Tempo von etwa 5:30 min/km. Für ein paar Minuten beschleunige ich allmählich bis ich ein stabiles 5-min-Tempo erreicht habe, das ich über mehrere Kilometer halte. Wenn ich mich fit genug fühle, lege ich einige Tempoverschärfungen ein. Ich beschleunige auf mehr als 4:30 min/km, halte dieses Tempo für ein paar hundert Meter, werde dann etwas langsamer, um gleich darauf eine weitere Tempoverschärfung einzulegen. Auf dem 10. und letzten dieser Trainingskilometer laufe ich normalerweise wieder mit 5 oder 5:30 min/km – wenn auch nicht unbedingt freiwillig. Es versteht sich von selbst, dass die Temposteigerung von den Fähigkeiten der einzelnen Läufer abhängt. Ein Weltklasseläufer mag sein Tempo auf 2:30 min/km anziehen, bei den meisten von uns werden Tempoverschärfungen aber wohl beträchtlich langsamer ausfallen.

Manchmal baue ich auch längere Tempoverschärfungen ein. Bei so einem Lauf, der bis zu einer Stunde dauern kann, wechsle ich das Tempo mehrere Male. Ein Beispiel dafür sind die Läufe, die ich mit meinem High-School-Team absolvierte. Unsere Strecke war wie eine Acht geformt und führte über eine bewaldete Klippe hoch über dem Strand. Wir liefen zunächst zehn Minuten bis zu einem bestimmten Punkt im Wald, wo wir Halt machten und uns dehnten. Dann ging es weiter hinauf zum Bergkamm. Es war ein gewundener Pfad mit vielen Aufs und Abs. In diesem im Prinzip langen Lauf wurden die Läufer gezwungen, eine Tempoverschärfung, einen Sprint oder Steigerungslauf nach dem anderen zu machen. Am Ende des Bergkamms entspannten wir uns und liefen uns etwas aus. Dann versammelten wir uns wieder und ließen uns von der Schwerkraft eine Düne hinuntertreiben. Für einen guten Kilometer nahmen wir das Tempo etwas zurück, bis wir in einen Plankenweg einbogen, der durch einen Sumpf führte. Der Start für eine lange Tempoverschärfung, bevor wir zu unserem Ausgangspunkt zurückkehrten.

Moment mal, sagen Sie. Haben Sie da nicht eher Schnelligkeitsausdauer als pures Tempo trainiert? Viele Arten des Tempotrainings überschneiden sich. Eine geht in die andere über. Sie ergänzen sich. Tatsächlich trainierten wir mit einer Mischung aus Wiederholungsläufen und Intervalltraining. Der leichte Lauf zwischen Bergkamm und Sumpf war unser Intervall. Es war auch eine Form des Fahrtspiels. Halten wir uns nicht mit Namen auf. Manchmal will man einfach nach draußen und verschiedene Formen des Tempotrainings ausprobieren, nur um etwas Abwechslung zu haben, ohne sich darüber den Kopf zu zerbrechen, ob man damit nun seine Leistungen steigern kann oder nicht.

> **Viele Arten des Tempotrainings überschneiden sich. Eine geht in die andere über. Sie ergänzen sich.**

Wenn Sie ein Bob Kennedy sind und Ihren Gegner in der Mitte eines 5-km-Rennens abzuhängen versuchen, kann Ihnen das Wissen, wie und wann man sein Tempo verschärfen sollte, einen taktischen Vorteil verschaffen. Und auch einem jungen Läufer, der für seine Schulmannschaft startet, kann eine Tempoverschärfung dabei helfen, vom 57. auf den 56. Platz nach vorne zu rutschen.

Nun, machen Tempoverschärfungen auch für erwachsene Freizeitsportler Sinn? Zugegeben, wenn Sie Ihr Tempo mehr als ein oder zwei Mal in einem Marathon anziehen, werden Sie es nie über die 30-km-Marke schaffen. Trotzdem sind Tempoverschärfungen und die anderen Arten des Tempotrainings, die in diesem Kapitel beschrieben wurden, aus zwei Gründen sinnvoll: Erstens erhöhen Sie mit Tempoverschärfungen Ihr Grundtempo, was sich positiv auf Ihre Leistung auswirken kann. Zweitens kann Ihnen ein Tempowechsel mitten im Rennen helfen, aus dem Trott zu kommen oder zu Ihrem normalen Tempo zurückzugelangen, was Ihre Zeiten verbessern kann. Es hat Vorteile zu lernen, wie man schnell läuft – übersehen Sie die nicht!

Und wenn Sie die Digitaluhr an der Ziellinie erbarmungslos weiterticken sehen, werden Sie froh sein, wenn Sie einen Zahn zulegen können.

DYNAMISCHE BEWEGLICHKEIT
Das Lauf-ABC

Roy Benson, Fitness-Berater in Atlanta und ehemaliger Lauftrainer an der University of Florida, steht vor einer Versammlung von mehreren Hundert Teenagern, die sich auf den Sitzplätzen einer Sporthalle drängeln. Sie sind Läufer aus der High School und verbringen eine Woche in Bensons Sommertrainingslager. Sie sind in das Camp gekommen, um bessere Läufer zu werden. Von dieser Woche harten Trainings und dem neugewonnenen Wissen erhoffen sie sich einen Vorsprung vor ihren Konkurrenten zu Hause.

Sie fragen sich jetzt vielleicht, was Sie von einer Gruppe High-School-Läufer lernen können. Eine Menge. Bensons Ratschläge eignen sich für jeden Läufer, der schneller werden will.

Die heutige Lektion heißt *dynamische Beweglichkeit* – obwohl Benson es nicht so nennt, noch einen anderen geläufigen Namen verwendet wie *plyometrische Übungen, Lauf-ABC* oder *Tempodrills*. Dynamische Beweglichkeit ist eine Form von Stretching, eine Lockerungsübung, die aus kontinuierlichen Bewegungen besteht – im Gegensatz zum eher statischen, normalen Stretching.

Benson nennt die Übungen, die er in seinem Trainingslager anbietet, „Learning-by-doing-drills". Er garantiert den Läufern, dass sie „durch diese Übungen lernen, wie man stärker, beweglicher und koordinierter wird. Schnell hat er sie von ihren Plätzen geholt und sie stehen aufgereiht an der Längsseite der Halle und schauen ihn an.

Benson räumt ein, dass Läufer auch dadurch ihr Tempo steigern können, wenn sie die Laufdistanz erhöhen. „Wenn Sie momentan 30 km in der Woche laufen, dann garantiere ich Ihnen, dass Sie schneller werden, wenn Sie sich auf 60 km steigern." Aber ein Problem bei der Steigerung der Distanz ist, dass die Beweglichkeit leidet. „Als erstes verspannt sich die hintere Oberschenkelmuskulatur, weil man so kurze Schritte macht. Dann verspannen sich die Wadenmuskulatur und die Oberschenkelstrecker. Man wird immer unbeweglicher und das führt zu einem immer kleineren Bewegungsumfang. Und ehe man sich versieht, kann man nicht mehr so schnell laufen." Laut Benson muss ein Läufer unablässig mit Bewegungsübungen gegen diesen Verspannungsprozess ankämpfen.

> Die dynamische Beweglichkeit ist eine Form von Stretching – eine Lockerungsübung – die aus kontinuierlichen Bewegungen besteht.

Hinzu kommt, dass die Muskeln, die beim schnellen Laufen beansprucht werden, schwächer werden, wenn man sie nicht trainiert, und so das Problem verschlimmern. Und schließlich läuft jemand, der lange läuft, auch sehr aufrecht und setzt mit dem hinteren Teil des Fußes, der Ferse, auf. Das mag eine ökonomische Art und Weise sein, lange Strecken zu laufen, aber keine schnelle. Um schneller zu werden, müssen Läufer lernen, ihren Fuß weiter vorne aufzusetzen – mehr auf dem Mittelfuß, in Richtung Zehen.

Benson lässt die Teilnehmer des Trainingslagers auf der Stelle laufen. Schon bald erzittert die ganze Halle vom Poltern der Füße.

Das ist der erste Schritt, wenn man beweglicher werden will: einfache Bewegungen nutzen, um locker zu werden. Es gibt natürlich unterschiedliche Ansätze. Tatsächlich wurde einer ganzen Generation beigebracht, dass man am besten in statischer Position stretcht.

„Nicht federn!", sind die mahnenden Worte von fast allen Stretching-Experten – so auch von Bob Anderson, Autor des Bestsellers „Stretching" (Goldmann, 1996).

Anderson schreibt: „Sich so weit wie möglich zu dehnen oder sogar nachzufedern, strapaziert die Muskeln und aktiviert den Dehnreflex. Diese Methoden sind schädlich und schmerzvoll. Außerdem führen sie zu mikroskopisch kleinen Rissen im Muskelgewebe."

Das ist ein guter Rat, trotzdem ist statisches Stretching nicht der einzige Weg, locker zu werden. Schnelles Laufen ist ein anderer. Sie dehnen Ihre Muskeln auch, wenn Sie einfach sprinten und Ihre Schrittlänge vergrößern (mit den Sprints, Steigerungsläufen und Tempoverschärfungen, die in Kapitel 10 beschrieben werden). Natürlich muss man locker sein, um schnell laufen zu können, also stellt sich die Frage, was zuerst kommt, die Henne oder das Ei – Stretching oder Lauf? Die Wahrheit ist, dass dynamische Bewegungsübungen das statische Stretching nicht ersetzen können. Sie ergänzen sich aber oft gut.

Der Kniehebelauf

„Stop!", ruft Benson seinen Kursteilnehmern zu und fragt, wie viele auf den Fersen gelandet sind. Keiner hebt die Hand. Benson nickt und erklärt, dass es unmöglich ist, auf der Stelle zu laufen und auf den Fersen zu landen.

Wieder sollen die Teilnehmer auf der Stelle laufen, doch diesmal sollen sie sich dabei Schritt für Schritt vorwärts durch die Sporthalle bewegen. Die Teilnehmer folgen der Aufforderung und lernen so eine der ersten Übungen, die ich den Kniehebelauf nenne. Bei dieser Übung heben die Läufer ihre Knie mit Schwung nach oben und gleichen dies mit kraftvollen Armbewegungen aus. Es ist mehr ein „auf der Stelle sprinten" als ein „auf der Stelle laufen".

Während sich die Teilnehmer von einer Seite der Halle zur anderen bewegen, ruft Benson: „Bleibt auf den Zehen! Kriegt ein Gefühl dafür! Spürt, wie ihr auf dem Mittelfuß aufsetzt, auf dem Fußballen. Das ist das Gefühl, das ihr braucht, wenn ihr schnell lauft."

Um die Kniebewegungen bei dieser Übung deutlicher zu machen, sollen Bensons Schüler als nächstes ihre Hände nach vorne strecken – etwas über Kniehöhe. Während sie zurückjoggen, berühren sie ihre Hände mit den Knien. Dabei heben sie ihre Hände allmählich nach oben und ziehen ihre Knie bis auf Taillenhöhe mit.

„Ein weiterer Vorteil dieser Übungen ist, dass ihr bessere Sportler werdet", sagt Benson. „Ich möchte, dass ihr euch beim Sprinten besser und koordinierter fühlt." Benson erläutert, dass der Kniehebelauf die Hüftbeuger stärkt, die er für die wichtigsten Muskeln beim Laufen hält. „Man kann die Hüftbeuger nur kräftigen, wenn man einen Berg oder Treppen hinaufläuft, durch Tempotraining oder durch Übungen wie diese hier", sagt er. Er empfiehlt diese Übung ausgeruht zu machen und besser nicht müde nach einem harten Training.

Eine Variante des Kniehebelaufs ist eine etwas weniger dynamische Übung, die ich den „Tambourmajor" nenne. Es ist weniger ein „auf der Stelle laufen" als vielmehr ein „auf der Stelle gehen". Der Bewegungsablauf ist allerdings der gleiche. Stellen Sie sich auf ein Bein und gehen Sie auf die Zehenspitzen. Ziehen Sie das andere Knie unter kräftigen Armbewegungen so hoch in Richtung Brust wie möglich. Aber Sie gehen eher, als dass Sie joggen oder laufen. Sie verlieren nie den Bodenkontakt. Also ist diese Übung auch dann ungefährlich, wenn Sie sich gerade von einer kleineren Verletzung erholen. Ich empfehle den Tambourmajor auch als Einstiegsübung für ältere Läufer, die gerade erst anfangen ihr läuferisches Können durch dynamisches Bewegungstraining zu verbessern.

Sprungübungen bergen ein gewisses Risiko, vor allen Dingen für Läufer ohne ausreichende Trainingsbasis oder für diejenigen, die ihren vierzigsten Geburtstag schon hinter sich haben. Trotzdem können ältere Läufer oder Anfänger den Tambourmajor als Vorbereitung für den Kniehebelauf einsetzen. Verdammen Sie diese Übung nicht, wenn Sie die dynamischeren Übungen gelernt haben. Es ist und bleibt eine gute Beweglichkeitsübung für alle Alters- und Trainingsstufen.

Eine ergänzende statische Übung zum Kniehebelauf oder dem Tambourmajor ist der Kniezug. Ziehen Sie aus dem Stand (Standbein gestreckt) mit beiden Händen ein Knie an Ihre Brust, um die hintere Oberschenkelmuskulatur zu dehnen. Die Dehnübung funktioniert auch gut auf dem Rücken liegend.

Beim Warm-up vor einem Wettkampf setze ich manchmal alle drei Übungen ein – Kniehebelauf, Tambourmajor und Kniezug – um meine Muskeln zu lockern.

Ich mache den Kniezug auch, wenn ich in einer heißen Badewanne sitze. Sie ist eine meiner Lieblingsübungen, hauptsächlich deshalb, weil ich ständig darauf achten muss, dass sich meine hintere Oberschenkelmuskulatur bei den langen Läufen nicht verspannt. Die meisten Langstreckenläufer haben eine verkürzte hintere Oberschenkelmuskulatur, das liegt in der Natur der Sache. Deshalb haben wir auch Schwierigkeiten unsere Zehen zu berühren.

Das Anfersen

Der Kniehebelauf ist wahrscheinlich die Beweglichkeitsübung, die am einfachsten zu lernen und zu praktizieren ist. Doch Benson macht weiter mit der nächsten Übung: dem Anfersen.

Zunächst lässt Benson die Gruppe auf den Zehenspitzen gehen. „Hebt eure Fersen beim Gehen immer weiter nach oben, bis sie euren Hintern berühren." Die Übung ist einfacher zu lernen, wenn man sich dabei nach vorne lehnt, doch erfahrenen „Anfersern" rate ich, sie aufrecht zu machen. Sobald die Teilnehmer den Bewegungsablauf im Zeitlupentempo machen können, schickt Benson sie im Anfersen zurück durch die Halle. „Immer schön langsam", ruft er. „Kurze Schritte. Sobald ihr zu schnell werdet, wird es zu kompliziert und ihr kommt aus dem Rhythmus. Kurze Schritte. Hopp, hopp, hopp!"

Benson stößt mich an und zeigt auf zwei Mädchen – Sprinterinnen, wie sich herausstellt. „Schau dir diesen Schwung an", sagt er. „Die Fußgelenke und Zehen sind ganz gestreckt. Der klassische Rückschwung. Das ist für mich das Geheimnis der Schnelligkeit."

In der Tat kann man das Tempo eines Läufers beurteilen, wenn man ihn bei diesen Übungen beobachtet. In einer meiner Trainingsgruppen waren zwei Läufer eindeutig besser als die anderen. Wenn Sie dieses Team mit einer der oben genannten Übungen über den Rasen geschickt hätten, dann wären Ihnen sofort Don Pearce und Liz Galaviz aufgefallen. Pearce qualifizierte sich in seinem dritten und vierten College-Jahr für die Landesmeisterschaften mit einer Zeit von 01:57 über 800 m. Galaviz, eine talentierte Läuferin aus dem zweiten Jahr, war die beste weibliche 800-m-Läuferin und qualifizierte sich damals in 02:32 für die Lokalmeisterschaften.

Ironischerweise war Pearce wahrscheinlich der unbeweglichste Läufer im ganzen Team, also fiel ihm statisches Stretching sehr schwer. Und weil er nicht gerne bei etwas gesehen wurde, dass er nicht perfekt konnte, absolvierte er sein Stretching nur sehr widerwillig. Wenn Pearce einen Fehler hatte (den er mit vielen Läufern teilt), war es der, dass er dazu tendierte sich nur auf seine natürlichen Fähigkeiten zu verlassen. Hätte er noch schneller werden können, wenn er mehr an seiner Beweglichkeit gearbeitet hätte? Ich neige zu dieser Ansicht, auch wenn das wissenschaftlich nicht zu beweisen ist.

Benson erklärt seinen Schülern, dass das Anfersen gut zur Dehnung der hinteren Oberschenkelmuskulatur geeignet ist, aber besonders effektiv ist es für die Dehnung des Quadriceps (vierköpfiger, vorderer Oberschenkelmuskel). „Ihr müsst den Quadriceps entspannen, um die Ferse hochzukriegen", ruft er.

Für Anfänger, ältere oder verletzte Läufer ist das Gehen auf der Stelle mit Anfersen eine gute Übung. Eine ergänzende statische Dehnung ist die Dehnung des Beinstreckers. Stützen Sie sich mit einer Hand an der Wand ab und ziehen Sie mit der anderen Ihre Ferse an den Po.

Das Skipping (Hopserlauf)

Kniehebelauf und Anfersen sind gute Anfängerübungen. Man braucht dazu relativ wenig Geschick oder Beweglichkeit. Bensons folgender Übungssatz, das Skipping, ist schwieriger. Er lehrt zwei Varianten: das hohe und das weite Skipping. Bei letzterem versucht man, eine so große Distanz wie möglich zurückzulegen.

Beide Varianten sind extrem dynamisch und beziehen alle wichtigen Muskeln mit ein, die beim schnellen Laufen zum Einsatz kommen. Damit ist Skipping das Herzstück des Lauf-ABC. In der Tat könnte man sagen, dass alles, was vorher kommt – vom statischen Stretching bis zum Kniehebelauf und dem Anfersen – als Lockerungsübungen für diese eine Übung angesehen werden kann. Es gibt keine bestimmte Dehnübung, die das Skipping ergänzt, aber man könnte sagen, dass alle Übungen diesen Zweck erfüllen.

Viele Läufer haben zunächst Schwierigkeiten mit dem Skipping, obwohl die meisten von uns in der Kindheit ganz selbstverständlich gehopst sind. Vielleicht muss man es ganz einfach nur wieder machen. Beim Geländelauftraining an der Indiana University stolperte mein ältester Sohn Kevin ständig über seine eigenen Füße, als Trainer Sam Bell dem Team die Übung beibrachte. Schließlich übte Kevin eines Sonntagmorgens hinter dem Schlafsaal solange Skipping, bis er den Rhythmus drauf hatte. Es muss Ihnen nicht peinlich sein, wenn Sie Probleme damit haben, wieder Hopsen zu lernen. Mit etwas Übung werden Sie es schaffen. Auch Kevin schaffte es und es half ihm, die Laufsaison als zweitschnellster Läufer seines Teams zu beenden. Der einzige Läufer, der schneller war als er, war der Olympionike Jim Spivey.

Wenn Benson seine Läufer hopsend durch die Halle schickt, ist mit Sicherheit einer dabei, der seine Arme und Beine ständig durcheinanderbringt. Die Armbewegungen beim Skipping sind die gleichen wie beim Laufen oder Walken: Der linke Arm kommt nach vorne, wenn das rechte Knie nach vorne kommt, und so weiter. Doch dieser Teilnehmer hebt immer den linken Arm zusammen mit dem linken Knie und irgendwann kommt er durcheinander. Benson schickt ihn immer hin und her, aber der Läufer scheint einfach nicht den richtigen Rhythmus zu finden.

Es ist nicht einfach. Also erläutert Benson seinen Schülern die Technik beim Skipping. „Fürs Skipping muss man koordiniert sein. Zunächst gehen die Knie hoch. Bleibt entspannt und setzt langsam die Arme ein wie ein Sprinter. Die Arme sind gerade und zeigen in Laufrichtung, nicht quer über den Körper. Die Hände sollen in gerader Linie auf Kinnhöhe kommen, also schwingt eure Arme hoch in die Luft. Ich will euch in der Luft hängen sehen wie Michael Jordan. Hoch mit den Armen! Die Ellbogen gehen hinten so hoch wie möglich. So könnt ihr euch mit dem anderen Fuß fester vom Boden abstoßen. Dann kommt mit einer kurzen Schlagbewegung nach vorne, damit ihr besser in die Luft kommt. Lasst es uns mal langsam probieren. Alle zusammen, ein kleiner Hopser mit den Armen nach oben. Hoch mit den Knien! Hängt euch richtig in die Luft!"

Zugegeben, Skipping ist nicht einfach zu erklären – oder zu lehren. Man muss es einfach machen. Wenn man zu viel über die Bewegungen nachdenkt, verwirrt es einen nur noch mehr. Man kann es lernen, wenn man anfangs sehr langsame und kurze Bewegungen macht: Hüpfen Sie mit dem einen Fuß ein paar Zentimeter nach vorne, dann mit dem anderen. Halten Sie beide Hände nach vorne, um das Gleichgewicht zu halten. Gleichen Sie allmählich mit den Händen die Bewegungen der Füße aus. Dann strecken Sie sich. Wenn Sie erstmal hopsen können, werden Sie überrascht sein, wie einfach die Übung ist – und wie viel Spaß sie Ihnen machen wird.

Skipping ist also das Herzstück der hohen Kunst des Lauf-ABC. Alles davor dient dazu, für diese Übung richtig locker zu werden.

Wie vorhin schon erwähnt, gibt es zwei Varianten des Skippings: das hohe und das weite Skipping.

Das hohe Skipping ähnelt dem Kniehebelauf. Man bewegt sich allmählich vorwärts und konzentriert sich darauf, hoch zu springen. Betonen Sie den Kniehub. Die Arme halten das Gleichgewicht. Während das eine Knie weit nach oben kommt, schießt der gegenüberliegende Arm mit offener Handfläche gen Himmel. Versuchen Sie nicht, zu weit zu kommen. Wenn mein Team hohes Skipping macht, bekommt es jeder mit mir zu tun, der versucht, die Übung zu „gewinnen", indem er den anderen davonläuft. Das Wichtigste ist das Hochspringen. Oft sind die Besten bei dieser Übung vielmehr im hinteren Feld zu finden als vorneweg.

Das weite Skipping ist vom Bewegungsablauf her ähnlich, nur dass man hier versucht, eher nach vorne zu springen als nach oben. Knie und Arme kommen auch hier weit nach oben, doch die Bewegung geht mehr nach vorne. Auch hier halte ich jeden zurück, der bei dieser Übung „gewinnen" will, denn wenn man sich zu schnell vorwärts bewegt, kann man nicht mehr richtig springen.

Skipping macht man am besten auf ebenem, weichem Untergrund. Fußballfelder sind manchmal zu uneben, um diese oder eine andere Übungen in diesem Kapitel sicher durchzuführen. Die Bahnen daneben sind oft zu hart. Basketballfelder sind geeignet, weil der Holzboden etwas nachfedert. Der ideale Untergrund ist die Rasenfläche in einem Park – aber nur, wenn man dort nicht verjagt wird.

Ich setze Skipping auch gern als Warm-up vor einem Rennen ein, meist nur, weil es Spaß macht. Das sieht so eigenartig aus, dass andere Läufer schmunzeln müssen, wenn sie einen dabei beobachten. Wenn Sie internationale Wettkampferfahrung haben, ist Ihnen vielleicht aufgefallen, dass Europäer häufiger Skipping und ähnliche Übungen in ihr Warm-up integrieren als Amerikaner. Ich vermute, dass das am Training liegt, das sie in der Schule bekommen.

Der Zehenlauf

Während die Kursteilnehmer quer durch die Halle hopsen, erzählt mir Benson etwas über Tempo. „Wenn man sprintet, dann ist einem die Bewegungsökonomie egal. Es kümmert einen nicht, wie locker oder wie entspannt man ist. Man will kraftvoll und dynamisch sein. Man bewegt die Arme auf und ab, um schneller zu werden. Die Beine werden schneller. So hebt man geradezu ab."

Benson hat noch eine letzte Übung für seine Teilnehmer parat: den Zehenlauf, eine etwas weniger dynamische Variante des Tambourmajors (S. 166). Das ist eine gute Übung für die Wadenmuskulatur – und eine einfache. Alles, was Sie tun müssen, ist vorwärts zu gehen und sich dabei mit den Zehen abzustoßen: Sie rollen sich auf dem Fußballen und über die Zehen ab. „Ganz auf die Zehenspitzen", sagt Benson. „Nicht hüpfen. Gehen. Bleibt auf den Zehen. Fühlt, wie sich die Waden anspannen. So baut ihr Kraft, Stärke und Schwung auf."

Nach fast einer Stunde, die es gedauert hat, der Gruppe vier einfache Übungen beizubringen (Kniehebelauf, Anfersen, Skipping und Zehenlauf), entlässt

Benson seine Schüler zu ihren weiteren Aktivitäten. Hätte Benson Zeit oder Lust gehabt, hätte er ihnen noch viele weitere Tempoübungen zeigen können. Ich besitze ein Buch, das Dutzende solcher Übungen beschreibt, auch solche, für die man Treppenstufen oder Medizinbälle braucht. Eine Zeichnung zeigt einen Trainer, der seinem Schüler befiehlt, von einer Klippe zu springen. Während er über die Klippe geht, fragt der Schüler: „Sind Sie wirklich sicher Trainer, dass man so plyometrische Übungen macht?"

Am Tag nach den ersten dynamischen Beweglichkeitsübungen fühlt sich sicher so mancher Laufanfänger, als hätte er eine Bruchlandung hinter sich. Immer, wenn man andere oder untrainierte Muskeln benutzt, kann es vorkommen, dass man hinterher für 24 bis 72 Stunden Muskelkater hat: Und da macht es kaum einen Unterschied, wie gut man ansonsten trainiert ist. Würde man plötzlich zum Rad fahren, Ski laufen oder Tennis wechseln, würde genau das Gleiche passieren. Deshalb sollten Sie diese Übungen nur allmählich in Ihr Trainingsprogramm aufnehmen. Fangen Sie mit nur einer oder zwei Übungen und wenigen Wiederholungen an. Machen Sie sie an den leichten Trainingstagen. Mit der Zeit können Sie dann weitere Übungen dazunehmen und die Zahl der Wiederholungen erhöhen. So vermeiden Sie Beschwerden und ein erhöhtes Verletzungsrisiko, das ein Preis dafür sein kann, wenn man schneller werden will.

Das Trippeln

Eine zusätzliche Übung, die ich mit meinen Teams gemacht habe, ist Trippeln. Diese Übung habe ich von dem mittlerweile verstorbenen Trainer Bill Bowerman gelernt. Bowerman war der einflussreichste amerikanische Trainer für Langstreckenläufer.

In einem Interview, das er mir für einen Artikel gab (1968), beschrieb Bowerman eine Übung, die er von seinem Vorgänger an der University of Oregon gelernt hatte, Bill Hayward. Die Übung ist sehr einfach und ähnelt dem Kniehebelauf, nur dass man die Knie unten lässt, anstatt sie hochzuziehen, und die Füße so schnell bewegt, wie man kann. Hopp! Hopp! Hopp! Hopp! Die Arme bewegen sich genauso schnell in kleinen Bögen.

Aber das war nicht das Einzige, was ich lernte. Ich musste mir einfach Bowermans Wissen zunutze machen. Also fragte ich ihn: „Was sind die Geheimnisse des schnellen Laufens – wenn die Frage nicht zu allgemein ist?"

„Nein, das ist eine gute Frage", sagte er. „Ich habe mal mit jemandem an einem Artikel über das Geheimnis der Schnelligkeit gearbeitet. Ich habe darin im Grunde genau das beschrieben, was Hayward mir beigebracht hat. Es ist ganz elementar: Eine gerade Linie ist die kürzeste Verbindung zwischen zwei Punkten. Meine „Linientechnik" war so schlecht, dass mein Fuß zur Seite flog. Hayward wollte, dass ich mich an eine Wand lehne und meine Füße ansehe. Ich musste mein Bein immer wieder nach vorne bringen, weil ich ein Gefühl dafür bekommen sollte, wie es ist, wenn es sich auf einer geraden Linie bewegt." (Bowerman lehnte sich an die Wand und ließ sein Bein langsam nach vorne kreisen, den Schritt eines Sprinters nachahmend.) „Erst ein Bein, dann das andere. Ich habe das mit vielen meiner Läufer gemacht und es funktioniert.

Das nächste war die Reaktionszeit." (Er joggte auf der Stelle und trippelte schnell mit den Füßen.) „Man nimmt diese Haltung ein und bewegt die Beine dann immer schneller... Die Reaktion, die Füße schnell zu bewegen, dann dabei langsam die Knie hochzubringen, zu versuchen alles gerade zu halten, den Rhythmus aufzunehmen – man macht es nicht nur mit den Beinen. Man muss auch die Arme benutzen, weil alles miteinander zusammenhängt. Indem man allmählich immer schnellere Armbewegungen macht, werden auch die Beine schneller. Dann benutzt man die Sprintdistanzen ganz einfach nur als Test: In welchem Maße verbessert sich dieser Läufer? Wir haben dreimal wöchentlich Sprintübungen gemacht. Kniehebelauf, Trippeln und Sprints über etwa 50 m. Einfache Übungen: alles geradeaus, Reaktionszeit, Lauftechnik. Wenn man eine schlechte Angewohnheit hat, muss man daran arbeiten. Zu jeder Aktion gibt es eine gleichwertige Gegenreaktion.

Das war es, was Hayward für mich getan hat. Vorher wusste ich nie, wie schnell ich war. Ich konnte nie jemanden schlagen. Ich war der Langsamste im ganzen High-School-Team. Als Hayward mit mir fertig war, war unser Sprinter an der Universität, Paul Starr, der Einzige, den ich nicht besiegen konnte." „Also konnten Sie mit diesen einfachen Übungen von Bill Hayward das Tempo Ihrer Sprinter verbessern", sagte ich.

„Und was bei Sprintern funktioniert, hilft auch anderen Läufern", erklärte er. „Gott bestimmt, wie schnell man laufen könnte, ich kann nur bei der Technik helfen."

> „Gott bestimmt, wie schnell man laufen könnte, ich kann nur bei der Technik helfen." – Der mittlerweile verstorbene Bill Bowerman

Bowermans Nachfolger als Lauftrainer an der University of Oregon, Bill Dellinger, beschrieb die Trippel-Übung später in einem Artikel in *Runner's World*: „Die Idee dahinter besteht darin, zu sehen, wie schnell man seine Füße bewegen kann. Anders als beim Kniehebelauf hebt man seine Knie kaum an. Das Wichtige ist die Schnelligkeit. Machen Sie keine langen Schritte. Bewegen Sie einfach Ihre Füße, als ob Sie über heiße Kohlen laufen würden. So bringt man seinen Füßen bei, schnell zu reagieren."

Zwei Übungen für Fortgeschrittene

Es gibt noch zwei weitere Übungen, die mein Sohn Kevin von Trainer Bell gelernt hat und die erwähnenswert sind. Ich empfehle sie allerdings nicht unbedingt allen (besonders nicht älteren) Läufern, da sie sehr auf die Gelenke gehen. Hierbei geht es um den Sprunglauf und das beidbeinige Anfersen.

Beim Sprunglauf handelt es sich um eine längere Laufsequenz, in der man sich darauf konzentriert, die Knie zu heben und sich mit den Armen nach oben zu drücken. Das ist kein Laufen. Man springt. Sie hüpfen von einem Bein auf das andere: links, rechts, links, rechts und springen dabei so hoch wie möglich. Konzentrieren Sie sich auf den Kniehub. Sie sollten diese Übung erst in Ihr Repertoire aufnehmen, wenn Sie die anderen Beweglichkeitsübungen gut beherrschen und Ihre Beinmuskulatur auf diese zugegebenermaßen sehr kraftaufwändige Übung vorbereitet ist.

Das beidbeinige Anfersen ist auch keine Übung für unerfahrene Läufer. Der Bewegungsablauf ähnelt dem beim Anfersen. Man hüpft auf der Stelle und wirft beide Beine nach hinten hoch. Dabei ist es nicht wichtig, welche Strecke man zurücklegt. Mein Sohn Kevin machte diese Übung nur dann, wenn er in Topform war. Nehmen Sie diese Übung als letzte in Ihr Repertoire auf. Ich selbst habe sie schon aus meinem gestrichen – in meinem Alter kann sie zu leicht zu Verletzungen führen. Sie ist zu dynamisch. Wahrscheinlich sollten alle Übungen in diesem Kapitel den Warnhinweis tragen: „Kann Ihre Gesundheit gefährden."

Dr. Edmund R. Burke, Sportphysiologe und Betreuer des amerikanischen Radsportteams, weist darauf hin, dass Sprungübungen, wie alle anderen Trainingsarten auch, negative Folgen haben können, wenn sie nicht richtig eingesetzt werden. „Zuviel plyometrisches Training kann zu Sehnen- und Gelenkentzündungen führen, vor allen Dingen am Knie", sagt Dr. Burke.

Ich rate Langstreckenläufern von Übungen ab, die aus dem Springen von und auf Kisten und Kästen bestehen. Übungen für die dynamische Beweglichkeit – ob man sie nun Sprungübungen, plyometrische Übungen, Tempodrills oder Lauf-ABC nennt – sollten aber durchaus ihren Platz im Trainingsprogramm eines jungen Läufers haben.

Zum einen sehen die Übungen nach etwas aus. Den Jugendlichen machen sie Spaß und sie können bei ihren Aufwärmübungen damit angeben. Und hochtrainierte Sportler an der Universität profitieren ebenso von Sprungübungen.

Doch inwieweit eignen sich diese Übungen für andere Läufer, vor allen Dingen für Masters-Läufer? Für viele Läufer mit hohen Kilometerumfängen, die nicht an das Lauf-ABC gewöhnt sind und deren Beweglichkeit etwas eingeschränkt ist, kann das Verletzungsrisiko zu hoch sein.

Dennoch bin ich davon überzeugt, dass jeder Läufer davon profitieren kann, wenn er zumindest einige der hier beschriebenen Übungen in sein Trainingsprogramm aufnimmt. Bensons Erfahrungen in seinen Trainingslagern sprechen dafür, da er diese Übungen auch vielen erwachsenen Läufern beibrachte, die seine Kurse besuchten.

BEWEGLICHKEITSÜBUNGEN, DIE IHR TEMPO VERBESSERN

Hier eine Zusammenfassung der Übungen, die Ihrem Lauf mehr Beweglichkeit und Tempo geben. Um Muskelkater zu vermeiden, sollten Sie sich vor diesen Übungen immer aufwärmen (mit Jogging und Stretching) und wärmen Sie sich danach auch ab.

Wenn Sie mit Ihrem Lauf-ABC beginnen, fangen Sie mit nur ein oder zwei Übungen an und erhöhen Sie die Zahl allmählich über mehrere Wochen und Monaten. Diese Übungen eignen sich am besten für Ihre leichten Trainingstage, wenn Sie kurze Strecken laufen und mehr Zeit haben, sich auf Dinge zu konzentrieren, die nicht Teil Ihres speziellen Trainingsplans sind.

Außerdem macht man diese Übungen am besten bei warmem Wetter, wenn man auf ebenen, weichen Grasflächen trainieren kann. Ich lebe im mittleren Westen der USA und war früher immer der Meinung, dass man Beweglichkeitsübungen eher im Sommer und Krafttraining eher im Winter macht. Vor kurzem habe ich jedoch mit meiner Frau ein Ferienhaus in Florida gekauft, sodass sich mir ganz neue und andere Trainingsmöglichkeiten bieten. Der flache, feste Strand am Atlantik eignet sich hervorragend für die meisten dieser Übungen. Es versteht sich von selbst, dass jedes Trainingsprogramm, ob in diesem oder einem anderen Buch, an die aktuelle Situation des einzelnen Läufers angepasst werden muss.

Für diese Übungen brauchen Sie eine Gerade über 50 bis 75 m, am besten auf Gras oder einem anderen weichen Untergrund. Normalerweise macht man zwei bis vier Wiederholungen von jeder Übung, in dieser Reihenfolge:

1. **KNIEHEBELAUF.** Wahrscheinlich die einfachste Übung. Der Kniehebelauf ist nicht viel mehr, als ein auf der Stelle laufen, während man sich langsam voran bewegt. Heben Sie die Knie hoch und setzen Sie mit den Fußballen auf. Die Zehen zeigen nach vorne. Bewegen Sie sich immer geradeaus. Schwingen Sie die Arme in die Höhe – als Gegenbewegung zu den Beinen. Machen Sie den Kniehebelauf nicht zu schnell, weil es dann schwieriger wird, die Bewegungen korrekt auszuführen.

2. **TRIPPELN.** Der verstorbene Bill Bowerman beschrieb das Trippeln als eine Möglichkeit, um Sprintern eine gute Haltung beizubringen. Die Übung ähnelt dem Kniehebelauf, abgesehen davon, dass nicht der Kniehub, sondern die schnelle Bewegung der Füße im Vordergrund

steht. Genauso wichtig ist es, sich geradeaus zu bewegen und die Zehen nach vorne zu richten.

3. ANFERSEN. Diese Übung ist einfacher als die beiden folgenden, und man kann sie an diesem Punkt gut einsetzen, um wieder zu Atem zu kommen. Läufer, die erst mit Beweglichkeitsübungen anfangen, sollten zunächst diese Übung meistern, bevor sie die folgenden beiden angehen. Wieder läuft man – wie beim Kniehebelauf – auf der Stelle, doch anstatt die Knie zu heben, wirft man die Füße nach hinten hoch. Bei dieser Übung sollten Sie entspannen und nicht zu sehr auf einen schnellen Rhythmus achten.

4. HOHES SKIPPING. Hier stößt man sich mit einem Fuß ab und landet wieder auf demselben (dem nachgezogenen) Fuß, bevor man mit dem anderen aufsetzt. Es ist wie die ersten beiden Sprünge beim Dreisprung. Beim Skipping gibt es eine Pause, wie die Synkope in der Musik. Beim hohen Skipping (ebenso wie beim Kniehebelauf) geht es darum, die Knie hoch zu bekommen. In der Pause, während Sie in der Luft hängen, konzentrieren Sie sich darauf, das Knie so weit wie möglich nach oben zu kriegen.

5. WEITES SKIPPING. Das Prinzip ist das gleiche wie beim hohen Skipping, nur dass es hier um die Weite geht. Vergessen Sie nicht, dass alle Bewegungen auf einer geraden Linie durchgeführt werden sollen. Für beide Arten von Skipping braucht man eine gute Beweglichkeit, doch sie fördern diese auch. Man könnte sagen, dass die ersten drei Übungen zum Aufwärmen für das Skipping dienen.

6. SPRUNGLAUF. Hierbei handelt es sich um eine längere Laufsequenz, bei der man darauf achtet, die Knie zu heben und mit erhobenen Armen zu springen. Wenn Sie sich nicht auf den Kniehub konzentrieren, wird es zum einfachen Laufen. Diese Übung kann auch mit dem ersten Teil des Dreisprungs verglichen werden – dem „Hop".

7. BEIDBEINIGES ANFERSEN. Keine Übung für unerfahrene Läufer. Der Bewegungsablauf ähnelt dem in Übung 3, dem Anfersen. Man springt aus dem Stand und wirft beide Beine nach hinten. Die zurückgelegte Strecke ist unwichtig.

Sobald Sie diese Übungen zur Verbesserung Ihres Tempos beherrschen und sie ohne größere Ermüdungserscheinungen oder Muskelkater machen können, können Sie sie an verschiedenen Punkten Ihrer Trainingswoche einsetzen. Machen Sie sie in der Mitte eines Laufs mittlerer Länge. Ich setze einige dieser Übungen manchmal als Teil meines Warm-ups vor einem Rennen ein. Kniehebelauf, Anfersen und Trippeln sind sehr gut, um mich locker zu machen.
Beachten Sie auch die Varianten dieser Übungen im Gehen oder Stehen. Sie eignen sich besser für kühleres Wetter oder für die, die mit einem zu anstrengenden Übungsprogramm ein unnötiges Verletzungsrisiko eingehen würden.

184

Ruhetag

Kapitel **12**

RAUF AUF DIE BERGE

Erklimmen Sie den Gipfel

Bill Bowerman von der University of Oregon war bekannt für seine schroffe Art. Einmal fragte ich ihn, ob man durch Hügeltraining ein besserer Läufer werden könne. „An dem Tag, an dem man damit anfängt, Hügel auf die Bahn zu setzen", antwortete er barsch, „werde ich meine Läufer auf Hügeln trainieren lassen."

Eine klassische Bemerkung von einem klassischen Trainer. Eine Spezialisierung des Trainings ist in jeder Sportart wichtig. Aus diesem Grund verschreibe ich auch niemals zu viel Cross- oder Krafttraining. Der Neuseeländer Arthur Lydiard, dem Bowerman nach eigenen Angaben viele Trainingsideen verdankt, empfahl Läufern Hügeltraining aufs Wärmste, wenn sie ihr Tempo auf der Bahn oder Straße verbessern wollten.

Der Sportphysiologe Dean Brittenham ist ebenfalls der Meinung, dass ein Läufer kräftiger (und damit schneller) werden kann, wenn er Steigungen läuft. „Die meisten guten Trainingsprogramme haben eine gemeinsame Philosophie - irgendeine Art von Widerstandstraining", sagt er. „Und das erreicht man am besten mit Hügeln."

Ich wohne direkt auf dem Gipfel eines Hügels, der ungefähr 23 m hoch über dem Ufer des Lake Michigan aufragt. Der Weg vor meinem Haus verläuft nach Westen relativ eben und nur leicht abwärts. Im Osten fällt er jedoch steiler ab und verliert innerhalb von wenigen Hundert Metern einen Großteil seiner Höhe über dem Wasserspiegel, bevor er flacher wird. Also habe ich eine Steigung von knapp 400 m direkt vor meiner Haustür, die sich perfekt fürs Widerstandstraining eignet.

In Richtung Osten muss ich zunächst bergab laufen, was sehr schmerzhaft sein kann, wenn ich noch vom harten Training des Vortages verspannt bin. Auf dem Rückweg muss ich es dann in der letzten Minute meines Laufes mit dieser Steigung aufnehmen.

Der „Higdon Hill" war ein wichtiger Abschnitt des 15-km-Kurses des Michigan City Run, einem der größten Rennen hier in der Gegend. (In den letzten Jahren wurde dieser Wettkampf durch ein 5-km-Rennen ersetzt, das auf einer anderen Strecke stattfindet.) Die Läufer liefen den Hügel bei Kilometer 5 hinunter, die Straße entlang, drehten etwas weiter hinten um und kamen kurz vor Kilometer 10 wieder hoch. Somit war der Hügel der Dreh-und Angelpunkt, an dem viele Rennen gewonnen oder verloren wurden.

1978 lief der amerikanische Marathonstar Bill Rodgers den Michigan City Run. Damals gab ich ihm den Tipp, dass der Anstieg (der aufgrund einer Straßenkurve unendlich zu sein scheint) kurz vor dem Gipfel steiler wird. Sobald er jedoch den Gipfel hinter sich habe, könne er das steile Gefälle und den darauffolgenden 800 m langen sanfteren Abhang dazu nutzen, Schwung für eine Tempoverschärfung bis ins Ziel zu sammeln. Und genau an diesem Punkt des Rennens ließ Rodgers die anderen Läufer hinter sich zurück.

Die Hügel lieben lernen

Sprechen wir über Hügel. Bergauf und bergab. Große Hügel und kleine Hügel. Hügel als Hilfe und als Abschreckung. Hügel im Training und Hügel im Wettkampf. Hügel als Ursache für, aber auch als Vorbeugung von Verletzungen. Wie man sie läuft und wie man sie umgeht. Was Sie tun sollen, wenn Sie keine Hügel haben, aber ein Rennen in hügeligem Gelände bestreiten müssen. Hügel um Kraft aufzubauen und Hügel um Tempo aufzubauen. Hügel um Mut aufzubauen und zu verlieren. Sind sie ein wichtiges Trainingswerkzeug oder nur der Kniff eines neuseeländischen Trainers, um Joggern zu beweisen, dass sie es nie schaffen, ernst zu nehmende Wettkämpfer zu werden?

Dieser Trainer ist Arthur Lydiard, der das Hügeltraining in seinen Büchern und in zahlreichen Vorträgen als einen wesentlichen Bestandteil seines dreistufigen Trainingsaufbau vorstellte:

1. Ausdauertraining

2. Hügeltraining

3. Tempotraining

Allerdings hat Lydiard das Hügeltraining genauso wenig entdeckt, wie Zebulon Montgomery Pike den nach ihm benannten Berggipfel. Die Indianer sind vor Pike auf dem Gipfel gewesen und Percy Cerutty benutzte vor Lydiard Hügel, um australische Läufer zu trainieren, wie z. B. Herb Elliott, Sieger über 1.500 m bei der Olympiade von 1960. Cerutty ließ Elliott Sanddünen hochsprinten. Sogar vor Cerutty hat es schon andere Trainer und Läufer gegeben, die Hügeltraining zum Kraftaufbau empfohlen. Aber Cerutty war wahrscheinlich der einzige Trainer, der behauptete, dass ein Lauf auf einen Hügel mit voller Geschwindigkeit „Erleichterung bei Verstopfung" bringen würde.

Lydiard hat keine derartigen Behauptungen aufgestellt. Er war weniger Entdecker des Hügeltrainings als jemand, der ein systematisches Programm entwickelte, in dem Hügel ein wesentliches Trainingselement darstellten. Lydiards Läufer, darunter die Olympiasieger Murray Halberg und Peter Snell, liefen nicht nur Hügel hinauf, sie trainierten auch zu bestimmten Zeiten ihrer Trainingssaison auf Hügeln, um sich für bestimmte Wettkämpfe in Höchstform zu bringen.

Lydiards Hügeltraining hatte System. Seine Läufer liefen im Warm-up etwa 8 Kilometer. Dann liefen sie 800 m bergauf, schnelle 400 m auf dem Hügel, bei hartem Tempo wieder bergab und machten dann schließlich schnelles Fahrtspiel über 400 m am Fuße des Hügels. Sie machten sechs oder acht dieser „Hügel-Loopings" und liefen dann zum Abwärmen gut drei Kilometer. Das war kaum die Art von Trainingsplan, die man einem Anfänger an die Hand geben würde. Doch als Lydiards Läufer anfingen, olympische Medaillen zu gewinnen, stellten sich Leichtathletikfans die Frage: „Was machen die anders?" Die Antwort ist: Sie machten Hügeltraining.

Auch wenn Lydiard ein eindeutiger Befürworter war: Die Forschungsergebnisse sind nicht schlüssig. Studien über spezialisiertes Training besagen: Wenn man Wettkämpfe in hügeligem Gelände bestreiten will, sollte man auch auf Hügeln trainieren. Aber im Labor kann man nur schwer messen, ob ein derartiges Training Sie auch zu einem besseren Läufer auf dem flachen Land und der Bahn macht. (Anscheinend waren Bowermans Argumente, warum er Bahnläufern kein Hügeltraining empfahl, wohlbegründet.) Lydiard war jedoch der Meinung, dass Sie das Bergauf- und Bergablaufen zu einem schnelleren Läufer machen kann - und die Erfolge seiner Athleten gaben ihm offensichtlich Recht.

Befürworter und Skeptiker

Die Untersuchungen des Sportphysiologen Dr. Jack Daniels ergaben, dass ein Trainingsprogramm durch zusätzliches Hügeltraining an Intensität gewinnt. Er stellte fest, dass sich der Energieverbrauch eines Läufers um 12 Prozent erhöht, wenn er eine Steigung von einem Prozent läuft. Aber nur 7 Prozent dieser Energie werden wieder wettgemacht, wenn er dieselbe Steigung wieder hinunterläuft.

An der University of Arizona beaufsichtigte Dr. Jack H. Wilmore ein Projekt von zwei Studenten. Sie trainierten zwei Gruppen von Läufern, die eine auf ebenen Strecken, die andere auf einer Stadionauffahrt. Am Ende der Studie stellten sie keinerlei Unterschiede zwischen den beiden Gruppen fest – zumindest nicht, was die Veränderung des VO_2-max betraf. „Das hat etwas zu bedeuten", sagt Dr. Wilmore, „auch wenn es Athleten vielleicht nicht hören wollen." Dr. Wilmore und sein Team testeten die Leistung der Läufer nicht auf der Bahn oder in Wettkämpfen. Es kann also sein, dass das Hügeltraining eine wichtige mentale Hilfe darstellt, weil es Läufer davon überzeugt, dass sie stärker sind.

Dr. David Costill bleibt dabei, dass das Hügeltraining theoretisch das Tempo verbessert. „Um schnell zu sein", sagt er, „muss man sich Kraft aus der gesamten vorderen und hinteren Oberschenkelmuskulatur holen, und das Hügeltraining baut beide auf." Dr. Costill hat jedoch keine Untersuchungen zu diesem Thema durchgeführt und weiß auch von keinem anderen Wissenschaftler, der das getan hätte.

„Hügeltraining ist eine weitere Form des Widerstandstrainings", so Dr. Ned Frederick. „Jedes Training läuft darauf hinaus, den Widerstand, dem sich der Körper anpassen kann, geschickt zu erhöhen. Mit Hügeltraining kann man also den Körper überlisten. Aber es hat nichts mit Magie zu tun. Es schafft keine besondere Adaption, die man sich nicht auch woanders holen könnte."

Sportbuchautor Bob Glover ist der Meinung, dass derjenige, der Wettkämpfe in hügeligem Gelände bestreiten will, auch auf Hügeln trainieren muss. Er gibt jedoch auch einige Gründe an, warum sogar Läufer, die nur Wettkämpfe auf ebenen Strecken laufen, über Hügeltraining nachdenken sollten:

- Bergauf-Intervalle können die Haltung verbessern. Man muss sich auf seine Haltung konzentrieren, um den Hügel hoch zu kommen.
- Bergabläufe können zur Entspannung beitragen und Tempo und Schrittlänge verbessern.
- Hügeltraining ist verstecktes Tempotraining. Man kann es anstelle von anstrengenden Trainingseinheiten auf der Bahn machen, um die anaerobe Kapazität zu verbessern.
- Hügelläufe kräftigen die Beine – vor allem die Oberschenkelmuskulatur – und verringern die Gefahr einer Knieverletzung.
- Die mentale Fähigkeit, im Wettkampf mit Hügeln fertig zu werden, verbessert sich.

Glover ergänzt: „Wenn Sie auf dem flachen Land leben, seien Sie kreativ. Treppenhäuser sind z.B. eine gute Alternative."

Hügeltipps vom Experten

Zum Kraftaufbau oder zur Vorbereitung auf Wettkämpfe – die meisten Spitzenläufer nutzen Hügel für ihr Training. Bill Rodgers, der auf dem Höhepunkt seiner Karriere einen hervorragenden Ruf als Hügelläufer hatte (vor allem bergab), war einer von ihnen. Er sagte einmal zu mir: „Zunächst mal bin ich ein schlechter Bergaufläufer. Um das zu kompensieren, habe ich versucht, mehr Bergauf-Wiederholungen zu laufen. Bergab bin ich vielleicht durch meinen Fußaufsatz so erfolgreich – meine Leichtigkeit. Doch schon in der High School legte mein Trainer mehr Wert darauf, dass wir es über den Gipfel schaffen und nicht darauf, beim Hinauflaufen besonders schnell zu sein.

Ich trainiere das Bergablaufen nicht. Das einzige Mal, das ich Hügeltraining gemacht habe, war vor dem Boston Marathon. Ich fing an, mehr bergauf zu laufen, als ich sah, wie gut Randy Thomas und Greg Meyer auf den Steigungen waren."

Rodgers trainierte ausschließlich auf dem Heartbreak Hill, dem vierten der Newton Hills, der sich in der Nähe der 21-Meilen-Marke auf der Strecke des Boston Marathon befindet. Rodgers gewann Boston viermal. Obwohl der Heartbreak Hill nicht übermäßig steil ist, hat er eine Länge von etwa 550 m. Rodgers lief auf dem Grünstreifen neben der Straße und machte sechs bis zehn Wiederholungsläufe in 1:35 min. Zwischen den Bergauf-Spurts joggte er wieder bergab, wobei das Gras die Stoßbelastung beim Bergablaufen abschwächte (das ist eine wichtige Sache zur Vorbeugung von Verletzungen). „Ich sehe viele andere Läufer, die auf dem Heartbreak Hill trainieren", sagt Rodgers, „besonders vor Boston."

> *Hügeltraining hat nichts mit Magie zu tun. Es schafft keine besondere Adaption, die man sich nicht auch woanders holen könnte.*

Zu ihrer Zeit als Trainerin an der Boston University lief Joan Benoit Samuelson dort oft mit ihrem Team. „Die Mädchen im Team genossen es", erinnert sie sich. Sie machten zwischen fünf und acht Wiederholungsläufe. Zu anderen Zeiten liefen sie auf dem Summit Avenue Hill, der einige Kilometer vom Heartbreak Hill entfernt ist, aber nicht auf der Marathonstrecke liegt. Samuelson erzählte, dass ihr Team normalerweise zwei bis drei Tage brauchte, um sich von einer Trainingseinheit auf dem Summit zu erholen.

„Da ich damals in Boston lebte, kam ich nicht so oft dazu, Hügeltraining zu machen", sagt sie über das Training, das ihr bei der Olympiade von 1984 zu einem Sieg im Marathon verhalf. „Wenn ich in einem Lauf an einen Hügel kam, dann attackierte ich ihn förmlich." Da Joan Benoit Samuelson wieder in Maine lebt, hat sie nun eher Gelegenheit, in hügeligem Gelände zu trainieren.

Herb Lindsay, ehemals Spitzenläufer bei Straßenrennen, lebte in Boulder/Colorado. Dort erheben sich die Flatiron Mountains einige Tausend Meter hoch über die Stadt. In den Canyons gibt es unzählige ansteigende und abfallende Strecken, auf denen man trainieren kann. Lindsay war der Meinung, dass sich das hügelige Gelände vor der ersten Bergreihe auch für spezifisches Hügeltraining eignet, obwohl er die Bezeichnung „Incline Training" (etwa: Neigungstraining) vorzog.

Hügeltraining ist verstecktes Tempotraining. Man kann es anstelle von anstrengenden Trainingseinheiten auf der Bahn machen, um die anaerobe Kapazität zu verbessern.

„Der Nachteil in solchen Höhenlagen ist, dass man einfach kein so effektives Tempotraining machen kann, wie auf Höhe des Meeresspiegels", erklärt Lindsay. „Die dünne Luft macht einem zu schaffen, doch man kann das dadurch ausgleichen, dass man leichte Gefälle läuft. Durch die Schwerkraft, die einen nach unten zieht, kann man genauso schnell (d.h. mit der gleichen schnellen Schrittzahl) laufen, wie auf Meereshöhe. Ich habe auch bergauf trainiert, aber wahrscheinlich habe ich das Bergablaufen mit mehr System gemacht."

Ein Rat für „Flachländer"

Ein großer Anhänger des Hügeltrainings ist der ehemalige amerikanische Rekordhalter über 5000 m, Marty Liquori. Das mag einem komisch vorkommen, wenn man bedenkt, dass Liquori in Gainesville/Florida lebt, das so flach ist wie eine von Trainer Bowermans Bahnen. Als Ersatz für die fehlenden Hügel lief Liquori die Stadiontreppen der University of Florida rauf und runter. Er sagt: „Ich glaube, dass Arthur Lydiard das Laufen im Stadion befürworten würde, wenn er in Auckland ein solches Stadion hätte, wie wir in Gainesville. Unser Stadion hat Platz für 70.000 Besucher und drei verschiedene Neigungswinkel, die zunehmend steiler werden: Man braucht 35 Sekunden bis nach ganz oben und niemand schafft es, öfter als etwa acht Mal rauf und wieder runter zu kommen."

Vor dem Start der Bahnsaison trainierte Liquori dort ein- bis zweimal wöchentlich. Zwischen den „Bergläufen" lief er manchmal 4 x 400 m mit leichtem Tempo auf der Bahn, um locker zu werden. Dann rannte er wieder die Stadiontreppen hinauf. „Am Schluss ist man völlig fertig", erinnert er sich.

Liquoris „Stadionläufe" können mit Lydiards 800-m-Hügelläufen verglichen werden, die auch zu einer bestimmten Zeit seines Trainingsjahres gemacht wurden. Liquori lief auf den Stadiontreppen in der Übergangszeit zwischen seinen Langstreckenläufen und der Arbeit auf der Bahn. „Wenn man lange Strecken zurücklegt, verkürzt sich die Schrittlänge", sagt er. „Die Beinmuskulatur dehnt sich nicht aus und dadurch wird sie ziemlich schwach. Als Übergang legt man eine „Hügelphase" ein. Wenn man Steigungen läuft, muss man seine Schrittlänge vergrößern. Man verstärkt Kniehub und Armschwung und drückt sich mit den Zehen und Waden nach oben. Das stärkt die Oberschenkel- und Gesäßmuskulatur, bevor Sie wieder auf die Bahn gehen. Das stammt direkt aus Arthur Lydiards Buch."

Ein weiterer wichtiger Punkt: Wenn man nur wenig Zeit fürs Training hat, kann man die Muskeln schneller auf Steigungen als auf ebenen Strecken belasten.

„Wenn ich auf Reisen war und wusste, dass ich nur eine halbe Stunde Zeit zum Training hatte", sagt Liquori, „dann habe ich mir einen Hügel gesucht. Das hat mir mehr Kraft abverlangt als ein 90-minütiger Lauf."

Wenn Sie keinen Hügel und kein Stadion in der Nähe, aber Wettkämpfe in hügeligem Gelände vor sich haben, sollten Sie es vielleicht mit einer anderen Trainingsvariante versuchen. Fred Wilt hat einmal gesagt: „Wenn Sie im Training nicht bergauf laufen können, dann müssen Sie viele Läufe mit gleichmäßigem Tempo machen und zwischendurch für 50 m mit voller Kraft losstürmen. Man benötigt beim Bergauflaufen weit mehr Energie als auf ebenen Strecken. Man muss sich so an den erhöhten Energieaufwand in einem Wettkampf gewöhnen."

Eine weitere Möglichkeit ist ein Laufband, das unterschiedliche Steigungen simulieren kann. Heutzutage haben viele Läufer solche Geräte zu Hause. Oder sie gehen in ein Fitness-Studio, in denen man dieselben Muskeln auf Laufbändern und anderen Maschinen trainieren kann.

Hügeltraining als Krafttraining

Jeff Galloway schrieb in einem Artikel in der amerikanischen *Runner's World*: „Viele Trainer und Experten für Krafttraining sind der Meinung, dass einem Hügeltraining mehr Kraft für den Lauf geben kann als Hanteln oder Maschinen. Durch die Steigung wird die untere Beinmuskulatur gestärkt. Wenn Sie an dieser Stelle kräftige Muskeln haben, können Sie sich effizienter abstoßen, eine bessere Laufhaltung aufbauen und Ihre gesamte Beinmuskulatur kräftigen.

Gewichtheben stärkt dieselben Muskeln, aber es trainiert sie nicht für die Anforderungen des Laufens. Für eine gleichmäßige Schrittlänge müssen die großen und kleinen Muskeln in den Beinen perfekt zusammenarbeiten. Hügeltraining fördert sowohl Kraft als auch Koordination."

Als Ron Gunn Langstreckenläufer trainierte, nutzte er oft ein 200 m langes, abfallendes Fairway auf einem Golfplatz. Dort ließ er sein Team nach einem schnellen Lauf von etwa 10 km auf dem Grün rauf und runter sprinten.

SO WIRD HÜGELTRAINING ZUM KINDERSPIEL

Hier sind einige Tipps, die Ihnen das Bergauflaufen erleichtern werden und es angenehmer machen. Setzen Sie sie ein, wenn Sie das nächste Mal vor einem hohen Hügel stehen. Diese Tipps werden Sie mit Sicherheit sowohl im Training als auch im Wettkampf voranbringen.

Genießen Sie den Hügel. Sehen Sie das Hügeltraining als Gelegenheit, um sich zu entspannen, das Tempo zu wechseln und andere Muskeln zu beanspruchen.

Sehen Sie nach oben. Das macht es leichter, den Körper senkrecht zum Boden zu halten, wodurch Sie den besten „Zug" haben.

Schalten Sie in einen anderen Gang. Suchen Sie sich eine kurze, schnelle Schrittlänge. So laufen Sie am effizientesten, mit dem geringsten Energieverlust.

Übertreiben Sie es nicht. Hügeltraining ist nur hart, wenn Sie es dazu machen. Sie müssen nicht mit demselben Tempo laufen wie auf ebener Strecke. Laufen Sie an die Spitze. Wenn Sie den Gipfel erreicht haben, sollten Sie schnell wieder Ihr altes Tempo aus der Ebene aufnehmen. Ein Radfahrer würde hier in einen höheren Gang schalten und ein Langläufer seine Stöcke einsetzen. Das sollten Sie auch tun.

Gunn beschrieb dieses Training folgendermaßen: „Man läuft den Hügel schneller als mit Wettkampftempo hinauf, dann joggt man zur Entspannung auf dem Gipfel. Die ersten, steilen 75 m des Abhangs läuft man mit leichtem Tempo. Wenn es flacher wird, entspannt man sich, geht auf die Fußballen, hält die Arme gerade und sprintet den Hügel hinunter. Das nennen wir „in den fünften Gang schalten". Am Fuße angelangt, joggt man wieder etwas, dann sprintet man wieder zum Fuß der Steigung, joggt wieder etwas und läuft dann wieder hinauf. Das Ganze macht man etwa sechsmal. So entwickelt man Tempo und Kraft und man lernt, wie man einen Hügel richtig angeht."

Eine andere Gunn'sche Runde auf einer alten Landstraße ging über einen Hügel mit drei verschiedenen Steigungen, auf denen seine Läufer abwechselnd schnell und langsam liefen, je nach Gefälle. Vor größeren Wettkämpfen ließ Gunn seine Truppe für ganze acht Wochen zweimal wöchentlich Hügel rauf und

runter laufen. Manchmal war das nur ein Teil des strukturierten Trainingsprogramms, manchmal machte es die gesamte Trainingseinheit aus. Gunn sagt: „Hügeltraining eignet sich auch gut, um ohne Verletzungsrisiko schnell in Form zu kommen. Für ein effektives Training muss man nicht sehr viel laufen. Außerdem muss man nicht so viele Wiederholungen machen."

Liquori ergänzt: „ Läufer von dem Kaliber, wie wir sie heute haben, kann man mit Intervalltraining auf der Bahn nicht genug fordern. Man setzt eine Trainingseinheit von 20 x 400 m in je 55 Sekunden an und sie kriegen es wahrscheinlich hin. Kurz vor dem Ende ziehen sie sich aber vielleicht eine Sehnenentzündung oder einen Bänderriss zu. Beim Hügeltraining kann man mehr erreichen, indem man weniger tut. Wenn man an den Punkt kommt, an dem jeder um die 200 km pro Woche mit einem Tempo von 3:30 min/km läuft, muss man andere Wege finden, um die Belastung zu erhöhen. Hügeltraining könnte der Trend der Zukunft sein."

Trotzdem eine Warnung: Hügeltraining strapaziert Muskeln, Sehnen und die Bänder Ihrer Füße, besonders an den Fußsohlen, weil man sich beim Bergauflaufen mit dem Fußballen abstößt. Dadurch kann sich die Fußsohlenfaszie (Plantar fascia) entzünden. Bei dieser Verletzung, dem sogenannten Fersensporn, spürt man einen scharfen Schmerz an der Ferse (wo das Band ansetzt). Es fühlt sich an wie eine Fersenverletzung, doch das ist es nicht. Dr. Steven Subotnik aus Hayward/ Kalifornien erklärt, dass der Fersensporn in seiner Gegend eine weit verbreitete Verletzung ist, weil Läufer dort sehr viel auf hügeligen Strecken trainieren. Wenn Sie also Hügeltraining in Ihr Trainingsprogramm aufnehmen wollen, tun Sie das nur allmählich. Denken Sie dabei wie ein Anfänger, denn wenn Sie es mit dem Hügeltraining langsam angehen lassen, verringern Sie Ihr Verletzungsrisiko.

Den Gipfel stürmen

Spitzenläufer nehmen sich Hügel vor, um ihrem Training eine Intensität zu geben, die sie sonst nirgendwo erreichen können. Doch was ist mit den Läufern im Mittelfeld? Trainer Gunn kann es Ihnen sagen. In einigen seiner Kurse hat er genau diese Leute trainiert: Männer und Frauen, jung und alt, mit wenig Wettkampferfahrung. „Ich lasse sie Runden auf denselben Hügeln laufen", sagt Gunn, „nur mit anderen Techniken. Wie die Langstreckenläufer müssen sie eine Art Tempolauf machen. Dann kommt die Trainingsphase, in der sie Hügeltraining machen. Sie fangen mit drei bis vier Wiederholungen an und steigern sich bis auf sieben oder acht, jeweils schneller als Wettkampftempo. Dazwischen drehen sie um und joggen nach unten. Die anderen Phasen fallen für sie aus.

Wir laufen auf Golfplätzen oder auf Waldwegen. Von harten Straßen sind wir mittlerweile abgekommen. Es ist ziemlich schwierig, sich beim Bergauflaufen zu verletzen. Wo man jedoch vorsichtig sein muss, ist das Bergablaufen."

In der Forschungsabteilung von Nike Sport untersuchte Tom Clark die Stoßbelastung beim Bergab- und Bergauflaufen. Zehn gut trainierte Läufer mussten bei verschiedenen Neigungswinkeln laufen, von 6 Prozent Steigung bis 8 Prozent Gefälle, mit einem Tempo von etwa 4 min/km. Bei der höchsten Steigung lag die Belastung bei nur 85 Prozent dessen, was beim Laufen auf ebenen

Strecken auftritt. Das steilste Gefälle bedeutete 40 Prozent mehr Belastung für die Beine – und damit ein erhöhtes Verletzungsrisiko.

Es könnte also sein, dass man Hügeltraining – vor allem intensives Training – an den Tagen machen sollte, an denen man gut ausgeruht ist. Und innerhalb einer Trainingseinheit sollte man es nach einem guten Warm-up ansetzen, wenn man entspannt, aber nicht übermäßig erschöpft ist. „Man verletzt sich eher, wenn man müde ist", sagt Herb Lindsay über sein „Incline Training".

Was nach oben geht, muss natürlich auch wieder runter kommen – oder nicht? Marty Liquori erzählte von einem Trick, den er von den neuseeländischen Weltklasseläufern Rod Dixon und John Walker gelernt hatte: einfach nicht bergabzulaufen. „Anstelle von 4-min-Intervallen auf der Bahn, liefen sie einfach zehn Minuten einen steilen Hügel hinauf und ließen sich dann wieder hinunterfahren", erklärt er. Das ultimative Ausnahmerecht des Athleten: Ein zufriedener Trainer wartet auf dem Gipfel eines Berges neben einem Auto. Doch auch wenn Sie vergeblich nach oben starren, werden die meisten Läufer feststellen, dass Hügeltraining sie zu besseren Läufern macht.

Hügeltechnik

Sobald Sie sich davon haben überzeugen lassen, dass das Hügeltraining Sie zu einem schnelleren Läufer machen kann, sollten Sie anfangen, sich eine gute Hügeltechnik zuzulegen.

Ich gab Unterricht im Green Mountain Running Camp im Norden Vermonts. Es war Sommer, jeden Morgen konnte ich von dem hochgelegenen Campus des Lyndon State College über die bergige Landschaft sehen. Der Nebel hing in den Tälern, die Bergspitzen ragten bis in den Himmel. Ich hätte ewig in diesen Bergen laufen können.

Doch nachdem ich die Läufer im Trainingslager beobachtet hatte, stellte ich fest, dass nicht jeder wußte, wie man Hügel richtig angeht – egal aufwärts wie abwärts. Ihr größter Haltungsfehler war, dass sie nicht wussten, in welche Richtung sie sich neigen sollten. Wenn sie bergauf liefen, neigten sie sich zum Hügel hin, beim Hinunterlaufen lehnten sie sich nach hinten. Eigentlich hätten sie genau das Gegenteil tun sollen.

BERGAUF. Beginnen wir mit dem Bergauflaufen, das Läufern besonders schwerfällt. Bei der Hügeltechnik können Läufer sehr viel von Langläufern und Radfahrern lernen. Beim Bergauffahren fixiert ein Langläufer die Spitze des Hangs. Dadurch, dass er seinen Blick nach oben richtet, verlagert sich sein Gewicht leicht nach hinten. So verankern sich seine Skier fest auf dem Boden und rutschen nicht ab. Wenn er sich nach vorne lehnt, verlieren die Skier die Bodenhaftung. Gegen Ende eines Langlaufrennens muss ich immer dagegen ankämpfen, nicht vor Müdigkeit nach vorne zu sacken, wodurch meine Skier nach hinten rutschen würden.

Das Gleiche gilt für das Radfahren. Als ich das erste Mal auf einem Mountainbike saß, lernte ich auch sehr schnell, beim Bergauffahren hinten im Sattel zu sitzen. Wenn ich das nicht tat, drehten meine Räder durch. Für die beste Bodenhaftung des Bikes muss man das Gewicht auf das antreibende, also das Hinterrad verlagern. Das ist beim Laufen genauso: Sie müssen lernen, den Oberkörper nach hinten zu nehmen, wenn Sie bergauf laufen. Wenn Sie Ihren Blick zum Gipfel richten, kommen Sie auch zum Gipfel.

> **Der größte Fehler beim Berglaufen ist eine falsche Haltung des Oberkörpers.**

Wechseln Sie außerdem das Tempo, wenn es bergauf geht. Genauso wie ein Radfahrer für mehr Antrieb herunterschaltet, müssen Läufer einen anderen Gang einlegen, indem sie kürzere und schnellere Schritte machen. Überanstrengen Sie sich jedoch nicht auf dem Weg nach oben, sonst haben Sie nicht mehr genug Kraft fürs schnelle Bergablaufen.

BERGAB. Das Bergablaufen erfordert andere Fertigkeiten und eine andere Körperhaltung. Auf den letzten Kilometern des Boston Marathon versuchen die Zuschauer an der Commonwealth Avenue die Läufer zu ermutigen, indem sie ihnen zurufen: „Jetzt geht es nur noch bergab!" Tatsächlich finden die meisten Läufer das Bergablaufen schwieriger als das Bergauflaufen. Nach oben schafft man es mit Mumm, nach unten braucht man Geschick und eingeübte Techniken.

Kenny Moore, Marathonläufer bei den Olympiaden von 1968 und 1972, hat mir einiges über das Bergablaufen beigebracht. Bei Recherchen über das Hügeltraining für einen Artikel in *Runner's World* erzählten mir mehrere Läufer, dass Moore ihr Guru fürs Bergablaufen sei. Also nahm ich Kontakt zu ihm auf und erhielt kurze Zeit später einen Brief, der es auch mehrere Jahrzehnte später noch wert ist, in ganzer Länge abgedruckt zu werden.

Ich habe einen wiederkehrenden Traum (er kam zweimal), in dem ich mich unbekümmert über einen Klippenrand bewege und an dem Fels mit flüssigen, 20 Meter langen Schritten hinunterlaufe. Doch das Gefälle endet nicht abrupt auf dem flachen Boden, sondern wird allmählich weniger steil. Meine Sprünge – von der Schwerkraft unterstützt – verkürzen sich auf 15, dann auf 10 Meter. Mein Tempo fällt von 200 auf 120 km/h. Schließlich – immer angenommen, dass meine hintere Oberschenkelmuskulatur entspannt bleibt, während der Hang meine Füße unter meinem Oberkörper mit einem Tempo dahinrasen lässt, das sechsmal höher ist als das, das meine Muskeln von allein erreichen können – lande ich sicher auf dem flachen Gelände, mehrere Kilometer unterhalb meines Ausgangspunktes. Dort komme ich endlich zum Stehen.

Ich nehme nicht an, dass das möglich ist. Aber es kann vielleicht als Anschauung für die Dinge dienen, die das Bergablaufen leichter machen.

Am wichtigsten, denke ich, ist einfach purer Größenwahn – jedoch am besten einer, der aus Erfahrung entstanden ist und einen sorglos und ohne Angst zu stürzen ein Gefälle herunterpreschen lässt. Denn Furcht, da bin ich mir sicher, nimmt einem die nötige Entspanntheit. Zumindest am Anfang muss man etwas wagemutig sein, um sich so nach vorne zu lehnen, dass der Oberkörper im rechten Winkel zum Hang steht, und mit derselben Intensität und demselben Fußaufsatz zu laufen, wie auf dem Flachen. Die Idee besteht natürlich darin, die Schwerkraft die ganze Arbeit machen zu lassen, und das geht nicht, wenn man mit den Fersen den Hang runterpoltert oder mit den Fußsohlen am Boden entlangschleift.

Das Bergablaufen muss man auch trainieren, um die Oberschenkel auf die extreme Stoßbelastung vorzubereiten und um die Beine an die höhere Schrittfrequenz zu gewöhnen, auch wenn die Hinterseiten der Beine und der Rücken nichts anderes tun müssen als hinterher zu ziehen. Meiner Meinung nach sind Steigerungsläufe bergab ein wunderbares Tempotraining, aber das ist ja nichts Neues. Arthur Lydiard lehrt das seit Jahren in Neuseeland und 1960 lief Alan Lawrence Intervalle (400 m in 0:48 min und 600 m in 1:14 min, wenn ich mich recht erinnere), wobei er sich hinten an einem fahrenden Auto festhielt. Er war der Meinung, dass ihm das helfen würde und dass es zeigte, wie wichtig Zuversicht sei. Ich denke, dabei ging es um die gleiche Sache.

Der einzige Tipp, den ich noch geben kann, ist: Man sollte nicht völlig erschöpft auf dem Gipfel ankommen, denn dann funktioniert das Ganze nicht. Ich würde jedem auf dem Weg nach oben 5 oder 10 m Vorsprung geben und das bergab auf der anderen Seite zweimal wieder einholen, wenn ich so Kraft sparen kann, um meine Knie weiterhin nach oben zu kriegen.

Das Hauptproblem beim Bergablaufen – das hatte Moore verstanden – ist die Einstellung. Nicht die geistige Einstellung, sondern Einstellung in dem Sinn, wie Astronauten diesen Begriff verwenden, um das Positionieren einer Raumkapsel zu beschreiben. In einem Interview mit Mario Andretti für ein Buch über Autorennen, das ich gerade schrieb, sprach auch er von „Einstellung", als es darum ging, wie er seinen Rennwagen beim Indy 500 in der Kurve in den richtigen Winkel bringen wollte.

Die richtige Einstellung eines Läufers auf dem Weg nach unten ist, sich leicht nach vorne zu beugen. Genauso, wie Sie von Radfahrern und Langläufern lernen können, sich beim Bergauflaufen zurückzulehnen und in einen anderen Gang zu schalten, können sie von diesen anderen Sportlern auch etwas über das Berg-ablaufen lernen.

Wenn ein Langläufer bergab fährt, verteilt er sein Gewicht gleichmäßig auf beide Skier, neigt sich aber aus der Taille nach vorne in eine Hockposition, um den Luftwiderstand zu minimieren. Ein Radfahrer tut das Gleiche. Als Läufer

müssen Sie sich über den Widerstand nicht so viele Gedanken machen, aber Sie sollten sich ebenfalls nach vorne beugen, damit Sie der Hang nach unten tragen kann. Das macht Sie nicht nur schneller, sondern Sie verringern auch die Wucht des Aufpralls, weil Sie ihn von den Fersen weg verlagern. Wenn Sie abbremsen, werden Sie langsamer und die Mühe, die Sie gerade in das Bergauflaufen gesteckt haben, war umsonst.

Hier kommt die Einstellung ins Spiel, denn Sie müssen sich richtig schräg stellen, nicht nur nach vorne lehnen. Die Neigung beginnt an der Hüfte und ist minimal. Um diese Hüftneigung beherrschen zu können, brauchen Sie etwas Übung. Suchen Sie sich ein langes Gefälle – nicht zu steil – und experimentieren Sie beim Laufen mit verschiedenen Neigungswinkeln. So finden Sie raus, wie sich ein veränderter Winkel sowohl auf Ihr Tempo als auch auf Ihr Wohlbefinden auswirken kann.

Und schließlich: Sie sollten den Streckenverlauf der Rennen kennen, auf denen Sie starten wollen. Bei der Vorbereitung auf den Boston Marathon rate ich den Läufern immer zum Bergab-, als auch zum Bergauflaufen. Die vier Newton Hills – inklusive des berühmten Heartbreak Hill – sind ziemlich berüchtigt, doch die Strecke verläuft mehr bergab als bergauf. Zwischen dem Vorort Hopkinton, wo die Strecke beginnt, und dem Ziel in der Boylston Street im Zentrum von Boston, fällt sie um etwa 140 Meter.

Manche Gefälle beim Boston Marathon – wie das auf den ersten beiden Kilometern – sind recht beachtlich. Andere wiederum sind so sanft, dass man sie kaum bemerkt. Das gilt besonders für die letzten acht Kilometer, auf denen müde Läufer die meisten Schwierigkeiten haben, mit dem Gefälle fertig zu werden. Und dort schädigen sie auch ihre Beinmuskulatur am meisten, weil sie nicht mehr genug Kraft haben, die nach vorne geneigte Haltung auf der abschüssigen Strecke beizubehalten. Sie verlieren Ihre Laufhaltung und setzen Ihre Füße mit großer Wucht auf. Die Folge ist, dass sie nach dem Rennen eine Woche lang mit steifen Beinen herumlaufen.

Um die Schädigung der Muskulatur zumindest teilweise zu verhindern, sollte man das Bergablaufen trainieren. Wenn ich vor Boston auf dem Hügel vor meinem Haus Wiederholungsläufe machte, lief ich normalerweise für zwei Bergauf-Wiederholungen eine Bergab-Wiederholung. Wenn man es mit dem Bergab-Training übertreibt, erhöht man das Verletzungsrisiko durch die Wucht des Aufpralls.

Dennoch kann Sie das Hügeltraining zu einem stärkeren Läufer machen. Und beim schnellen Laufen ist Kraft gleich Schnelligkeit – wie wir im folgenden Kapitel sehen werden.

REINE SCHNELLIGKEIT

Wenn man bergab läuft, wird man schneller. Es ist die reine Schnelligkeit. Doch wenn es sehr steil wird, ist das nicht immer ein angenehmes Gefühl. Hier ist eine Methode in vier Schritten, wie Sie mit dem steigenden Tempo fertig werden können.

1. *Wenn Sie beginnen, bergab zu laufen, neigen Sie sich von der Hüfte aus etwas nach vorne. Wie stark die Neigung sein sollte, hängt vom Grad des Gefälles ab.*

2. *Beim Schnellerwerden nehmen Sie die Knie höher und vergrößern Ihre Schrittlänge, um das höhere Tempo bewältigen zu können.*

3. *Für eine bessere Balance, vor allem auf unebenem Untergrund, heben Sie Ihre Ellbogen nach oben und zur Seite.*

4. *Setzen Sie mehr auf den Fußballen als auf den Fersen auf, um den Aufprall abzufedern.*

Und das Wichtigste: Übung! Wie bei jeder anderen Technik im Sport braucht es Zeit, um das Bergablaufen zu lernen. Gegen Ende eines langen Laufes oder Rennens wird es schwieriger, bergab zu laufen, weil Sie sich aus lauter Erschöpfung nicht mehr auf die oben erwähnten Techniken konzentrieren können. Die Leute, die auf den letzten Kilometern des Boston Marathon versuchen, die Läufer zu ermutigen, meinen es gut, aber Bergablaufen ist kein bisschen einfacher als ein Raumschiff zu fliegen oder beim Indy 500 einen Rennwagen zu fahren.

Ruhetag

DIE KRAFT MACHT'S
Muskeln aufbauen für mehr Geschwindigkeit

Noch vor zehn Jahren war mein Vorschlag seine Zeiten zu verbessern, indem man Krafttraining in sein Trainingsprogramm mit aufnimmt, den meisten Läufern nur schwer zu verkaufen. Sie waren Läufer und wollten nur laufen. Sie wollten geradewegs aus der Tür und einfach nur auf der Straße oder im Wald laufen. Laufen machte ihnen Spaß. In ein Fitness-Studio zu gehen und Eisen zu stemmen, machte ihnen keinen Spaß.

Die Zeiten haben sich geändert. Die neue Läufergeneration weiß um die Bedeutung des Krafttrainings – es ist nicht nur ein Mittel, um schneller zu werden, sondern auch ein Weg, Verletzungen zu vermeiden und allgemein die Gesundheit zu verbessern. Dies schließt auch die steigende Zahl von Läuferinnen ein, die sich schon lange nicht mehr davor scheuen, einen Kraftraum zu betreten, der früher die alleinige Domäne muskelbepackter Männer gewesen ist. Und die Männer haben sich daran gewöhnt, dass auf der nächsten Bank eine Frau sitzt und Gewichte stemmt.

Die Frage ist also nicht mehr, ob man Krafttraining betreiben sollte, sondern wie man es am besten tut.

Leider gibt es noch immer zu viele ernsthafte Läufer, die keine Übungen zur Kräftigung der Muskulatur kennen oder sich davor drücken. Ich gebe zu, dass auch ich manchmal mein Krafttraining vernachlässige. Wenn ich kurz vor dem Abendessen feststelle, dass ich vielleicht eine halbe Stunde habe, um noch ein bisschen Training einzuschieben, entscheide ich mich meistens lieber für einen Lauf draußen als dafür, im Keller mit Gewichten zu arbeiten. Trotzdem bin ich in den letzten Jahren konsequenter geworden, weil ich weiß, dass für einen älteren Läufer wie mich das Krafttraining für meine Gesundheit ebenso wichtig ist wie für meine Fähigkeit, ein schnelles 5-km-Rennen zu bestreiten.

Striche in der Landschaft

Viel zu viele Läufer sehen aus wie Striche in der Landschaft. Wir sind mager und haben wenig muskulöse Oberkörper. Das Laufen trainiert den unteren Teil des Körpers, tut aber wenig für den Oberkörper. Die Armbewegungen, die wir als Gegengewicht zur Beinbewegung ausführen, helfen etwas, aber nicht sehr. Dann steht noch die Frage im Raum wie groß die Vorteile für Läufer exakt sind, wenn sie zur Ergänzung Krafttraining oder Cross-Training betreiben. Hilft einem das Krafttraining wirklich dabei, schneller zu laufen, oder ist es einfach ein Reklametrick, um Sportgeräte und Mitgliedschaften in Fitness-Studios unter die Leute zu bringen?

Während einige Läufer der Meinung sind, dass Gewichtheben und andere Arten des Krafttrainings durchaus ihre Wirkung zeigen, räumen viele Wissenschaftler ein, dass es dafür kaum schlüssige Beweise gibt. Die Erfolge sind nicht einfach zu belegen, weder auf der Bahn, noch in sportmedizinischen Untersuchungen. Sie hängen zum Einen von der Wettkampfstrecke, zum Anderen von den Anlagen und der Trainingshäufigkeit jedes Einzelnen ab. Die meisten Wissenschaftler räumen ein, dass dokumentierte Studien für die Gruppe der jungen, männlichen Spitzenläufer keinerlei Beweise für irgendwelche Gewinne durch Krafttrainings liefern konnten – obwohl das individuell in anderen Gruppen anders aussehen kann. In Studien an der University of Massachusetts wurde beispiels-

> *Ich weiß, dass für einen älteren Läufer wie mich das Krafttraining für meine Gesundheit ebenso wichtig ist wie für meine Fähigkeit, ein schnelles 5-km-Rennen zu bestreiten.*

weise bei älteren Läufern, die Krafttraining in ihren Trainingsplan aufgenommen hatten, ein Kraftzuwachs von 10 bis 15 Prozent festgestellt. Dr. Daniel Becque, der die Studie durchgeführte, schränkt jedoch ein, dass Muskelstärke für Sprinter wahrscheinlich von größerer Bedeutung ist als für Langstreckenläufer. „Würde der Olympiasieger Haile Gebrselassie plötzlich anfangen, Gewichte zu stemmen, wäre das völlig fruchtlos", sagt Dr. Becque.

Ich habe mehrmals mit Dr. David Costill, dem ehemaligen Wissenschaftler an der Ball State University, über dieses Thema gesprochen. Er konstatiert, dass Krafttraining einen zu einem besseren Gewichtheber macht, aber nicht notwendigerweise zu einem besseren Läufer. „Es gibt keine harten, objektiven Fakten", sagt er, „die beweisen, dass man schneller läuft, wenn man Krafttraining betreibt."

Stärken Sie Ihre Muskeln

Dennoch findet das Training mit Gewichten Befürworter unter den Läufern. Sie sagen zum Bespiel, dass Krafttraining dazu beitragen kann, die Schrittlänge zu vergrößern – ein Kriterium, das schnelle Läufer von langsamen unterscheidet.

Dr. Armstrong arbeitete zusammen mit Dr. Costill an einer Studie über die Unterschiede zwischen Sprintern und Langstreckenläufern.

Die Sprinter waren muskulöser, die Langstreckenläufer eher mager. Dr. Costill und Dr. Armstrong filmten die Athleten bei einem Sprint mit Höchstgeschwindigkeit. Sie stellten fest, dass Sprinter wie Langstreckenläufer den Körper bei diesem Tempo im gleichen Winkel hielten – nämlich aufrecht. Sie fanden jedoch auch einen aufschlussreichen Unterschied – die Schrittlängen. Bei Höchstgeschwindigkeit war die Schrittlänge der Sprinter größer als die der Langstreckenläufer, obwohl die Schrittfrequenz dieselbe war. Offensichtlich waren es die längeren Schritte, die es den Sprintern ermöglichten, auf kürzeren Distanzen schneller zu laufen. Das gab ihnen den „extra Kick".

„Da die Schrittlänge, und nicht die Schrittfrequenz, für das Tempo am wesentlichsten ist", so Dr. Armstrong in seiner Zusammenfassung, „sollte sich das Training auf die Muskeln konzentrieren, die für einen langen, kraftvollen Schritt sorgen; also die Hüft-, Oberschenkel- und Unterschenkelmuskulatur." Er stellte fest, dass Tempotraining gerade diese Muskeln ansprach. Er war der Auffassung, dass diese Studie die Trainer unterstützte, die Übungseinheiten zur Stärkung der Muskulatur empfehlen, wie Hügeltraining und Sprungübungen, um die Beinmuskeln zu kräftigen und damit die Schrittlänge zu vergrößern. Er stellte jedoch auch fest, dass die Arbeit mit Gewichten noch ein Eckchen mehr schafft und außerdem die Gelenke stabilisiert, weil sie deren umgebende Muskulatur stärkt.

Um die Kraft der Hüftstrecker, Hüftbeuger, Kniestrecker und Wadenmuskulatur zu erhöhen, empfiehlt Dr. Armstrong Kniebeugen, Ausfallschritte, Hüftdehnungen und Fersenheber. Er warnt davor, das Muskeltraining zu schnell anzugehen, um Verletzungen an Bändern, Muskeln und Sehnen zu vermeiden.

Im Folgenden nun einige Übungen mit Gewichten zur Kräftigung dieser Teile des Körpers. Die besten Resultate erzielen Sie, wenn Sie 50 bis 60 Prozent des Höchstgewichts, das Sie stemmen können, in Sätzen von jeweils 12 Wiederholungen heben.

KNIEBEUGEN. Stellen Sie sich hin, die Füße schulterbreit (oder weiter) auseinander; das Gewicht der Hantel liegt auf den Schultern und im Nacken. Beugen Sie die Knie und senken Sie den Rumpf, bis Ihre Oberschenkel fast einen 45-Grad-Winkel zu Ihren Unterschenkeln bilden. Die Bewegung sollte gleichmäßig, langsam und kontrolliert sein. Die Hantel sollte ausbalanciert sein, sich also so wenig wie möglich nach vorne oder hinten bewegen. Sobald Sie die unterste Position erreicht haben, richten Sie sich mit einer gleichmäßigen, aber zügigen Bewegung auf. Schließen Sie die Bewegung ab, indem Sie die Hüfte nach vorne schieben. (Tiefer in die Hocke zu gehen ist nicht ratsam, da sich so die Verletzungsgefahr erhöht.) Diese Übung stärkt vier Muskeln: den vierköpfigen Oberschenkelmuskel, den dreiköpfigen Wadenmuskel, den großen und kleinen Gesäßmuskel und den breiten Rückenmuskel (Die Übung entspricht dem Fitnessgerät „Beinpresse" (Leg Extension), wird hier jedoch stehend statt in Schräglage ausgeführt).

FERSENHEBER. Stellen Sie sich hin - Beine schulterbreit auseinander – und platzieren Sie eine Hantel auf den Schultern hinter dem Nacken. Sie brauchen ein Brett von 1 bis 2 cm Höhe. Stellen Sie sich mit den Fußballen auf das Brett und mit den Fersen auf den Boden. Ansonsten nehmen Sie die gleiche Stellung ein wie bei der ersten Übung. Heben Sie die

> *Viel zu viele Läufer sehen aus wie Striche in der Landschaft. Wir sind mager und haben wenig muskulöse Oberkörper.*

Fersen vom Boden, sodass Ihr gesamtes Gewicht vorne auf den Ballen lastet. Die Bewegung sollte langsam und kontrolliert sein. Bewegen Sie sich zurück in die Startposition und wiederholen Sie die Übung. Auch ohne Gewichte ist dies eine gute Dehnübung. Sie kräftigt den zweiköpfigen Wadenmuskel und den Schollenmuskel, die Hauptmuskeln des Unterschenkels (am Fitnessgerät: „Fersenheber" (Calf Raise)).

HÜFTDEHNUNG. Diese Übung führen Sie am besten mit Hilfe eines Fitnessgeräts aus, das über einen Seilzug verfügt, an dessen Ende sich ein Gurt befindet, in den Sie ihre Wade legen können. Stehen Sie aufrecht, blicken Sie in Richtung des Geräts oder zur Wand und halten Sie sich am Gerät fest. Die Beine sollten schulterbreit auseinander stehen. Bewegen Sie das Bein im Gurt in einem 45°-Winkel nach hinten. Wenn nötig, beugen Sie das Standbein, aber halten Sie das andere Bein gerade. Bringen Sie das Bein gegen den Widerstand zurück in die Ausgangsposition und wiederholen Sie das Ganze. Nun das andere Bein. Diese Übung kräftigt vor allem den großen Gesäßmuskel und die rückwärtige Oberschenkelmuskulatur (am Gerät: Hüftstrecker-Maschine; auch am Boden ausführbar: Kniestützstand, das Bein nach hinten wegstrecken).

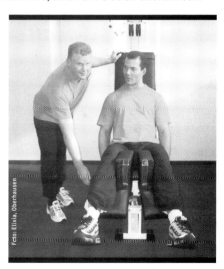

Diese Übungen stärken auf jeden Fall Ihre Beinmuskulatur und machen Sie so möglicherweise zu einem besseren Sprinter. Aber machen sie Sie auch zu einem besseren Langstreckenläufer?

Genau diese Frage beschäftigte mich. Ich machte mir Sorgen wegen der schwachen Leistungen, die ich im Bereich Muskelkraft bei einem Leistungstest in einer Klinik gezeigt hatte. Ich fuhr nach Hause und suchte Rat bei Charles Wolf, dem Direktor einer Physiotherapieabteilung.

Dr. Coopers Test hatte gezeigt, dass ich bei den Beinpresse- und Kniebeuge-Übungen nur wenig Kraft hatte, selbst für meine Altersgruppe. Doch er hatte nur die reine Muskelkraft gemessen; die Kraft, die einen zu einem besseren Sprinter oder Gewichtheber macht. Wolf führte die gleichen Tests durch, zog jedoch noch einen hinzu – einen Ausdauertest für die Beine, der 30 Wiederholungen beinhaltete und nicht nur vier, wie in Coopers Test. Bei der 30sten Wiederholung hatte ich noch immer beinahe dieselbe Kraft wie bei der ersten. Ich hatte Ausdauer.

Aber was ist mit der Kraft? „Als Langstreckenläufer braucht man nicht so viel Kraft", räumte Wolf ein. „Man braucht nur etwas Kraft zur richtigen Zeit." Die „richtige Zeit" ist der Moment, an dem das Bein sich vom Boden abstößt und den Läufer nach vorne befördert. Diese spezielle Bewegung ist funktionell und wird am besten durchs Laufen trainiert. Daher ist die Arbeit mit Gewichten für Langstreckenläufer wohl am besten als Ausgleichstraining geeignet.

Wer am meisten davon profitiert

Glauben Sie, dass Ihre läuferischen Qualitäten vom Krafttraining profitieren? Es gibt bestimmte Gruppen, die wahrscheinlich mehr davon haben als andere.

DIE EKTOMORPHEN. Hier geht es um Menschen, die schmal gebaut sind – im Wörterbuch heißt das höflich „von schlankem Körperbau" – also die, die Brunick als Striche in der Landschaft beschreibt. Ektomorph ist das Gegenteil von endomorph, was jemanden mit mehr Muskelmasse und einem schwereren Körperbau bezeichnet. Ektomorphen wissen, was gemeint ist, und ich bin einer von ihnen. Ich bin ein guter Läufer, weil ich knapp 75 kg wiege. Der muskulöseste Teil meines Körpers sind meine Beine. Die ersten Plätze bei sämtlichen Langstreckenrennen werden fast ausschließlich von Ektomorphen belegt; das sind die, die als Kinder immer als letzte in die Fußballmannschaft gewählt wurden. (Man könnte 5-km-Rennen auch unter das Motto stellen: „Die Rache der Schmächtigen".) Viele, wenn nicht sogar die meisten dieser Langstreckenläufer, müssten zumindest ein wenig Krafttraining machen, um ihre Kondition und ihr Tempo aufrechterhalten zu können – natürlich nur, solange das nicht wesentlich ihren Umfang und ihr Gewicht erhöht.

FRAUEN. Einer der Hauptunterschiede zwischen Männern und Frauen liegt in der Kraft. Das ist eine schlicht genetische Tatsache. Sportwissenschaftler verweisen oft auf diesen Kraftunterschied, um zu erklären, warum

Sportlerinnen in keiner Sportart – sei es Golf, Tennis oder Ski fahren – auf gleicher Ebene mit ihren männlichen Gegnern konkurrieren können. Frauen können also wahrscheinlich mehr vom Krafttraining profitieren als Männer – solange die zusätzliche Kraft nicht zu zusätzlichem Gewicht wird oder zu „hässlichen" Muskeln in den Augen von Schönheitsbewussten. Weil mehr und mehr Frauen klar wird, dass auch sie Muskelkraft brauchen (die unter anderem der Osteoporose vorbeugt, um nur einen Grund zu nennen), sieht man heutzutage immer mehr von ihnen auch an den Kraftmaschinen.

ÄLTERE LÄUFER. „Die Kraft nimmt ab, je älter wir werden", betonte Dr. Michael Pollock. (Zu Lebzeiten betreute er eine der umfassendsten Langzeitstudien über die Auswirkung des Trainings auf das Altern.) „Und mit der Kraft nimmt auch die Schnelligkeit ab." Das lässt sich leicht im Labor nachmessen. Wenn wir älter werden, von 30 über 40 bis 50 und mehr, verlieren wir schneller an Kraft als an Ausdauer. Das ist einer der Gründe, warum ältere Läufer sich gegenüber jüngeren Läufern in Ultramarathons (also Rennen, die länger sind als 42,2 Kilometer) besser behaupten können als in 1.500-m-Läufen. „Je älter man wird, desto mehr muss man den Kraftaspekt beim Konditionstraining im Auge behalten", so Dr. Pollock.

Dr. George Lesmes, Direktor eines biomechanischen Universitätslabors, berichtet, dass es ihm gelungen sei, die Ausdauer von Männern, die 55 und älter waren, durch Krafttraining für die Beine zu erhöhen. „Sie können jetzt länger auf dem Laufband trainieren", sagt Dr. Lesmes, „und das liegt nur daran, dass die größere Kraft für eine größere Ausdauer gesorgt hat."

Fasst man all diese Informationen zusammen, wäre die Person, die ihr Tempo am ehesten durch Krafttraining erhöhen könnte, eine magere, ältere Läuferin. (Als magerer, älterer Läufer erfülle ich zwei von diesen Bedingungen und das ist auch ein Grund, warum ich inzwischen mehr Krafttraining betreibe.)

Heißt das also, dass Sie sich über Krafttraining keine Gedanken zu machen brauchen, wenn Sie ein junger, muskulöser Läufer sind? Nicht unbedingt. Es ist sehr wahrscheinlich, dass Sie weniger Nutzen daraus ziehen werden; das ist aber noch lange kein Grund, den Gewichten aus dem Weg zu gehen. Wenn Sie älter werden (und das werden wir alle), werden Sie von den Muskeln, die Sie als junger Mensch aufgebaut haben, weiter profitieren. Tatsächlich ist die beste Zeit, um Muskelmasse und eine allgemeine Fitness aufzubauen, ob für Männer oder Frauen, die Jugend. Und dann müssen Sie sie nur noch halten!

Dem Krafttraining eine Chance

Die Bedingungen sind vorgegeben: Neue Muskelfasern kann man nicht erarbeiten. Die Menge unserer Muskeln ist genetisch festgelegt. Muskelfasern können jedoch vergrößert werden – diese Größenzunahme nennt man Hypertrophie. Das Heben von schweren Gewichten verursacht bei wenigen Wiederholungen den größten Zuwachs an Kraft und Muskelmasse. Werden weniger schwere Gewichte mit mehr Wiederholungen gehoben, werden Muskelausdauer und Muskeldefinition erhöht.

Läufer, die an Wettkämpfen teilnehmen, haben jedoch selten Interesse an Muskelmasse und -definition und daran, so aufgepumpt auszusehen wie mancher Bodybuilder. Solange Arnold Schwarzenegger nicht bewiesen hat, dass er ein 5-km-Rennen genauso schnell laufen kann wie er einen Kassenknüller an den anderen reiht, werden sich die meisten Läufer wohl seinem Training verweigern.

Trotzdem sollten wir vielleicht der Kraft eine Chance geben. Als Dr. med. Gabriel Mirkin einmal in *The Runner* schrieb: „Es gibt keinerlei Beweis dafür, dass Krafttraining in irgendeiner Weise Ihre Zeiten verbessern kann", war ein Leser aus New Jersey damit gar nicht einverstanden. Er antwortete: „Dr. Mirkin mag ja Recht haben, was Läufer mit ausreichend Kraft im Oberkörper anbelangt. Doch ich hatte davon anfangs sehr wenig und habe (nach sechs Monaten Krafttraining) festgestellt, dass ich jetzt Rennen laufen kann, ohne die extreme Ermüdung von Schultern und Armen zu spüren, die ich früher erlebt habe."

Foto: Elixia, Oberhausen

Das ist ein gutes Argument, beweist aber nur, dass das Krafttraining diesem einen Läufer geholfen hat. Möglicherweise hilft es nicht jedem von uns. Woher weiß man also, ob Krafttraining das Richtige ist? Lassen Sie mich näher auf das Thema eingehen.

Oben müde: unten Mühe!

Bob Schlau ist ein älterer Läufer, der davon überzeugt ist, dass Krafttraining die Schnelligkeit erhöhen kann. Für einen Artikel über das Krafttraining, den ich für *Runner's World* schrieb, erzählte er mir von seinen persönlichen Erfahrungen. Schlau erklärte, dass vor 1980 seine Arme und Schultern gegen Ende eines Rennens (meistens ein Marathon) regelmäßig müde wurden. Auch seine Beine wurden langsamer und so sank sein Tempo. „Mein ganzer Oberkörper war einfach lahm", sagte er. „Und ich wusste, dass das meine Zeiten verschlechterte."

In der Hoffnung, seine Leistungen wieder verbessern zu können, begann Schlau mit einem Krafttrainingsprogramm für den Oberkörper. Er trainierte dreimal wöchentlich mit Gewichten und entwickelte ein Programm, das Situps (Aufsitzen), Dehnübungen und Hanteltraining einschloss. „Es sind lauter Übungen für den Oberkörper", sagte Schlau. „Hauptsächlich Beugen und Drücken. Manchmal nehme ich auch leichte Gewichte in die Hand und ahme die Laufbewegung mit den Armen nach."

Hat es funktioniert? Kurz, nachdem er mit dem Training begonnen hatte, stellte Schlau fest, dass der Ärger mit seinen Armen und Schultern aufhörte. Und seine Zeiten über 5 km und 10 km verbesserten sich ebenfalls. Im Alter von 42 Jahren lief er die 10-km in 30:48 min. Das untermauert natürlich das Argument, dass Krafttraining gerade für ältere Läufer wie Schlau besonders wichtig ist. Das erste, was man verliert, wenn man älter wird, ist die Kraft.

Dennoch sagt einer der erfolgreichsten älteren Läufer überhaupt, dass er niemals Krafttraining betreibt. Norm Green, ein Geistlicher aus Wayne, Pennsylvania, gewann sowohl 1987 als auch 1989 bei der Veteranenweltmeisterschaft die 10.000 m. 1989 in Eugene/Oregon betrug seine Zeit über diese Strecke erstaunliche 33:00. Damals war er 57. Ich sage erstaunlich, weil ich ihn mir angesehen habe, als er mich überrundete. Green ist von Natur aus kräftig und muskulös. Trotzdem sagt er, dass er nur sein Grundlagentraining betreibe. Er läuft einfach bei jedem Training schnell. Sein Trainingstempo liegt selten über 4 min/km.

Könnte Norm Green vom Krafttraining profitieren? Wir haben gesehen, dass Green auch ohne Gewichtstemmen schnell genug laufen kann. Hat Bob Schlau vom Krafttraining profitiert? Es wäre möglich, dass seine verbesserten Zeiten auf andere Bestandteile seines Trainings zurückzuführen sind, doch ich würde auf keinen Fall den Rat geben, dass Schlau die Gewichte weglegen sollte. Ebenso wenig würde ich Green raten, sich Schlau anzuschließen. Sie sind Individuen. Jeder profitiert von einer anderen Trainingsweise.

Umfassendes Fitness-Programm

Für ein umfassendes Fitness-Programm schlug Dr. Pollock Gewichtstraining an mindestens zwei Tagen pro Woche vor. Jede Trainingseinheit sollte etwa 20 Minuten dauern und 8 bis 12 Wiederholungen für alle wichtigen Muskelgruppen des Körpers beinhalten: Beine, Hüften, Rumpf, Rücken, Arme und Schultern. Dies ist eine Ergänzung zu Ihrem üblichen aeroben Training (z.B. dem Laufen) und sollte ebenfalls Aufwärmen, Stretching und Abwärmen einschließen. „Es ist wichtig, dass alle größeren Muskelgruppen des Körpers trainiert werden", sagte Dr. Pollock. „Aerobes Training ist gut für die Beine, das Herz und die allgemeine Körperkondition, aber es kräftigt weder die Muskeln, noch erhält es die Muskelkraft, also ist ein gut abgestimmtes Programm sehr wichtig."

Dabei sollte man nicht vergessen, dass Dr. Pollocks Hauptinteresse dem Aufbau der Fitness galt, nicht der Schnelligkeit. Jemand, der durch Krafttraining schneller werden möchte, sollte vielleicht lieber mein Programm ausprobieren. Trotz der relativ schwachen Ergebnisse, die ich bei dem Leistungstest in der Klinik erzielt hatte, habe ich weiter Krafttraining in mein Trainingsprogramm eingebaut. Und ich finde, es hilft.

1958 nahm ich an der nationalen Meisterschaft über 30 km teil und wurde Dritter. Der Hauptsponsor war die York Barbell Company, deren Präsident, Bob Hoffman, ein leidenschaftlicher Förderer von Sportveranstaltungen war. Mein Siegespreis: ein Paar Hanteln. Jahrelang benutze ich diese Hanteln auf meiner Veranda. Das war der Zeitabschnitt, als ich bei jedem Rennen Chancen auf einen der vorderen Plätze hatte (Bei den Qualifikationenen für die Olympiade von 1960 wurde ich beim 3.000-m-Hürdenlauf Fünfter.) Ohne weitere Anleitung machte ich mich an die drei Disziplinen, die es beim olympischen Gewichtheben gibt: drei Versuche in jeder Disziplin, um zu sehen, wie viel Eisen ich über meinen Kopf bringen konnte. (Fragen Sie nicht!) Ab und zu trainierte ich auch im Kraftraum der University of Chicago. Zu der Zeit war das für einen Langstreckenläufer eher ungewöhnlich, doch damals war für mich das Gewichte-Stemmen Spiel und ernsthaftes Training zugleich.

> *Aerobes Training ist gut für die Beine, das Herz und die allgemeine Körperkondition, aber es kräftigt weder die Muskeln, noch erhält es die Muskelkraft, also ist ein gut abgestimmtes Programm sehr wichtig.*

Schließlich spendete ich meine Hanteln der Mount Carmel High School in Chicago, wo ich Mitte der sechziger Jahre ein paar Jahre lang Coach war. Für einen Zeitraum von zehn Jahren, in denen ich eine Auszeit vom Hochleistungssport nahm, kam ich vom Krafttraining ab, dann kaufte ich Gewichte für meinen Sohn. Als er aufs College ging, übernahm ich sie.

Ab Mitte der siebziger Jahre nahm ich immer häufiger an Wettkämpfen für ältere Läufer teil. Ich lernte Bill Reynolds kennen, einen olympischen Gewichtheber, der The Complete Weight Training Book (1978) geschrieben hat. Wir hielten

DAS UNGLEICHGEWICHT AUSGLEICHEN

Um Unausgewogenheiten der Muskeln vorzubeugen und sie zu korrigieren, empfiehlt Julie Isphording, die bei der Olympiade 1984 für die USA an den Start ging, zweimal wöchentlich Krafttraining für jeweils 20 Minuten. Sowohl Unter – als auch Oberkörper sollen dabei trainiert werden und zwar nach dem Laufen, nicht davor. „Das Laufen sollte immer Vorrang haben", sagt Isphording. „Die beste Zeit für das Krafttraining ist nach dem Laufen, am besten an einem leichten Trainingstag."

Für die unteren Körperpartien, besonders die Muskeln um die Knie, empfiehlt Isphording Beinstrecken, entweder an einer Maschine, oder mit Hilfe eines Gewichtes, das man in Höhe der Knöchel auf die Füße legt, um dann langsam die Beine zu strecken. Ausfallschritte sind auch gut geeignet, um den Rumpf zu stärken. Nehmen Sie Ihre Schultern zurück und machen Sie einen Ausfallschritt nach vorne, wobei sich Ihr hinteres Bein dem Boden nähert, dann kommen Sie wieder hoch. Arbeiten Sie mit Handgewichten, um die Belastung zu erhöhen (Beugen Sie dabei das vordere Knie nie bis über die Fußspitzen hinaus). Um die Abduktoren und Adduktoren zu stärken, machen Sie Beinheben gegen Widerstand. Die hintere Oberschenkelmuskulatur wird am besten an Maschinen trainiert.

Crunches (Bauchpressen) sind immer noch eine gute Übung für die Bauchmuskulatur. Für die Arme und Schultern benutzen Sie Kraftmaschinen, Hanteln oder Gewichte, mit denen Sie schwingen können, um die Armbewegungen des Laufens zu simulieren. Achten Sie bei allen Übungen mit Gewichten auf Ihre Haltung.

„Wenn Sie nicht wissen, wie Sie eine Übung durchführen sollen, fragen Sie einen Fitness-Trainer", rät Julie Isphording eindringlich.

beide Vorträge bei einer Veranstaltung in Kalifornien, die von der Zeitschrift *Runner's World* gesponsert wurde. Reynolds warnte, dass sich die Läufer vom Gewichtheben nicht zu viel für ihre läuferischen Qualitäten versprechen sollten, lehrte aber einige grundlegende Übungen mit Gewichten.

- **BEIM REISSEN** – eine der olympischen Disziplinen – stellte sich Reynolds in Position, die Füße schulterbreit voneinander entfernt. Dann beugte er sich hinunter, fasste die Hantelstange und hob das Gewicht in einer einzigen, durchgehenden Bewegung über den Kopf, bevor er es wieder auf dem Boden ablegte und von vorne begann.
- **BEIM RUDERN** ging Reynolds in eine leichte Kniebeuge. So wollte er verhindern, dass sein Rücken zu stark belastet wird. Dann griff er die Hantelstange und hob das Gewicht bis zur Brust, ohne dabei die gebeugte Haltung zu verlassen. Danach brachte er die Hantel zurück auf den Boden und wiederholte das Ganze.
- **DAS STOSSEN.** Die vielleicht grundlegendste Übung – führte Reynolds stehend aus. Er nahm die Hantel und brachte sie auf Schulterhöhe. Dann stemmte er sie über seinen Kopf, bis seine Arme vollständig gestreckt waren. Auch diese Übungseinheit wiederholte er einige Male.

Nach Reynolds Empfehlung absolvierte ich diese Übungen mit leichten Gewichten, aber vielen Wiederholungen. Nach jedem 10-er Satz machte ich etwas Stretching. Ich arbeitete auch nur jeden zweiten Tag mit Gewichten – normalerweise in der Nebensaison, wenn keine wichtigen Rennen anstanden. Ich habe zwar in den letzten Jahren mein Krafttraining etwas verändert, doch Reynolds Übungen mache ich von Zeit zu Zeit immer noch. Aber Achtung: Sie sollten vorsichtig sein, wenn Sie noch keine oder wenig Routine im Gewichte-Stemmen haben. Die Übungen müssen technisch sehr sauber ausgeführt werden. Die Verletzungsgefahr ist sonst zu groß. Wenn Sie noch ungeübt sind, gehen Sie besser in ein Fitnessstudio und wenden sich an einen Trainer, der Ihnen mit Rat und Tat zur Seite stehen kann.

TIPPS FÜR DAS FITNESSSTUDIO

Hier sind einige Dinge, die Sie beachten sollten, wenn Sie mit dem Gewichtheben anfangen.

LAUFEN IST IMMER NOCH IHR BESTES KRAFTTRAINING. Training hat sehr spezifische Auswirkungen. Um Ihre Laufmuskeln bestmöglich zu trainieren, müssen Sie laufen – und vor allem schnell laufen. Die meisten Läufer, die Wert auf Muskelkraft legen, bevorzugen das Hügeltraining. Gewichtheben und andere Arten des Krafttrainings sind hauptsächlich als ergänzende Übungen von Bedeutung.

MESSEN SIE SICH NICHT AN ANDEREN GEWICHTHEBERN. Das Schlimmste, was Sie tun können, ist zu versuchen beim Gewichtheben die gleichen Gewichte zu stemmen wie die Kraftsportler, die mit Ihnen trainieren. Sie fürchten ja auch nicht im 5-km-Rennen von einem 120-Kilo-Muskelpaket besiegt zu werden. Also versuchen Sie auch nicht, ihn in seiner Disziplin zu schlagen. Und wenn Sie ein Mann sind, dann lassen Sie sich nicht von der Frau neben Ihnen einschüchtern, die vielleicht schwerere Gewichte hebt als Sie selbst. Sie hat wahrscheinlich nicht dasselbe Interesse am Laufsport wie Sie.

WAS SIND DIE VORTEILE VON HANTELN UND WAS DIE VON KRAFTMASCHINEN? Hanteln sind besser geeignet um den gesamten Körper zu trainieren, weil sie mehr Muskeln bei einer einzigen Bewegung belasten. Dagegen isolieren Maschinen immer bestimmte Muskeln (Gruppen). Doch wenn Sie sich fürs Hanteltraining entscheiden, seien Sie vorsichtig. Da das Gewicht weder von Rahmen noch von Rollen geführt wird, kann es gefährlich sein, wenn man nicht darin geübt ist. Manche Übungen, wie zum Beispiel Kniebeugen, erfordern eine sehr saubere Körperhaltung, damit es nicht zu Verletzungen kommt. Sie brauchen also eine fachmännische Anleitung. Ich empfehle älteren Läufern aus Sicherheitsgründen, nur an Kraftmaschinen zu trainieren. „Wenn man älter wird, bekommt man Gleichgewichtsprobleme", so Dr. Pollock. „Wenn Sie eine Kraftmaschine benutzen, verletzen Sie sich nicht so leicht."

VERMEIDEN SIE ZU SCHWERE GEWICHTE. Wenn Sie Ihre Laufleistung verbessern wollen, heben Sie keine schweren Gewichte. Diese können die unteren Gelenke belasten und sie lassen Sie zu viel Muskelmasse aufbauen. Ein zu mächtiger Oberkörper ist überflüssige Last bei einem 5-km-Rennen. Kontrollieren Sie Ihre Waage – wenn das Gewichtheben

Sie zu massig werden lässt, versuchen Sie es mit weniger Gewicht und mehr Wiederholungen.

- **VERSUCHEN SIE NICHT, WELTMEISTER IM GEWICHTHEBEN ZU WERDEN.** Sie werden feststellen, dass Fitnesstrainer oft dazu raten werden, jeden Muskel bis zum äußersten zu ermüden und die Gewichte und Wiederholungen zu variieren, je besser Sie werden. Das mag ein guter Rat sein, wenn Sie Muskelmasse aufbauen wollen, aber als Läufer ist das nicht Ihr Ziel. Entwickeln Sie mit der Zeit ein Krafttraining, das Sie bequem und kontinuierlich durchhalten können. Dann bleiben Sie dabei. Meinen Sie nicht ständig, mehr tun zu müssen.

- **BRINGEN SIE ABWECHSLUNG IN IHR TRAINING.** Das Hart-/Leicht-Prinzip funktioniert beim Krafttraining ebenso gut wie beim Laufen. Gewichtheber nehmen sich normalerweise an einem Tag eine bestimmte Muskelgruppe vor, lassen diese dann am folgenden Tag ruhen und trainieren einen anderen Muskelbereich. Wenn Sie täglich trainieren, sollten Sie das Gleiche tun.

- **MACHEN SIE KRAFTTRAINING AN LEICHTEN TRAININGSTAGEN.** Sich nach einem höllischen Intervalltraining gleich auf die Gewichte zu stürzen, ist keine so gute Idee. Heben Sie sich das Krafttraining für die Tage auf, an denen Sie mit lockerem Tempo laufen. Und selbst nach einem solchen Lauf sollten Sie sich etwas ausruhen, bevor Sie an die Gewichte gehen. Der Sportphysiologe Dean Brittenham rät, das Krafttraining zeitlich deutlich vom Lauftraining abzusetzen. So haben Sie von beiden Trainingseinheiten mehr.

- **BETREIBEN SIE KRAFTTRAINING HAUPTSÄCHLICH IN DER NEBENSAISON.** Nicht für jeden Läufer gibt es eine Nebensaison, aber für das Krafttraining ist die beste Zeit des Jahres die, in der Sie nicht hart trainieren und keine Rennen laufen. Für uns, die wir im Norden leben, ist das normalerweise der Winter. Für jemanden, der im heißen und feuchten Süden wohnt, kann es auch der Sommer sein.

- **UNTERSCHÄTZEN SIE NICHT DEN WERT EINFACHER FITNESSÜBUNGEN.** Situps, Liegestützen und Klimmzüge sind nach wie vor wirkungsvolle Übungen, um Muskelkraft zu entwickeln und beizubehalten. Sie müssen kein hoch technisiertes Trainingsgerät kaufen oder einem glitzernden Health-Club beitreten. Sie können diese Übungen einfach im Rahmen Ihres täglichen Dehnens machen.

- **ACHTEN SIE AUF IHRE EIGENEN BEDÜRFNISSE.** Mit der Zeit sollte jeder Läufer ein Krafttrainingsprogramm entwickeln, das seinen eigenen Be-

dürfnissen dient. Ob Krafttraining Sie nun zu einem schnelleren Läufer macht oder nicht, es macht Sie auf jeden Fall zu einem Menschen mit größerer Fitness."

Training an der Kraftmaschine

Meine Frau Rose spielte eine Zeit lang Tennis in einem Sportclub in unserer Nähe und wir hatten eine Familienmitgliedschaft. Als sich der Club einen Kraftraum zulegte, verlegte ich einen Teil meines Trainings dorthin. Während Rose also ihre Rückhand übte, stemmte ich Gewichte.

Fitnesstrainer schienen die Angewohnheit zu haben (egal, ob sie nun Ahnung vom Laufen hatten oder nicht), jeden überreden zu wollen, an allen Geräten zu trainieren – und zwar regelmäßig. Das war damals Teil der Krafttrainer-Philosophie und ist es ab und zu auch heute noch. Ich für meinen Teil empfehle immer noch, selektiv zu sein. Frank Shorter erzählte mir einmal, dass er nur seinen Oberkörper trainierte und ich tat es ihm gleich. Am meisten mochte ich die Zugmaschine (Lat-Ziehen), an der man auf einer Bank sitzt und eine Stange von oberhalb des Kopfes nach unten zieht. Ich mochte diese Übung, weil sie der doppelten Stockbewegung beim Langlauf ähnelt, einer Sportart, die ich gerne betreibe.

Zusätzlich zu dieser Zugmaschine benutzte ich die Trainingsgeräte für Oberkörper und Arme, die Rudermaschine, sowie die Geräte zum Seitheben und Drücken über Kopf. In jedem Fitness-Studio kann Ihnen der Trainer diese Geräte (oder auch andere, die den Oberkörper trainieren) zeigen.

Früher hatte ich es mit Beinstrecken und -beugen versucht, stellte aber fest, dass mir am nächsten Tag meine Knie so weh taten, dass ich kaum laufen konnte. (Aus genau diesem Grund ist es gut, das Krafttraining auf die Zeit nach dem Laufen oder auf die leichten Trainingstage zu verschieben.) Leichtere Gewichte und eine langsamere Steigerung hätten ebenfalls dazu beitragen können, meine Knieprobleme zu lösen.

Ein großer Vorteil der Geräte ist, dass man sich auf eine bestimmte Muskelgruppe konzentrieren und andere dabei schonen kann. Das spielt eine große

Rolle, wenn man sich gerade von einer Verletzung erholt. Wenn Sie nicht gerade eine Disbalance bestimmter Muskelgruppen oder aber einen speziellen Kraft-Trainer haben, der sich mit dem Laufen auskennt und Ihr Krafttraining überwachen kann, sollten Sie sich vielleicht nur auf Ihren Oberkörper konzentrieren. Schließlich wollen Sie ja nicht antagonistische Muskeln trainieren, die Ihnen beim Laufen in die Quere kommen.

Es ist zwar wichtig, starke Oberschenkelstrecker zu haben, um die letzten paar Kilometer eines Marathons bewältigen zu können, doch zu massige Oberschenkelmuskeln können eine Behinderung sein. Wenn Sie mir nicht glauben, sehen Sie sich nur mal die Oberschenkelstrecker der Radfahrer an, die bei der Tour de France mitfahren. Diese Muskeln sind manchmal so groß, dass sie fast die Kniescheiben überdecken. Diese Sportler sind auf ihrem Gebiet – stundenlanges, schnelles Rad fahren – sehr gut, doch das Laufen kann sehr schmerzvoll für sie sein.

Cross-Training, bestehend aus Krafttraining und anderen aeroben Trainingsarten, kann auch ein zweischneidiges Schwert sein. Trotz ihrer allgemeinen

athletischen Fähigkeiten haben nur wenige Triathleten größere Erfolge bei reinen Laufwettkämpfen. Kein „Ironman"-Sieger hatte jemals den gleichen Erfolg bei einem wichtigen Marathon gehabt, trotz der um einiges höheren Preisgelder bei Marathons. Ich litt mehrere Jahre lang unter etwas, was für mich die „Triathlon-Midlife-Crisis" war. Als Abwechslung zu Laufwettkämpfen steckte ich einige Energie in den Triathlon. Und in einem Jahr war ich so gut, dass ich mich für den Ironman qualifizierte (auch wenn ich schließlich nicht an dieser renommierten Veranstaltung teilnahm). Während ich also für drei Sportarten gleichzeitig trainierte, stellte ich fest, dass ich umso langsamer lief, je schneller ich Rad fahren konnte. Und für jede Minute, die ich auf dem Fahrrad langsamer wurde, gewann ich eine Minute beim Laufen.

Daher rate ich Läufern darauf zu achten, es mit dem Cross-Training nicht zu übertreiben. (Achten Sie bitte auf das Wort „übertreiben".) Entgegen meiner früheren Warnungen habe ich nun begonnen, als alternative Sportart Bahnen zu schwimmen. Je älter ich werde, desto schwerer fällt es mir, so viele Kilometer wie früher zu laufen. Ich brauche mehr Ruhetage. Noch immer genieße ich die Pause, die mir das Training von der Arbeit verschafft. Ich verbringe in meinem Büro zu Hause viel zu viel Zeit vor dem Computer. An manchen Tagen käme ich gar nicht vor die Tür, wenn ich nicht laufen ginge. Vor kurzem bin ich Mitglied in einem Klub in unserem Zweitwohnsitz in Florida geworden, sodass ich dort jetzt den Pool benutzen kann. Ich schwimme sowohl, um meinen Oberkörper zu trainieren, als auch, um Kalorien zu verbrennen, ob mich das letztendlich zu einem besseren Läufer macht oder nicht. Ich dachte immer, Bahnen zu schwimmen sei die langweiligste Sache der Welt, aber überraschenderweise habe ich jetzt festgestellt, dass es mir gefällt.

Ich betreibe mein Cross- und Krafttraining größtenteils intuitiv; das wenigste davon ist wissenschaftlich begründet. Ich mache es so, weil ich diese Trainingsvariationen mag und weil ich für mich weiß, dass sie mein Tempo verbessern (bzw. stabil halten). Mein Gefühl sagt mir, dass zusätzliche Muskelkraft tatsächlich zusätzliche Schnelligkeit bedeutet, aber ich kann es Ihnen nicht beweisen. Dennoch ist es für mich Grund genug, weiterhin Gewichte zu stemmen.

Ruhetag

DER LETZTE SCHLIFF

Der beste Trainer sind Sie selbst

Eines der Geheimnisse, wie man ein schnellerer Läufer wird, besteht nicht nur darin zu lernen, wie, sondern auch, wann man trainiert – mit anderen Worten: alles miteinander zu kombinieren. 1988 bewies Lynn Jennings, dass sie zu den weltbesten Läuferinnen gehörte. Sie hatte sich selbst trainiert und wurde sechste bei den Olympischen Spielen in Korea – keine schwache Leistung. Doch sie musste sich selbst eingestehen: „Ich saß fest." Sie wollte schneller werden.

„Mein Ziel", so Jennings, „war es, nicht nur die beste amerikanische Läuferin zu werden: Ich wollte die beste der Welt sein." Um dieses Ziel zu erreichen, begann sie im darauffolgenden April unter der Anleitung von John Babington zu trainieren, einem Anwalt, der auch Lauftrainer war.

Die Zusammenarbeit klappte. Im Januar 1990 stellte Lynn Jennings einen Hallenweltrekord über 5.000 m auf. Im Februar brach sie den amerikanischen Rekord über 3.000 m und gewann damit die amerikanische Leichtathletikmeisterschaft. Im März stellte sie in 31:06 min einen amerikanischen Straßenlaufrekord über 10 km auf. Und später im selben Monat gewann sie die Geländelaufweltmeisterschaft im französischen Aix-les-Bains als erste Amerikanerin seit 15 Jahren.

Jennings hatte bereits bewiesen, dass sie wusste, wie man trainiert. Sie kannte auch ihre körperlichen Stärken und Schwächen, da sie regelmäßig von

Experten getestet wurde. Was Babington ihr gab, war etwas, das alle Läufer brauchen: Organisation, ein objektiver Blick auf ihre Fähigkeiten und Ratschläge zu den Zielen, die sie sich setzen, und wie sie sich vor wichtigen Wettkämpfen in Topform bringen sollte.

„Was wir am Anfang machten", erinnert sich Babington, „war zu bestimmen, welches Trainingsniveau sie durchgängig bequem halten konnte. Das war ein geschätzter Kilometerumfang bei einer sorgfältig ausgewählten Intensität. Wir fragten uns: Welche Elemente können wir steigern, ohne dass sie schlapp macht? In welchem Rahmen könnte sie von zusätzlichem Training profitieren?

Eine Grundregel lautet: Wenn du besser werden willst, beiß nicht mehr vom Kuchen ab, als du kauen kannst. Veränderungen sollten allmählich gemacht werden, nicht abrupt. Wir gingen also von Lynns Lebensumständen und zeitlichen Beschränkungen aus. Wir fragten uns: Welche ein oder zwei Dinge können wir verändern oder steigern, um sie zu einer besseren Läuferin zu machen?"

> *Eine Grundregel lautet, dass alle Veränderungen allmählich gemacht werden sollten, nicht abrupt.*

Jennings und ihr Trainer Babington stellten fest, dass ihre wöchentlichen Kilometerumfänge für eine Weltklasseläuferin relativ niedrig waren, zwischen 80 und 95 km. Sie beschlossen, diese Grenze bis auf 110 km anzuheben. Jennings profitierte von dieser kleinen Veränderung in ihrem Training. „Das war einer der Hauptunterschiede zwischen der Lynn von 1988 und der von 1990", sagt Babington.

Trainingsanpassungen lassen sich oft am einfachsten installieren, wenn man einen Trainer hat, der einem nicht von der Seite weicht. Der Instinkt sagt vielen Läufern, dass sie mehr tun müssen, um besser zu werden. Aber manchmal sind sie besser beraten, wenn sie weniger tun. Nicht jeder Läufer ist wie Lynn Jennings, die feststellte, dass sie mehr trainieren musste, um einen Zacken zuzulegen. Als Leiter der Trainerausbildung des New York Road Runners Club beaufsichtigt Bob Glover 20 Trainer, die wiederum Hunderte von Läufern betreuen. „Anfänger profitieren davon, wenn sie sich für ein Trainingsprogramm einschreiben, weil sie dazu neigen, zu früh zu viel zu tun", sagt Glover. „Ein Trainer kann einzelnen Läufern Mut machen, in den Wettkampf einzusteigen. Je schneller ein Läufer wird, desto weniger Anstoß braucht es. Auf Weltklasseniveau sind die Läufer so in Fahrt, dass sie keinen Trainer brauchen, der sie antreibt, sondern einen, der sie zurückhält."

Trainer Jim Huff legt Wert auf die richtige Planung. „Man muss sich sein Trainingsprogramm genau anschauen, bestimmte Ziele festsetzen und einen Plan entwerfen, wie man diese Ziele erreichen kann, soweit sie realistisch sind. Leider haben viele Läufer nicht das grundlegende Know-how, um auf ein Ziel hinzuarbeiten."

So geht's der Trainer an

Eine Möglichkeit, Ihr Training besser zu planen, besteht darin, einen Trainer zu engagieren, der die allgemeinen Trainingsgrundsätze, die in diesem Buch erläutert werden, für Ihre Zwecke umsetzen kann. Leider haben die meisten Läufer keinen Trainer und werden auch nie einen haben. Ich habe mich über mehr als drei Jahrzehnte fast ausschließlich selbst trainiert. Das war nicht ganz freiwillig – aber es gab einfach keinen fähigen Trainer in der Nähe, dem ich zutraute, mich im Training zu unterstützen.

Da ich mich selbst trainiert habe, habe ich festgestellt, dass man nicht immer einen Trainer braucht, aber man muss die Grundprinzipien der Trainingslehre kennen. Ebenso wie es fundierte physiologische Prinzipien gibt – u.a. aerobes und anaerobes Training, die Ihnen bei der Optimierung Ihrer Leistung helfen können – gibt es auch fundierte Prinzipien der Trainingslehre und -planung, die Ihnen zum Erfolg verhelfen können. In der Tat könnten letztere sogar wichtiger sein.

Die Zusammenstellung Ihres eigenen Trainingsprogramms erfordert nur ein wenig Planung sowie das Wissen, das Sie aus diesem Buch gewonnen haben. Hier sind einige Anregungen, die auch von einem guten Trainer stammen könnten:

> **PLANEN SIE VORAUS.** Der Sportphysiologe Dr. Edmund Burke hat einmal gesagt: „Die richtige Ordnung ist die Basis aller guten Dinge."
> Bei Trainer Babingtons Suche nach einer Verbesserung für Lynn Jennings war ihre erste gemeinsame Tat, sich auf den Hosenboden zu setzen und Lynns langfristiges Training zu planen. Ich tue das Gleiche für meine eigenen Zwecke. Auf dem Rückflug von der Veteranenweltmeisterschaft 1979 in Deutschland plante ich mein Training für die kommenden achtzehn Monate bis zum nächsten internationalen Treffen. Das war der erste Schritt zur Goldmedaille, die ich 1981 gewann.
> Jedes Jahr sehe ich die Ergebnisse des vergangenen Jahres durch und

plane voraus. Ich lege fest, für welche Wettkämpfe ich mich in Topform bringen will und entscheide sogar, ob ich überhaupt Topform erreichen will. In manchen Jahren konzentriere ich mich auf kürzere Rennen auf der Bahn, in anderen verlagere ich meine Läufe auf die Straße. Ich könnte mir auch vornehmen, für ein Jahr auszusetzen und nur zum Vergnügen zu laufen. Aber es bleibt eine bewusste Entscheidung. Man erreicht sein Ziel nicht ohne einen Plan.

BLICKEN SIE ZURÜCK. Ohne Straßenkarte kommt man nicht dort an, wohin man will. Halten Sie ihr Training also täglich fest. In meinem Büro habe ich eine Reihe loser Blattsammlungen, die bis ins Jahr 1963 zurückreichen, als ich das Glück hatte, von Trainer Fred Wilt betreut zu werden. Er sagte mir, ich solle meine täglichen Trainingseinheiten auf ca. 15 x 20 cm großen Tagebuchblättern festhalten, mit denen er mich versorgte. Später entwickelte ich meine eigenen Trainingstagebuch-Seiten, die ich zu niedrigen Kosten in großen Mengen drucken ließ.

Ich notiere Punkte wie Datum, Zeit, Ort, Bodenbeschaffenheit, Klimabedingungen und Strecke, zusammen mit meinem Gewicht. Ich schreibe auch auf, wie ich mich auf- und abgewärmt habe und mache Kommentare über den betreffenden Lauf. Es gibt Platz, um eine zweite Trainingseinheit festzuhalten und Kästchen für Wettkampf-Zwischenzeiten. Man sollte auch ein wenig Platz für kurze Notizen zu Ihrer Ernährung einplanen. Darüber hinaus habe ich verschiedene Tagebuchformate für mein Langlauftraining und für mein High-School-Team entworfen, sowie ein Online-Tagebuch.

Im Buchhandel erhalten Sie verschiedene Trainingstagebücher. Oder Sie notieren Ihre Kilometer schlicht auf einem einfachen Kalender. Es gibt mehrere Gründe dafür, ein Tagebuch zu führen. Erstens gibt es Motivation auf dieselbe Art, wie es Sie motivieren würde, einem Trainer über Ihre Trainingseinheiten zu berichten. Zweitens gibt es Ihnen die Möglichkeit, aus Ihren Erfolgen und Misserfolgen zu lernen. Wenn Sie gut gelaufen sind: Welche Trainingsmethode hat Sie zum Erfolg geführt? Wenn Sie schlecht gelaufen sind oder sich verletzt haben: Welcher Trainingsfehler war dafür verantwortlich?

Lauftagebücher sind ein wichtiger Teil Ihrer Ausrüstung, fast so wichtig wie Ihre Schuhe.

SETZEN SIE SICH ZIELE. Was wollen Sie durch Ihr Training erreichen? Wollen Sie gesund bleiben und das gute Gefühl haben, in Form zu sein? Wenn dem so ist, dann sieht Ihr Trainingsplan anders aus als der eines Läufers, der seine Leistung steigern und schnelle Zeiten erzielen will. Die meisten Läufer setzen sich Ziele, die Sie an speziellen Wettkämpfen festmachen. Sie wollen bei einem bestimmten Rennen gut laufen – bei einem Volkslauf in der Umgebung oder bei einer nationalen Meisterschaft. Solche Ziele sind nützlich, weil man sein Training so an bestimmte Daten binden kann.

Trainerin Mary Reed vom Atlanta Track Club warnt allerdings davor, sich zu viele Ziele zu setzen. „Jemand, der ein 5-km-Rennen unter 25 min schaffen und gleichzeitig die 4-Stunden-Grenze beim Marathon unterbieten will, wird wahrscheinlich mit beidem scheitern, weil die Ziele einfach zu unterschiedlich sind." Reed empfiehlt, sich auf das eine oder das andere zu konzentrieren, um eine präzisere Planung möglich zu machen. „Nehmen Sie sich in dieser Saison ein Ziel vor und verfolgen Sie das andere in der nächsten", sagt sie.

SEIEN SIE REALISTISCH. Wenn Ihre beste 10-km-Zeit nach mehreren Jahren intensiven Trainings bei 45 Minuten liegt, sollten Sie eher nicht erwarten, innerhalb eines Jahres die 30-Minuten-Marke zu brechen und sich für die Olympiade zu qualifizieren. Setzen Sie Ihre Ziele und planen Sie Ihr Training mit Bedacht. Wenn Sie Ihre Erwartungen übertreffen, können Sie Ihre Ziele immer noch etwas höher stecken.

Bruce Tulluh, ehemals einer der schnellsten 5.000-m-Läufer Großbritanniens: „Wenn Sie Ihren Trainingsplan aufstellen, müssen Sie als erstes entscheiden, wie viel Training Sie bewältigen können – sowohl insgesamt, als auch was die Anzahl der intensiven Trainingseinheiten pro Woche angeht. Die Trainingsbelastung, die Sie auf sich nehmen, sollte sich immer darauf beziehen, was Sie schon getan haben, nicht darauf, was Sie meinen tun zu müssen."

JEDE MENGE GRÜNDE FÜR EINEN TRAINER

Die meisten Läufer trainieren sich selbst, doch manchmal können Sie Ihr Tempo steigern, wenn Sie einen Trainer zu Rate ziehen. Hier sind zehn Dinge, die ein Trainer für einen Läufer tun kann, der sich verbessern will.

MOTIVATION. *Für Anfänger ist es wichtig, in die Gänge zu kommen, doch in Gang zu bleiben ist sogar für erfahrene Läufer eine Notwendigkeit. Im ersten Fall kann ein guter Trainer für den richtigen Anstoß sorgen,* im zweiten Fall kann er immer wieder Antrieb geben. Einem Trainer oder Mentor regelmäßig Bericht zu erstatten – eventuell auch nur einmal pro Woche per E-Mail oder Telefon – kann das A und O in jedem Trainingsplan sein.

SYSTEM. „Gute Trainer sind wie Chefköche", behauptet Trainer Gary Goettelmann. „Sie haben Methodik und ein System." Häufig sind die einzelnen Bestandteile eines Systems weniger wichtig als dessen bloße Existenz.

PLANUNG. „Die richtige Planung kann dabei helfen, Ziele deutlicher hervorzuheben", so Mary Reed vom Atlanta Track Club. Ein Trainer kann einem bei der Wahl realistischer Ziele helfen und Trainingspläne erstellen, um diese Ziele zu erreichen – sowohl lang – als auch kurzfristig.

BERATUNG. Wenn ein Läufer lange Zeit mit einem Trainer zusammengearbeitet hat, ist der Trainingsplan bekannt. Eine Schlüsselfunktion, die Trainern von Spitzenathleten zukommt, ist die Auswahl der Wettkämpfe. Sie wissen genau, wann man im Zeitalter der hohen Preisgelder Nein sagen muss. Aber auch durchschnittliche Läufer können auf diesem Gebiet Hilfe brauchen, um nicht auf zu vielen Wettkämpfen zu starten.

VERLETZUNGSPRÄVENTION. Ein Trainer, der die Fortschritte eines Sportlers sorgfältig überwacht, merkt sofort, wann dieser anfängt, Ermüdungserscheinungen zu zeigen, die aus Übertraining resultieren und häufig Verletzungen nach sich ziehen. John Babington: „Die wichtigste Aufgabe eines Trainers könnte darin bestehen, Übertraining, das zu Verletzungen führt und Sie außer Gefecht setzt, vorzubeugen."

HILFE BEIM LEISTUNGSSTILLSTAND. Früher oder später kommt jeder Läufer an einen Punkt, an dem er nicht weiterkommt. Es ist allgemein bekannt, dass es nicht leicht ist, über einen Leistungsstillstand hinwegzukommen. Ein guter Trainer kann einem Läufer verschiedene Trainingsvarianten an die Hand geben, mit denen sich der festsitzende Läufer freistrampeln und auf ein neues Leistungsniveau bringen kann.

CHECKLISTE. Ein guter Trainer hält den Läufer auf Kurs, indem er dafür sorgt, dass er sich an das System und den Plan hält. Trainer Dr. David Martin sagt: „Der Trainer hat immer im Hinterkopf, was der Läufer erreichen will. Er führt eine Checkliste darüber, worauf es in den einzelnen Phasen des Trainingsprogrammes ankommt. So hat der Sportler den Kopf frei, um sich auf das eigentliche Training zu konzentrieren."

- **FEEDBACK.** Vielen Läufern fällt es schwer, ihr eigenes Training zu beurteilen. Ein Trainingstagebuch ist eine Hilfe, aber kein Ersatz für einen guten Trainer. „Ein Trainer ist ein unvoreingenommener Beobachter", sagt Lynn Jennings. „Ein Trainer kann den Grad der Trainingsbelastung objektiver beurteilen als der Sportler."
- **FAN.** Läufermuskeln werden mit Glykogen angetrieben, aber ihre Psyche treibt oft das Lob an. Sie brauchen Ermutigung. Nach einem schlechten Rennen leiht ein Trainer eine Schulter zum Ausweinen oder er klopft einem nach einem guten Rennen auf die Schulter. Sportphysiologe und Trainer Dr. Jack Daniels hat einmal gesagt: „Der Hauptgrund für einen Trainer ist der, dass man jemanden hat, der einen anschaut und sagt: ‚Mensch, das machst du aber gut heute!'"
- **SPASS.** Ein Trainer kann dafür sorgen, dass das Training Spaß macht, indem er verschiedene Trainingsarten und Trainingsstrecken auswählt. Außerdem bietet sich die Gelegenheit, andere Läufer zu treffen, die vielleicht denselben Trainer haben. Für die, die zum Vergnügen laufen, ist das vielleicht der beste Grund, einen Trainer zu engagieren.

- **LASSEN SIE SICH NICHT EINENGEN.** Der Historiker Max Lerner sagte einmal, man solle aus der Geschichte lernen, sich aber nicht von ihr einengen lassen. Er dachte dabei natürlich an Dinge von globaler Bedeutung, wie Kriege, doch der Rat lässt sich auch aufs Laufen anwenden. Wenn man die Regale vollstehen hat mit Trainingstagebüchern aus mehreren Jahrzehnten, besteht die Gefahr, dass man glaubt, was einmal funktioniert hat, wird wieder funktionieren. Einige meiner besten Trainingsjahre waren 1956, 1964, 1972, 1980 und 1991. In jedem dieser Jahre machte ich große Fortschritte oder gewann Meisterschaften, weil ich jedes Mal meinen Trainingsansatz grundlegend verändert hatte – manchmal mehr Kilometer, manchmal zusätzliche Trainingsformen – aber ich könnte dieses Training oder diese Trainingsmuster genauso wenig wiederholen, wie ich zum Mond fliegen könnte. In jedem dieser glorreichen Jahre bin ich mein Training anders angegangen und das werde ich auch in Zukunft tun.

> **Die Gefahr ist groß, zu glauben, was einmal funktioniert hat, wird wieder funktionieren.**

Unser Körper verändert sich. Unsere Lebensumstände verändern sich. Unsere Motivation verändert sich. Wir werden älter. Alles wird anders. Besonders gefährlich ist es, wenn jemand nach jahrelanger Untätigkeit wieder mit dem Laufen beginnt und meint, er könne trainieren wie zu seiner Schulzeit. Es gibt noch eine Menge anderer Dinge, die Sie in der Schulzeit getan haben, die Sie nicht noch einmal tun würden – oder sollten. Seien Sie also klug.

MACHEN SIE SINNVOLLE VERÄNDERUNGEN. Trainer Babington schlug Lynn Jennings nur eine kleine Änderung vor: Sie sollte ihren Trainingsumfang anheben. Sie erhöhte ihr Wochenpensum lediglich um 15 bis 30 Kilometer. Trainer und Sportlerin hatten erkannt, dass sie mit einer zu radikalen Veränderung ihrer Trainingsroutine riskieren würden, all ihre bis dahin erreichten Erfolge zunichte zu machen.

An einem Punkt meiner Läuferkarriere versuchte ich, die Zahl meiner 400-m-Läufe in meinem Intervalltraining zu erhöhen (von 10 auf 20) und gleichzeitig die Zeiten zu verbessern (von 70 Sek auf 60). Bevor ich mein Ziel von 20 x 400 m in jeweils 60 Sekunden erreichen konnte, brach ich zusammen. Jahre später besprach ich diesen Trainingsfehler mit Frank McBride, der mich damals trainiert hatte. „Wir haben mindestens zwei von Gerschlers fünf Trainingsprinzipien verletzt", gab er zu. (Mehr über den deutschen Trainer Waldemar Gerschler und seine Theorien zum Intervalltraining können Sie in Kapitel 8 nachlesen.)

So einen Fehler macht man einmal und nie wieder, wenn man ein schlauer Läufer ist. Und wenn man sehr schlau ist, dann macht man ihn erst gar nicht. Wenn Sie Ihren Trainingsplan aufstellen, konzentrieren Sie sich nur auf die Verbesserung einer Sache – und betreiben Sie die mit Geduld.

Kommen Sie aus dem alten Trott heraus. Läufer bleiben oft auf einem bestimmten Leistungsstand hängen und werden nicht besser, weil sie ihr Training nicht verändern. Durch lange Läufe werden Sie schneller, ebenso durch Tempotraining. Doch wenn Sie sich auf eine Trainingsart versteifen und alle anderen außen vor lassen, werden Sie Ihre Leistung wahrscheinlich nicht verbessern können. Etwas Anderes zu versuchen ist eine gute Möglichkeit, um besser zu werden und dabei ist es fast egal, was dieses „Etwas" ist.

SEIEN SIE INNOVATIV. Trainieren Sie an unterschiedlichen Orten. Besuchen Sie ein anderes Fitness-Studio. Suchen Sie sich einen Trainer. Probieren Sie andere Sportarten aus. Wenn Sie auf der Bahn laufen, versuchen Sie es doch mal auf der Straße. Straßenläufer wiederum sollten auf die Bahn wechseln – oder ins Gelände. Wenn Sie sich auf den Marathon spezialisiert haben, probieren Sie es mal mit einem 5-km-Rennen. Sind Sie 5-km-Läufer, laufen Sie einen Marathon.

Zu verschiedenen Zeiten meiner Läuferkarriere habe ich meine Wettkampfambitionen auf den Langlauf oder auf Triathlons verlegt, nur um die Routine etwas aufzubrechen. Es gibt viele Arten von Langstreckenläufen, zum Beispiel Orientierungsläufe (Laufen mit Kompass und Landkarte) oder Bergläufe. In den letzten Jahren sind Geländeläufe immer beliebter geworden, denn viele Teilnehmer legen mehr Wert darauf, auf malerischen – aber anspruchsvollen – Strecken zu laufen, als gegen eine bestimmte Zeit auf einer Stoppuhr. Wenn Sie die Disziplinen wechseln, haben Sie zumindest neue Ziele vor Augen.

PLANEN SIE PAUSEN EIN. Das Hart-/Leicht-Training, das der mittlerweile verstorbene Bill Bowerman vorangetrieben hat, funktioniert gut. Legt man ein oder zwei leichte Trainingstage ein, kann man an den harten Tagen zulegen und um so härter trainieren. Je älter ich werde, desto genauer beachte ich diesen Trainingsansatz. Dr. David Costill erläutert, dass Muskelveränderungen eher am Ruhetag nach einer harten Trainingseinheit stattfinden, nicht am Trainingstag selbst. Wenn Sie jeden Tag hart trainieren, ziehen Sie sich möglicherweise irgendwann eine Muskelzerrung oder sogar einen Muskelfaserriss zu.

Im Sommer 1984 hatte ich ein Gespräch mit dem britischen Läufer-As Sebastian Coe, etwa einen Monat bevor er bei den Olympischen Spielen in Los Angeles die 1.500 m gewann und über die 800 m Zweiter wurde. Damals war Coe 27 und er hatte sich gerade durch eine Trainingseinheit von 20 x 200 m gequält, mit einer Durchschnittszeit von 27 Sekunden und nur jeweils 25 bis 45 sek Pause zwischen jeder Wiederholung. Die letzte lief er in 22,5 sek, einer Zeit, mit der er zumindest die 200 m auf den meisten Schulwettkämpfen gewonnen hätte. Es war ein verrücktes Training, doch hinterher meinte Coe dazu, er habe einige Jahre zuvor, als er 20 oder 21 Jahre alt war, solch intensive Trainingseinheiten an vier oder fünf Tagen hintereinander absolvieren können. „Jetzt, wo ich älter bin, brauche ich mehr Ruhe", sagte er, ohne eine Miene zu verziehen.

Die meisten Sportler werden feststellen, dass sie nicht mehr als zwei harte Trainingseinheiten und ein Rennen pro Woche durchhalten. An den restliche Tagen sollte man zur Erholung leicht trainieren.

ACHTEN SIE AUF IHRE UMGEBUNG. Wenn Sie morgens aufwachen und feststellen, dass der Regen auf der Straße draußen vor dem Haus gefriert, dann ist das vielleicht nicht der beste Tag, um auf der Bahn 400-m-Wiederholungsläufe zu machen – es sei denn, die Bahn befindet sich in der Halle. Es versteht sich von selbst, dass man für bestimmte Trainingsarten das Wetter einkalkulieren muss. Doch am besten bereiten Sie sich darauf im Voraus vor, wenn Sie Ihren Trainingsplan erstellen.

Ich wohne im mittleren Westen der USA. Daher ist der Winter für mich eine gute Zeit, um lange, aerobe Läufe zu machen, da ich langsam laufen kann und muss – eingepackt in mehrere Lagen Kleidung und meinen Weg über vereiste Stellen oder Pfützen suchend. Der Frühling ist eine gute Zeit für schnelle, anaerobe Läufe, weil die Bodenverhältnisse gut sind und das Wetter noch kühl ist. Der Sommer eignet sich gut für Wiederholungsläufe, da ich zwischen den einzelnen Spurts zur Abkühlung eine Pause einlegen und vielleicht sogar etwas trinken kann. Dieser Plan wäre wohl nicht unbedingt das Richtige für einen Läufer in Arizona oder Alaska. Und nun, da ich einen Zweitwohnsitz in Florida habe, habe ich angefangen, meinen Trainingsplan zu überarbeiten, um mir die wärmeren Winter und den flachen, weichen Strand zunutze zu machen. Wenn Sie Ihr Training planen, müssen Sie immer die äußeren Umstände im Auge behalten.

NÄHERN SIE SICH IHREM ZIEL VORSICHTIG. Um Ihre Leistungen zu steigern, müssen Sie Ihr Training vorsichtig und schrittweise anpassen. Das ist das Prinzip der „progressiven Belastung", dessen historischer Erfinder, der Ringkämpfer Milo, aus der griechischen Antike stammt. Er wurde jeden Tag stärker, indem er sich ein Kalb auf die Schultern hievte, das nach und nach zum Bullen heranwuchs. Wenn wir unsere Trainingsumfänge täglich oder wöchentlich erhöhen, tun wir im Prinzip genau das Gleiche.

Aber Läufern wird – ehrlich gesagt – eine Menge dummes Zeug darüber erzählt, wie sie sich steigern sollen. Einige Theorien besagen, man solle die Trainingsumfänge jede Woche um 10 Prozent erhöhen oder 400-m-Intervalle pro Woche eine Sekunde schneller laufen. Ich halte nichts von Formeln. Wenn Sie sich steigern, tun Sie das konservativ. Aber steigern Sie sich.

SCHREIBEN SIE ALLES AUF. Sie können sich auch auf visuelle Art motivieren, mit einer Tabelle oder einem Plakat an der Wand. Wenn Sie eine bestimmte Zeit bei einem Rennen erreichen wollen, sollten Sie vielleicht jeden Tag an diesen Zahlen vorbeilaufen, wenn Sie zum Training hinausgehen.

Ich bin ein großer Anhänger von visuellen Hilfsmitteln. In einem Jahr erstellte ich meinen Plan für die Laufsaison in Form eines Kalenders über einen Zeitraum von acht Monaten. Darauf schrieb ich mit Rot den vorgesehenen Trainingsumfang für jede Woche und die Wettkampftermine, zu denen ich in Höchstform sein wollte. Der Kalender hing an der Wand im Keller, wo ich mein Stretching und mein Krafttraining mache. Jeden Tag, wenn ich zum Laufen ging, kam ich an dieser Tabelle vorbei. Ich kritzelte auch meine Trainingsumfänge und Zeiten darauf, zusätzlich zu meinem Tagebucheintragungen. So wusste ich, ob ich noch innerhalb der Vorgaben meines geplanten Trainings lag.

Ich mache das nicht jedes Jahr, aber manchmal kann Sie eine visuelle Erinnerung an Ihre Ziele und das dazugehörige Training motivieren. Viele Läufer nutzen die Trainingspläne für Marathons und andere Distanzen, die ich auf meiner Website anbiete. Einige von ihnen haben mir erzählt, dass sie sie herunterladen und irgendwo aufhängen, wo sie sie gut sehen können.

SEHEN SIE IHRE PLÄNE REGELMÄSSIG DURCH. Ich sehe meine Trainingspläne von Zeit zu Zeit durch. Dadurch kann ich feststellen, ob meine anfängliche Planung zu optimistisch war. Wenn es April ist und mein längster Lauf in den vergangenen drei Monaten über 20 km ging, ich aber für diesen Zeitpunkt bereits 30 km angesetzt hatte, muss ich meine Pläne und Ziele wohl etwas realistischer betrachten. Dann könnte es an der Zeit sein, zum ersten Ratschlag zurückzukehren: Vorausplanen.

Ruhetag

Kapitel **15**

TRAININGS-ABBAU UND -AUFBAU

So kommen Sie wieder in Form

Nicht jeder läuft jahrein, jahraus auf demselben Level. Wir haben Höhen und Tiefen. Wir schalten einen Gang hoch, wenn wir uns auf ein Straßenrennen vorbereiten, und einen herunter, wenn andere Interessen Vorrang haben. Manchmal verletzen wir uns. Manchmal langweilt es uns einfach. Manchmal lassen wir das Laufen lieber sein (oder laufen weniger), als dass wir gegen Winterstürme oder die Gluthitze im Sommer ankämpfen. Manchmal wechseln wir die Sportart und fangen an Ski zu fahren, zu Schwimmen oder wir fahren Rad – all das hält uns fit, aber es hilft uns nicht, schneller zu werden. Wenn wir dann zum 5-km-Lauf oder zum Marathon zurückkehren, stehen wir oft vor Problemen.

Wenn es eine Zeitlang her ist, dass Sie zuletzt gelaufen sind (von Wettkämpfen ganz zu schweigen), oder Ihr Training auf das Nötigste heruntergeschraubt haben und wieder in Form kommen wollen, können Sie hier lesen, wie man das anstellt - und was man besser bleiben lassen sollte.

Zurück auf die Bahn

Läufer halten sich mental fit, wenn sie ihre Ziele immer wieder abwägen und neue Herausforderungen annehmen. Wir erhöhen unser Kilometerpensum, um einen Marathon zu Ende laufen zu können. Wir erhöhen unser Tempo, um ein 5-km-Rennen zu schaffen. So bleiben wir auf Trab. Doch auch mit einer starken aeroben Grundlage können Sie keinen größeren Schub durch Ihr Training erreichen, ohne sorgfältig darüber nachgedacht zu haben. Wenn Sie Trainingsintensität oder Wochenkilometer erhöhen wollen, müssen Sie anfangs sehr langsam vorgehen.

Was passiert mit unserem Körper, wenn wir wieder in Form kommen – eine Form, in der wir Wettkämpfe bestreiten und persönliche Bestzeiten einstellen können? Der Kopf erinnert sich an die 400-m-Läufe auf der Bahn, die so entscheidend sind für Höchstleistungen. Doch vielleicht ist der Körper für diese Belastung noch nicht bereit. Frühere Trainingstagebücher können, wie schon in Kapitel 14 erwähnt, sowohl eine Falle als auch eine Hilfe sein, wenn Sie die ersten Schritte auf dem Weg zu Ihrer alten Form planen.

Wenn Sie Trainingsintensität oder Wochenkilometer erhöhen wollen, müssen Sie anfangs sehr langsam vorgehen.

Das Älterwerden macht die Angelegenheit noch komplizierter: Es ist einfacher, ein schnelles Training mit zwanzig oder dreißig wieder aufzunehmen als mit vierzig oder fünfzig. Und was die betrifft, die über 60 sind, so sind manche Wissenschaftler der Ansicht, dass Walken das einzige aerobe Training ist, das wir noch brauchen. Es spielt natürlich auch eine Rolle, wie lange man nicht mehr gelaufen ist.

Seien Sie außerdem beim Cross-Training vorsichtig. Dr. Carl Foster, Direktor für Herzrehabilitation und Bewegungstraining, warnt vor übersteigertem Selbstvertrauen, das durch diese wichtige Trainingsmethode entstehen kann. „Es ist ein zweischneidiges Schwert, auch andere Sportarten zu betreiben", sagt er. „Sie mögen eine gute Herzleistung haben, wenn Sie Rad fahren, Schwimmen oder Ski fahren, doch Ihre Muskeln und Gelenke sind auf die andersartige Belastung beim Laufen möglicherweise nicht vorbereitet. Wenn man allgemein in guter Form ist, übertreibt man es viel zu leicht. Dann schmerzt alles und es kracht in den Gelenken und möglicherweise schadet man seinem Körper."

Das Gleiche gilt für jede Änderung Ihrer Ziele.

Wissenschaftler können mittlerweile die Auswirkungen des Trainingsabbaus beschreiben – oder, wie schnell man außer Form gerät. An der University of Texas überredete Dr. Edward Coyle eine Gruppe hochtrainierter Läufer (die wöchentlich etwa 130 km liefen) und Radfahrer (die etwa 400 km pro Woche fuhren), mit dem Training aufzuhören.

Messungen ergaben, dass ihre Sauerstoffaufnahme zunächst rapide abfiel, dann etwas langsamer. Die besttrainierten Sportler, die am härtesten gearbeitet hatten, um in Form zu kommen, bauten am meisten ab. Die weniger trainierten hatten weniger zu verlieren. Dr. Coyle stellte fest, dass die Athleten die Hälfte ihrer aeroben Kapazität innerhalb von 12 bis 21 Tagen verloren, dann wiederum die Hälfte der verbleibenden in den nächsten 12 bis 21 Tagen, usw. Nach drei Monaten waren alle runtertrainiert.

Für Wissenschaftler scheint es schwieriger zu sein, den Wiedereinstieg ins Training zu messen – oder, wie lange es dauert, um wieder in Form zu kommen. „Darüber gibt es kaum Daten", räumte der mittlerweile verstorbene Dr. Michael Pollock ein. Dennoch können die Wissenschaftler Schätzungen vornehmen.

Dr. Coyle ist der Meinung, dass man für jede verlorene Woche zwei Wochen Training braucht, um zum ursprünglichen Fitnesslevel zurückzugelangen.
Dr. David Costill schätzt, dass man seine aerobe Kapazität innerhalb von 4 bis 8 Wochen zurückgewinnen kann. „Bei der Muskelkraft dauert es länger", sagt er.

Kraft ist, wie wir wissen, gleich Schnelligkeit. Sie werden also länger dazu brauchen, um Ihre Fähigkeit schnell zu laufen zurückzugewinnen, als Ihre Fähigkeit weit zu laufen.

Deshalb bereiten Trainingspausen vielen Läufern Sorgen. Als ich Trainer an der High School war, fragte mich eine meiner Schülerinnen, wie viel sie verlieren würde, wenn sie sich die Woche zwischen Weihnachten und Neujahr frei nähme. Unter Berufung auf Dr. Coyle sagte ich ihr, dass sie zwei Wochen brauchen würde, um wieder dahin zu gelangen, wo sie vorher war.

Die meisten Wissenschaftler glauben, dass Leute, die schon einmal trainiert haben, ihr Tempo schneller zurückgewinnen können als jemand, der bei Null anfängt. Mit anderen Worten, ein „wiedergeborener" Läufer hat einen Vorteil vor einem, der gerade erst angefangen hat. „Es kann sein, dass die Muskeln eine Art Erinnerungsvermögen haben", so Dr. Costill, „oder aber wir stellen uns beim zweiten Mal beim Training einfach schlauer an." Dr. Costills Kollege William Fink dazu: „Vieles hängt davon ab, wie sehr man aus der Form ist. Es gibt einen Punkt, da hat man alles verloren. Ein Wiedereinstieg bedeutet dann wirklich, bei Null anzufangen."

Zurück zur Höchstform

Den besten Athleten fällt es am schwersten, ihre frühere Topform zurückzuerlangen. Auf Spitzenniveau erfordert es einen enormen Kraftaufwand, einige wenige Sekunden schneller zu werden – Monate, vielleicht Jahre harten Trainings. Auf diesem Level kann man sich keine Auszeiten leisten. Es ist einfach zu schwierig, den Berg wieder hoch zu klettern. Alberto Salazar war Amerikas Top-Marathonläufer zwischen den Olympiaden von 1980 und 1984: Er stellte beim Boston und beim New York City Marathon Rekorde auf und lief die 10 km weit unter 28 Minuten. 1990 versuchte Salazar ein Comeback, gab jedoch auf, als er es nicht schaffte, unter 29 Minuten zu bleiben. Salazar war noch immer in exzellenter körperlicher Verfassung. Er hatte einfach nur seine Schnelligkeit verloren.

Dr. Coyle machte in seinen Studien zum Trainingsabbau eine Ursache für den rapiden Verlust der Fitness aus: Blutverlust. In den ersten 12 bis 21 Tagen ohne Training verliert man sage und schreibe 1/2 Liter Blut. „Früher dachten die Wissenschaftler, der Leistungsabfall hinge mit der Verschlechterung der Herzleistung zusammen. Tatsächlich hat das Herz einfach nur weniger Blut zur Verfügung, das in die Muskeln gepumpt werden kann", so Dr. Coyle.

Auf Spitzenniveau erfordert es einen enormen Kraftaufwand, einige wenige Sekunden schneller zu werden – Monate, vielleicht Jahre harten Trainings.

Wenn Sie wieder ins Training einsteigen, kehrt diese verlorene Blutmenge wieder zurück. Es ist eine natürliche Form des Blutdoping. So werden die Muskeln wieder besser mit Sauerstoff versorgt und es steht auch wieder mehr Flüssigkeit fürs Schwitzen zur Abkühlung Ihres Körpers zur Verfügung. Aus diesem Grund sind Sie wahrscheinlich besser beraten, Ihr Training während der kühleren Frühlingstage wiederaufzunehmen, anstatt auf den Sommer zu warten, wenn Ihr Körper möglicherweise nicht an die Hitze gewöhnt ist. Laut Dr. Coyle können Läufer das Blutplasmavolumen innerhalb einer Woche zurückgewinnen; bei den roten Blutkörperchen dauert es allerdings länger.

Nicht alle Trainingserfolge verschwinden während langer Trainingspausen. Die schnell kontrahierenden Muskeln behalten einen Teil ihres Ausdauervermögens. Die Muskelkapillaren, die sich im Training um 40 bis 50 Prozent vermehren, bleiben bestehen und behalten ihre Fähigkeit, die im Training entstehenden Abfallstoffe, etwa das Laktat, abzutransportieren.

Doch nicht alle Körpersysteme bauen im gleichen Maße ab oder wieder auf. So könnten etwa Ihre Knochen der Belastung nicht mehr gewachsen sein – besonders in höherem Alter. Denken Sie daran: Ein Läufer, der sechs Jahre Training verloren hat, macht auch sechs Jahre des ganz normalen Alterungsprozesses durch.

Schlaues Training

Dr. Kenneth Sparks, in seinen Zwanzigern Mitglied eines Weltrekordteams in der Staffel, nahm das harte Training wieder auf, als er sich der Vierzig näherte. Er schaffte zwar wieder eine schnelle Meilenzeit von 4:16 und eine 2:39:00 im Marathon, doch er musste sich auch einer Operation an der Achillessehne unterziehen. „Wenn man früher Wettkämpfer war, dann ist man daran gewöhnt, im Training bis ans Äußerste zu gehen", sagt Dr. Sparks. „Das mag in Ordnung sein, wenn man jung ist und Verletzungen schnell heilen. Doch wenn man älter wird, muss man vernünftiger trainieren und mehr im Einklang mit seinem Körper sein. Jedesmal, wenn man zum Laufen rausgeht, könnte es die letzte Trainingseinheit sein, sollte man sich verletzen."

Läufer, die das Training wieder aufnehmen, kommen um Muskelkater nicht herum. Das liegt aber nicht am Laktat, das man gerne für den Übeltäter hält. Der Körper kann das Laktat, das sich beim harten Training in den Muskeln ansammelt, schnell wieder umwandeln. Mehr Probleme bereiten die veränderten Bewegungsmuster.

Dr. Costill ist der gleichen Meinung. „Man ist nicht mehr daran gewöhnt, diese neuen Bewegungen zu koordinieren", erklärt er. „Nachdem man ein wenig geübt hat, finden die Muskeln die richtigen motorischen Muster und man bekommt keinen Muskelkater mehr."

Daher muss ein „wiedergeborener" Läufer nicht so einen starken Muskelkater erwarten wie zu der Zeit, als er mit dem Laufen anfing – solange er den Wiedereinstieg in das Training mit Bedacht angeht. Laut Sportwissenschaftler James D. Richardson „ist Muskelkater meistens vorübergehend und hat anscheinend keine negativen Langzeitwirkungen."

Es muss gar nicht so schwierig sein, für ein 5-km-Rennen wieder in Form zu kommen. Und es ist mit Sicherheit einfacher, als zum ersten Mal zu laufen. Erinnern Sie sich, wie viel Spaß es einmal gemacht hat, schnell zu laufen? Erinnern Sie sich an das gute Gefühl, sich den Wind um die Nase wehen zu lassen? Wenn Sie auf die Kurzstrecken zurückkehren wollen, aus welchem Grund auch immer Sie eine Trainingspause eingelegt haben – dann könnten die folgenden Tipps die „Heimreise" angenehmer gestalten:

- **SETZEN SIE SICH EIN ZIEL.** Ein Ziel kann einfach nur darin bestehen, für den ersten Lauf vor die Tür zu gehen. Gehen Sie in sich: Warum wollen Sie wieder laufen? Um in Form zu kommen? Um Ihre früheren Zeiten zu verbessern? Um einen bestimmten Wettkampf zu bestreiten? Planen Sie Ihr Training gut voraus, damit Sie dieses Ziel auch erreichen.
- **BEDENKEN SIE, WIE LANGE SIE NICHT MEHR TRAINIERT HABEN.** Je nachdem, wie lange Sie nicht mehr schnell trainiert haben, wird Ihr Comeback leicht oder hart für Sie sein. Rechnen Sie mit mindestens zwei Tagen für jeden verlorenen Tag, um wieder in Form zu kommen.
- **VERGESSEN SIE, WAS FRÜHER WAR.** Trainingseinheiten, die Sie vor Jahren gemacht haben, haben keinerlei Bedeutung für das, was Sie heute leisten können – und sie können die Ursache für Verletzungen sein, sollten Sie versuchen, sie zu wiederholen, ohne auf Ihrem alten Fitnesslevel zu sein. Sobald Sie Ihre Basisform wiedererlangt haben, können Sie sich die Frage stellen, ob Sie Ihre alten Trainingsmuster wieder aufnehmen wollen (oder können), inklusive Tempotraining.
- **ÜBERLEGEN SIE SICH, OB SIE ES DIESMAL BESSER MACHEN KÖNNEN.** Haben Sie in Ihrem „früheren Leben" als Läufer Fehler gemacht, die Sie dieses Mal vermeiden könnten? Überdenken Sie Ihren gesamten Trainingsansatz. Verfallen Sie nicht wieder in alte Trainingsgewohnheiten, die möglicherweise nicht zu den besten Ergebnissen geführt haben.
- **DENKEN SIE AN IHR ALTER.** Läufer in den Zwanzigern können nach Trainingspausen auf die Bahn zurückkehren, als seien sie nie fort gewesen. Wenn man aber erst einmal dreißig, vierzig, fünfzig oder älter ist, wird es immer schwieriger, die einmal verlorene Schnelligkeit zurückzugewinnen.

Doch es ist nicht unmöglich. Nutzen Sie Techniken wie Stretching oder kreative Ruhe, etwas an das Sie möglicherweise vorher nie gedacht haben.

GEHEN SIE DAS TEMPOTRAINING VORSICHTIG AN. Etwas Tempotraining wird wohl nötig sein, um wieder zur alten Höchstform aufzulaufen. Doch solange Sie Ihre aerobe Basis noch nicht wiederaufgebaut haben, können zu intensive Trainingseinheiten zu übermäßiger Erschöpfung führen und Sie entmutigen. Und selbst wenn Sie diese Basis aufgebaut haben: Ihre Bänder und Sehnen können möglicherweise nicht mit der Leistungsfähigkeit Ihrer Lunge und Ihrer Muskeln mithalten.

NUR FÜR MARATHONLÄUFER

Für Marathonläufer, die auf eine andere Strecke wechseln – sich also sozusagen „verkleinern" – wollen, gelten etwas andere Regeln. Sie sind bereits gut in Form. Wenn Sie Ihr Tempo verbessern und an Wettkämpfen wie etwa einem 5-km-Rennen teilnehmen wollen, müssen Sie lediglich Ihr Training neu ausrichten. Hier sind einige Tipps, die Ihnen auf Ihrer Suche nach Schnelligkeit helfen werden:

VERKÜRZEN SIE IHRE LANGEN LÄUFE. *Läufer im Marathontraining machen üblicherweise einmal in der Woche einen langen, leichten Lauf; oft am Sonntagvormittag. Dabei laufen sie normalerweise bis zu 30 km und mehr, was mehrere Stunden dauern kann. Der olympische Marathonläufer und Trainer Benji Durden rät, die sonntäglichen Läufe auf höchstens zwei Stunden zu begrenzen. Der Trainingsumfang sollte bei 25 km oder weniger liegen. „Durch diese Beschränkung werden Sie schneller", so Durden. „Die Leute sollten diese Geschwindigkeit in Ihren langen Läufen einsetzen."*

SENKEN SIE IHREN WÖCHENTLICHEN TRAININGSUMFANG. *Je mehr Kilometer Sie wöchentlich laufen, desto langsamer müssen diese Kilometer sein. Mit weniger Kilometern können Sie bei höherem Tempo trainieren. So können Sie ausgeruht und schnell laufen. Es gibt zwei Möglichkeiten, den Trainingsumfang zu verkleinern: Entweder, Sie kürzen die Länge Ihres täglichen Laufs oder aber, Sie legen mehr Ruhetage ein.*

LAUFEN SIE RENNEN ÜBER KÜRZERE DISTANZEN. *„Marathonläufer nehmen oft an 5-km-Rennen teil", so Durden. „Wenn das Ihre angestrebte Wettkampfdistanz ist, sollten Sie auch Wettkämpfe über noch* kürzere Strecken laufen." Die Teilnahme an 5-km-Rennen wird Ihnen helfen, schneller zu werden. Ziehen Sie auch die Bahn in Erwägung – für 1.500- und 800-m-Rennen. Auch wenn Sie mit diesen Distanzen unter Ihren Möglichkeiten bleiben, kann Ihnen das dazugehörige Training helfen, schneller zu werden.

- **REDUZIEREN SIE DIE DISTANZ MIT BEDACHT.** Mit einem abrupten Wechsel auf die Bahn erhöht sich Ihr Verletzungsrisiko. Denken Sie daran: Ihr Körper ist nicht an plötzliche „Tempoexplosionen" gewöhnt. Seien Sie also vorsichtig mit diesen neuen, relativ schnellen Geschwindigkeiten – sowohl im Training als auch im Wettkampf.
- **VERLAGERN SIE DEN SCHWERPUNKT IHRES TRAININGS.** Legen Sie lieber zwei „Tempotage" pro Woche ein, anstatt an einem Tag in der Woche Tempotraining und in einer anderen Tempoläufe zu machen. Wenn Marathonläufer Intervalltraining machen, laufen sie oft lange Wiederholungen von bis zu 1,5 Kilometern. Für kürzere Rennen müssen Sie natürlich auch kürzere Wiederholungen laufen, wie zum Beispiel 200 und 400 m.
- **LASSEN SIE SICH MAL WIEDER AUF DER BAHN BLICKEN.** Um wieder für schnelle Läufe in Stimmung zu kommen, sollten Sie sich dort herumtreiben, wo die Sprinter trainieren: auf der Bahn. Sie müssen nicht die Startblöcke benutzen, aber das Training an einem Ort, wo Sie Ihr Tempo über genau abgemessene Distanzen exakt mit einer Stoppuhr überwachen können, kann Ihnen das „Feeling" fürs schnelle Laufen zurückbringen.
- **SETZEN SIE SICH REALISTISCHE ZIELE.** Glauben Sie nicht an Computertabellen, in denen es heißt, dass Sie einen 5-km-Lauf in 24:30 schaffen, wenn Sie Ihren letzten Marathon in unter 4 Stunden gelaufen sind. Solche Tabellen berücksichtigen nicht, dass Sie möglicherweise mehr langsam (rote) als schnell kontrahierende (weiße) Muskeln haben. Setzen Sie sich realistische, kurzfristige Ziele. Durden sagt dazu, mit den Worten von Yogi Berra: „If you get there, you get there" („Wenn man da ist, ist man da").

- **DENKEN SIE DARAN, DASS DIE KRAFT ZULETZT ZURÜCKKOMMT.** Genauso wie die Kraft zuletzt verschwindet, wenn man das Laufen aufgibt, braucht sie auch am längsten, um wiederzukommen. Und Kraft ist gleich Schnelligkeit. Sie werden feststellen, dass es Ihnen am schwersten fallen wird, wieder in Ihre absolute Topkondition zu kommen, auch wenn Sie ansonsten bereits wieder relativ gut in Form sind.

- **NEHMEN SIE NICHT ZU FRÜH AN WETTKÄMPFEN TEIL.** Ein Rennen mag gut dazu geeignet sein, Ihr Tempo zu messen, aber Sie riskieren Verletzungen, wenn Sie es zu hart angehen. Außerdem nimmt es Ihnen Trainingszeit. Gehen Sie die frühen Rennen entspannt an und machen Sie sich keine Gedanken über schnelle Zeiten.
- **SEIEN SIE VORSICHTIG.** Wenn Sie bereits eine Verletzung erlitten haben, sollten Sie besonders aufpassen. Eine wichtige Frage ist: „Kenne ich den Grund für diese Verletzung?" Manchmal sind Ruhepausen nicht genug. Sie könnten sich erneut verletzen, wenn Sie auf Ihrem früheren Level trainieren.
- **GEBEN SIE NICHT AUF.** Manchmal kann es einem so vorkommen, als wäre der Weg zurück zu lang. Aber Sie können es schaffen, wieder an Straßenrennen teilzunehmen und gute Leistungen zu bringen. Alles, was Sie dafür brauchen, ist Disziplin und Geduld.

Ruhetag

FIT FÜR DEN WETTKAMPF

Testen Sie Ihre Schnelligkeit

Viele Läufer verkennen den Wert eines gründlichen Warm-up. Bei einem 4-Meilen-Frühjahrsrennen in Hammond/Indiana fiel mir auf, dass sich nur wenige Teilnehmer Zeit zum Warm-up nahmen – und auch nur wenige von diesen wärmten sich richtig auf. Natürlich waren einige Läufer 15 oder 20 Minuten vor dem Start aus der Halle gekommen, um an diesem kalten und windigen Tag kurz die Straße hinauf und hinunter zu joggen – aber ich vermute, das war für die meisten das gesamte Warm-up.

Übers Warm-up wird kaum gesprochen. Die Läufer von heute sind Anhänger des Fitness-Booms und haben in der Schule niemals Leichtathletik gemacht. Dort hätte man sie noch am ehesten über die Vorteile des Aufwärmens aufklären können. Jeder kennt sich mit Stretching aus, aber das ist nur ein Teil eines guten Warm-up.

Wie wichtig ist ein gutes Warm-up? Wahrscheinlich wird es Ihre Zeit um nicht mehr als ein paar Sekunden nach unten drücken – sagen wir 5 bis 10 Sekunden. Bezogen auf die gesamte Länge eines 10-km-Rennens, das länger als eine halbe Stunde dauert, scheint das nicht von Belang zu sein – es sei denn, man läuft Schulter an Schulter mit einem Läuferkollegen, den man schon seit 4 Jahren schlagen will. Aber sehen wir den Tatsachen ins Auge: Sie würden dieses Buch nicht lesen, wenn Sie nicht um jede nur mögliche Sekunde kämpfen wollten. Auf Weltklasseniveau kann eine Hundertstelsekunde einen Unterschied von Tausenden von Dollar bedeuten.

Ein gründliches Warm-up ist auch wichtig, um Verletzungen zu vermeiden. Kalte Muskeln zerrt man sich leichter als warme Muskeln. Es ist auch eine Frage des Wohlbefindens: Man läuft entspannter, wenn man sich aufgewärmt hat. Kleinere Beschwerden, wie zum Beispiel Seitenstiche, treten nicht so häufig auf, wenn man sich vor dem Start aufwärmt. Und was den sportlichen Erfolg betrifft, so werfen psychische Belange nicht selten ihren Schatten auf körperliche Fähigkeiten. Daher kann ein gutes Warm-up Ihre Psyche ebenso einstellen wie Ihren Körper. Mit einem gründlichen Warm-up signalisieren Sie Ihrem Körper, dass heute ein Tag ist, an dem schnell gelaufen wird.

Natürlich kann einem das Aufwärmen oft lästig oder mühsam vorkommen. Man muss früher am Start erscheinen. Bei vielen Rennen ist es schwierig, wenn nicht sogar unmöglich, ein annehmbares Warm-up durchzuziehen. Bei großen Wettkämpfen mit mehreren Tausend Teilnehmern muss man möglicherweise sehr früh zur Startlinie gehen und dort ausharren, um sich seinen Startplatz zu sichern. Das kann, vor allem bei kurzen Rennen, ein ziemliches Handicap sein. Bei einem Marathon kann man oft langsam anfangen und sich auf den ersten Kilometern allmählich aufwärmen. Doch bei Rennen über nur einige wenige Kilometer kann man es sich nicht leisten, zu langsam anzufangen. Es ist eine einfache Tatsache des Wettkampfalltags: Je kürzer das Rennen, desto schneller das

Tempo – und desto wärmer müssen die Muskeln sein, damit man schnell sein Höchsttempo erreicht.

Natürlich ist das Warm-up vor Wettkämpfen am wichtigsten, weil man nach dem Startschuss innerhalb von Sekunden aus dem Stand heraus auf Höchsttempo beschleunigt. Doch auch beim Training sollten Sie ein vollständiges Warm-up – inklusive Stretching – nicht vernachlässigen; vor allen Dingen an harten Trainingstagen, an denen Sie schnelle Wiederholungen auf der Bahn laufen.

Besonders wichtig ist das Warm-up vor Läufen bei kühlem Wetter, wenn die Temperatur unter 10° C fällt und man zusätzliche Kleidung tragen muss, um die Körperwärme zu halten. Jetzt sollten Sie allerdings nicht glauben, dass Sie das Warm-up bei warmem Wetter ausfallen lassen können, nur weil Ihnen heiß ist und Sie schwitzen. An den Tagen, an denen Sie glauben, das Aufwärmen am wenigsten zu brauchen, sollten Sie besonderen Wert darauf legen. Auch dann brauchen Ihre Muskeln den zusätzliche Leistungsschub, den sie durchs Warm-up kriegen.

Alles in Allem: Das Warm-up ist eine Angelegenheit, die jeder Läufer ernst nehmen sollte. Und genau das tun wir jetzt und nehmen uns zuerst das Warm-up vor dem Training und danach das Warm-up vor dem Wettkampf vor.

Aufwärmen vor dem Training

Nur wenige Läufer haben Zeit für ein einstündiges Warm-up vor ihrem täglichen Training. Sogar vor Wettkämpfen scheint das Warm-up als „Plage" angesehen zu werden. Doch wie ich bereits gesagt habe: Je schneller Sie laufen wollen, desto besser müssen Sie sich aufwärmen. Und so machen Sie es richtig:

Machen Sie es sich zur Gewohnheit

Wenn ich Läufer trainiere, versuche ich, ihnen gute Aufwärmgewohnheiten einzutrichtern, was gar keine einfache Aufgabe ist. Ein Problem dabei ist, dass jeder Läufer eine Warm-up-Routine finden muss, die seinem Rhythmus entspricht. Doch in einem Team können sich nicht zwei Dutzend Läufer auf zwei Dutzend verschiedene Arten aufwärmen, vor allem nicht beim Straßenlauf, wo das Team als Teil seines Warm-up normalerweise die Strecke abläuft. Auf der Bahn wärmen sich Läufer häufiger allein auf, weil sie an unterschiedlichen Rennen teilnehmen.

Am Anfang der Saison lege ich eine Trainingseinheit fest, in der wir Aufwärmen üben und sonst nichts. Wir gehen das Ganze nach Nummern durch.

Wir machen dieses routinierte Programm sogar zu einer vollständigen Trainingseinheit am Tag vor einem Wettkampf. Wir joggen einfach, machen Stretching und Steigerungsläufe, joggen wieder und gehen dann nach Hause.

Ein gründliches Warm-up kann oft problematisch sein, wenn Wettkämpfe mitten in der Woche oder nicht auf der heimischen Bahn stattfinden. Wenn wir nach einer stundenlangen Busfahrt ankommen, haben wir oft kaum eine halbe Stunde, um uns startklar zu machen. Also geben wir unser Bestes.

Die meisten Teilnehmer an Volksläufen haben dieses Problem nicht, weil sie nicht im Team ankommen oder gehen müssen. Somit haben sie keinerlei Entschuldigung, wenn sie sich nicht richtig aufwärmen.

Kann ein gründliches Warm-up dabei helfen, Verletzungen zu vermeiden? Kann es Sie zu einem schnelleren Läufer machen? Meiner Meinung nach ist die Antwort auf beide Fragen: Ja. Richtiges Auf- und Abwärmen begrenzt den Schaden, den Sie Ihrem Körper zufügen können. Das gilt besonders für die intensiven Trainingseinheiten, die im Mittelpunkt jedes Trainingsprogramms stehen, das Ihnen hilft, schneller zu werden.

Mein Aufwärmtraining besteht aus drei Elementen, die ich auch meinen Schützlingen nahelege. Sie sind einfach und sie bereiten meine Muskeln auf ein wirkungsvolles Training vor. Erstens: Ich jogge für 10 bis 20 Minuten. Zweitens: Ich mache mein Stretchprogramm, das ich im Folgenden beschreiben werde. Und drittens, der letzte Teil: Ich mache drei bis vier lockere Sprints über 50 bis 150 m. Damit wecke ich meine Muskeln auf.

Mit 12 Stretchübungen zum Erfolg

Stretching ist ein Thema über das es Tausende von Illustrationen in Zeitschriften gibt, doch die meisten Läufer finden wahrscheinlich selbst heraus wie man stretcht oder sie schauen anderen dabei zu. Wenn Sie nach einem Buch lernen wollen, empfehle ich Bob Andersons Stretching (s. S. 164). Es gibt auch viele Broschüren, die die wichtigsten Stretchübungen beschreiben. Folgende Empfehlungen sind allgemein gültig:

Dehnen Sie niemals kalte Muskeln; dehnen Sie in statischer Position; Federn Sie nicht nach und machen Sie keine Ausfallschritte; atmen Sie entspannt und gleichmäßig; dehnen Sie nie so weit, dass es weh tut; beginnen und beenden Sie die Dehnung langsam und rhythmisch und konzentrieren Sie sich auf das Gefühl bei der Dehnung.

Ich habe im Laufe der Zeit mein eigenes Stretchingprogramm entwickelt. Es hat keine besondere wissenschaftliche Grundlage, nur die, dass ich mich gut dabei fühle. Ich schlage vor, dass Sie es genauso machen. Sinn und Zweck des vorangehenden Stretchings – ob nun vor dem Rennen oder vor irgendetwas anderem – ist dafür zu sorgen, dass Sie sich gut fühlen und dass Sie locker werden. Machen Sie eine Übung nicht nur, weil Sie sie in Andersons Buch gesehen haben oder weil jeder andere Läufer, den Sie kennen, so stretcht. Wenn eine Übung bei Ihnen nicht funktioniert, machen Sie sie nicht. Anderson würde Ihnen das Gleiche raten.

Nun sollte ich noch erwähnen, dass die meisten meiner Dehnübungen ineinander übergehen. Dadurch verliere ich nicht so viel Zeit, was sehr wichtig ist, wenn man nur wenig davon fürs Stretching zur Verfügung hat. Hier sind die Higdon'schen Stretchübungen:

- **ÜBER-KOPF-STRECKEN.** Stellen Sie sich aufrecht hin – die Füße leicht auseinander – und strecken Sie die Arme über Ihren Kopf nach oben. Konzentrieren Sie sich auf Ihre Körperhaltung und strecken Sie sich zum Himmel. Ich mache am liebsten eine Variante dieser Übung: Auf dem nahegelegenen Golfplatz, zu dem ich laufe, gibt es einen immergrünen Baum mit einem Ast gerade in meiner Reichweite. Ich lasse mich daran baumeln und genieße den aromatischen Duft des Baums. Aber Sie können sich überall hinstellen, wo Sie einen freien Quadratmeter Boden finden, und diese Stretchübung machen. Sie ist meine Eröffnung.
- **HÄNGENLASSEN.** Stellen Sie sich hin, die Füße leicht auseinander, beugen Sie sich von der Taille aus nach vorne und lassen Sie die Arme nach unten baumeln. Je weiter die Beine gespreizt sind, desto einfacher ist es, den Boden zu berühren. Aber dabei gibt's nichts zu schämen. Wenn mich ein anderer Läufer darauf aufmerksam macht, dass meine Knie leicht gebeugt sind, frage ich ihn, wie schnell er seinen letzten 10-km-Lauf gelaufen ist. Solange er nicht 5 Minuten schneller war als ich, höre ich nicht auf seinen Rat. Auch hier gilt: Machen Sie das, was bei Ihnen am besten klappt.
- **BECKENKREISEN.** Immer noch stehend legen Sie die Hände auf Ihre Hüften. Aus der Taille heraus fangen Sie an langsam zu kreisen – nach vorne, zur Seite und nach hinten. Kreisen Sie etwas im Uhrzeigersinn, dann gegen den Uhrzeigersinn. Moment mal, sagen Sie jetzt, sollten Stretchübungen nicht statisch sein? Ich schaue noch mal in meinem Regelbuch nach und hinterlasse Ihnen dann eine Nachricht auf Ihrem Anrufbeantworter. ;-)

OBERSCHENKELDEHNEN. Stützen Sie sich mit einer Hand an einer Wand oder einem Baum ab, umfassen Sie mit der anderen Hand Ihren Knöchel und ziehen Sie ihn bis an den Po. Es gibt zwei Möglichkeiten, die Oberschenkel zu dehnen: Bei der einen greifen Sie den linken Knöchel mit der rechten Hand, dann den rechten mit der linken. Bei der anderen greifen Sie mit der linken Hand den linken Knöchel und mit der rechten Hand den rechten Knöchel. Zahlreiche Experten haben darüber geschrieben, warum die eine Variante besser ist als die andere. Ich mache manchmal die eine, manchmal die andere, manchmal beide, manchmal keine. Ich will die anderen Experten nicht beleidigen, indem ich einem den Vorzug gebe.

DEHNEN DER WADENMUSKULATUR. Jeder Läufer kennt diese Übung. Es ist eine sichere, effektive Dehnung der Wadenmuskulatur. Suchen Sie sich eine Wand oder einen anderen festen Halt – z.B. einen Baum – und platzieren Sie sich in einer Entfernung von etwa 50 cm. Bleiben Sie mit den Fersen fest auf dem Boden und stemmen Sie Ihre Hände gegen die Wand, etwa schulterbreit auseinander. Halten Sie den Rücken gerade, beugen Sie Ihre Ellbogen und lehnen Sie sich vorsichtig nach vorne. Es fühlt sich gut an und es ist eine sehr gute Stretchübung vor schnellen Rennen, bei denen die Wadenmuskeln ins Spiel kommen.

Von dieser Übung gibt es einige Variationen. Eine besteht darin, sich mit geschlossenen Beinen nach vorne zu lehnen. Bei einer anderen lehnen Sie sich nach vorne, wenn ein Fuß vorne (mit gebeugtem Knie) und einer hinten steht und wechseln dann. Suchen Sie sich eine aus.

Ein Physiotherapeut, den ich nach Grandma's Marathon in Duluth/Minnesota aufsuchte, zeigte mir eine interessante Variante der Wadenmuskeldehnung mit versetzten Füßen. Nachdem man sich in einer Stellung gedehnt hat, bewegt man den vorderen Fuß nach links und nach rechts, wodurch leicht verschiedene Muskelkombinationen gedehnt werden. Wenn Sie die Wadenmuskulatur ohne die Wand dehnen wollen, stellen Sie sich mit den Zehenspitzen auf eine Stufe und lassen Sie Ihre Fersen über den Absatz hängen. Tun Sie das auch, wenn Sie eine Treppe hinaufgehen. Verpassen Sie keine Gelegenheit für ein gutes Stretching.

HINTERE RUNDUNG. Gehen Sie jetzt zu Boden – im wörtlichen Sinne. Gehen Sie tief genug in die Hocke, um den Boden mit den Händen nahe Ihres Hinterteils berühren zu können. Dann lassen Sie sich einfach sanft nach hinten rollen; die Zehen zeigen nach oben, die Knie berühren die Stirn, und die Arme sind im 45°-Winkel ausgestreckt, um die Balance zu halten. Das ist die Higdon-Variante der Nabelschau, während alle anderen beim Rennen etwas anderes zur Schau stellen. Aber genieren Sie sich nicht. Ihnen geht es darum, locker zu werden.

HÜRDENLAUF. Setzen Sie sich mit nach vorne gestreckten Beinen auf den Boden. Winkeln Sie Ihr linkes Bein an, das rechte bleibt nach vorne gestreckt. Stützen Sie sich mit der linken Hand ab und greifen Sie mit der rechten die Zehen des rechten Beins. Strecken Sie sich nur so weit, wie es bequem möglich ist und nicht weh tut. Erzwingen Sie diese Dehnung nicht. Nachdem Sie Ihr rechtes Bein gestreckt haben, ist das linke dran.

Um diese Übung effektiv durchzuführen, stellen Sie sich vor, wie der zweimalige Olympiameister Edwin Moses aussieht, wenn er die 400 m Hürden nimmt. An meiner Kellerwand hängt ein von ihm unterschriebenes Poster, das zeigt: er hat sein vorderes Bein nicht gestreckt. Wenn Edwin Moses mit angewinkeltem Bein Weltrekord in 47:02 min laufen kann, dann sehe ich keinen Grund, warum weniger gesegnete Läufer bei dieser Dehnübung die Beine flach auf den Boden pressen sollten.

SCHMETTERLINGSSITZ. Sie sitzen auf dem Boden, die Beine sind nach vorne gestreckt. Nun winkeln Sie die Beine an, sodass Ihre Knie nach außen zeigen und die Fußsohlen aneinanderliegen. In dieser Stellung umfassen Sie mit beiden Händen Ihre Füße und drücken mit Ihren Unterarmen gegen die Innenseite Ihrer Oberschenkel, um die Dehnung zu verstärken.

KNIEZUG. Legen Sie sich flach auf den Rücken und ziehen Sie ein Bein mit gebeugtem Knie bis an die Brust. Nehmen Sie dazu Ihre Arme zu Hilfe, wobei die Hände direkt unterhalb des Knies platziert werden. Machen Sie das Gleiche mit dem anderen Bein. Ich mache diese Übung seit Jahren aus dem einzigen Grund, weil sie sich gut anfühlt. Ich habe allerdings auch schon eine Abbildung dieser Stretchübung in einem Artikel in *Runner's World* gesehen. Ich müsste also auf dem richtigen Weg sein.

■ **HORIZONTALES STRECKEN.** Diese Übung ist genau wie das Über Kopf-Strecken, die erste Übung auf dieser Liste, nur dass man dabei auf dem Rücken liegt. Strecken Sie die Zehen nach vorne und die Arme über den Kopf. Halten Sie diese Position so lange, wie es Ihnen angenehm erscheint. Dann drehen Sie sich auf den Bauch und wiederholen die Dehnung, diesmal mit dem Gesicht nach unten. Ich stelle mir dabei immer vor, ich sei über 2 Meter groß und spiele in der NBA. Das ist eine angenehme Übung, die ich ewig halten könnte. Trotzdem halte ich eine Dehnung selten für genau 30 sek, wie es von anderen Experten empfohlen wird.

■ **OBERKÖRPERLIEGESTÜTZEN.** Diese Variante der Liegestützen mache ich nicht um meine Arme zu kräftigen, sondern um im Rücken locker zu werden. Die Stellung ist dieselbe wie bei normalen Liegestützen, abgesehen davon, dass der Körper unterhalb der Taille auf dem Boden bleibt und nur der Oberkörper angehoben wird. Ich mache diese Übung normalerweise etwa fünfmal.

■ **STARTPOSITION.** Nur wenige Langstreckenläufer werden sich in einem Rennen jemals in dieser Position wiederfinden, doch ich halte sie für eine sehr effektive Stretchübung. Stellen Sie sich vor, Sie seien Carl Lewis vor einem 100-m-Rennen, und begeben Sie sich in Startposition. Doch Ihr hinteres Bein ist dabei vollständig gestreckt. Damit haben Sie eine weitere Variante des Dehnens der Wadenmuskulatur. (Drücken Sie dabei aber nicht Ihre Fersen flach auf den Boden.) Dann wechseln Sie das Bein, halten die Dehnung und wechseln dann die Beine in schneller Folge – eine dynamische Stretchübung. Sie erinnern sich: Ich beschränke mich nicht auf statisches Stretching.

Damit sind die Bodenübungen meines Stretchingprogramms beendet. Ich stehe dann auf und wiederhole ein oder zwei der Übungen im Stehen, die ich zu Beginn gemacht habe – meist das Über-Kopf-Strecken oder das Beckenkreisen. Wenn die Zeit knapp ist, lasse ich manchmal einige Übungen aus.

Kann man ein Dutzend Stretchübungen, von denen manche mehrere Varianten haben, in 5 bis 10 Minuten hinter sich bringen? Natürlich. Jede Übung geht in die andere über, und ich halte jede nur so lange, wie es mir angenehm ist. Auf diese Art verschwende ich keine Zeit. Ich bin ja schließlich nicht darauf aus, einen Ausdauerrekord im Stretching aufzustellen. Ich bin darauf aus, mich auf einen angenehmen und produktiven Lauf vorzubereiten. Nach dieser Trainingseinheit jogge ich leicht. Das hilft mir, Verletzungen zu vermeiden und ich bleibe in Topform für das Rennen.

Ein Warm-up für die letzte Stunde

Lassen Sie mich von meinem persönlichen Warm-up-Programm vor Wettkämpfen berichten. Ich bin gerne 60 bis 90 Minuten vor dem Start an Ort und Stelle. Manchmal ist die Zeit etwas knapper, wenn es ein Rennen ist, das ich nur als eine harte Trainingeinheit ansehe (einen Sommer-Spaßlauf zum Beispiel). Doch eine Stunde ist eigentlich das Minimum für jedes Rennen, in dem ich gut laufen will. Wenn ich früh ankomme, habe ich genug Zeit, meine Startnummer abzuholen und die Toiletten zu besuchen, bevor ich mit meinem Warm-up-Countdown beginne. Ein weiteres Plus der Frühankömmlinge: Man verliert nicht so viel Zeit mit Schlangestehen.

Gelegentlich mache ich ein Vor-Warm-up zu Hause, bevor ich ins Auto klettere, um zum Rennen zu fahren. Dieses Vor-Warm-up kann aus weniger als 1,5 km bestehen, gerade genug, um meine Verdauung anzuregen, damit ich auf die Toilette gehen kann, bevor ich mich zum Rennen aufmache. Wenn ich nochmal Halt machen muss, fahre ich eine Tankstelle an. Und in den letzten paar Minuten der Fahrt halte ich noch mal Ausschau nach versteckten Toiletten, vor denen niemand ansteht. Man kann ein gutes Warm-up zunichte machen, wenn man 10 bis 15 Minuten in einer Schlange stehen muss, weil die Organisatoren nicht genügend sanitäre Anlagen zur Verfügung gestellt haben.

Ein Vorteil von Straßenrennen gegenüber Rennen auf der Bahn ist, dass man mit einiger Wahrscheinlichkeit voraussagen kann, wann der Wettkampf beginnt. Wenn das Anmeldeformular den Rennstart für 8 Uhr morgens angibt, dann beginnt ein gut organisiertes Rennen auch genau zu dieser Uhrzeit. Bei Leichtathletiktreffen sorgt allein schon die Anzahl der angesetzten Rennen für Verspätungen oder die Läufe starten früher als angekündigt, was manchmal noch schlimmer ist. Bahnläufer müssen, was das Warm-up anbelangt, viel flexibler sein als Straßenläufer.

Der 60-Minuten-Countdown

Sechzig Minuten vor Rennbeginn starte ich normalerweise meinen Countdown. Ich versuche, vor jedem Rennen das gleiche Programm; auf jeden Fall aber vor den wichtigen Wettkämpfen, denn ich komme damit gut zurecht. Und so sieht es aus:

JOGGING (10 BIS 20 MINUTEN). Wie weit ich vor dem Wettkampf jogge, hängt davon ab, wie locker ich mich fühle, wenn ich ankomme. Eine mehr als einstündige Fahrt zum Rennen oder hartes Training in der Woche zuvor, von dem ich mich noch nicht vollständig erholt habe, können Gründe

sein, mehr Zeit darauf zu verwenden und mich langsamer aufzuwärmen. Im Allgemeinen laufe ich im Warm-up gerne ein paar Kilometer. Wenn ich mich in der Gegend auskenne, jogge ich vielleicht zu einem Ort, wo ich den Rest meines Warm-up in Ruhe machen kann. Das hängt zum Teil davon ab, wie wichtig das Rennen für mich ist. Vor wichtigen Wettkämpfen möchte ich meine Konzentration nicht durch den Plausch mit anderen Läufern verlieren.

ENTSPANNUNG (5 BIS 10 MINUTEN). Wenn ich meine Startnummer noch nicht abgeholt habe, tue ich es jetzt. Auch ein weiterer Besuch der Toilette könnte jetzt anstehen, obwohl zu diesem Zeitpunkt fast jeder dieselbe Idee hat.

STRETCHING (5 BIS 10 MINUTEN). Ich versuche, einen ruhigen Ort zu finden (nicht immer einfach bei großen Veranstaltungen), wo ich genug Platz für meine Stretchübungen habe, ohne dass mich zu viele Leute stören. Wenn es warm ist, stretche ich am liebsten draußen auf dem Rasen im Schatten eines Baumes. Wie beim Warm-up vor dem Training beginne ich mit Stretchübungen im Stehen, gehe dann zu den Bodenübungen über und wiederhole am Schluss einige der Übungen im Stehen.

30 Minuten vor dem Start

Wenn noch dreißig Minuten verbleiben, bin ich mit dem Stretching normalerweise fertig. An diesem Punkt starte ich die nächste Phase meines Warm-up.

BEWEGLICHKEITSSPIEL (5 BIS 10 MINUTEN). Dies ist eine dynamische Erweiterung meines Stretchings, das aus Lauf-ABC und Steigerungsläufen besteht mit Jogging und Walking dazwischen. Ich mache nicht alle meine Übungen des Lauf-ABCs (die ich in Kapitel 11 beschrieben habe), sondern höchstens zwei oder drei. Kniehebelauf und Anfersen bieten sich an, weil sie einfach und nicht so anstrengend sind. (Siehe „Kniehebelauf" auf S. 165f. und „Anfersen" auf S. 167f.) Vielleicht finden Sie das auch hilfreich. Probieren Sie sie jedoch zunächst im Training aus. Machen Sie keine dieser Übungen im Warm-up vor einem Rennen, wenn Sie sie nicht schon regelmäßig im Training probiert haben.

Wichtiger sind die Steigerungsläufe. Laufen Sie drei oder vier leichte Sprints über 50 bis 150 m mit einem Tempo, das nicht weit über Ihrem Wettkampftempo liegt, um Ihre Beine an die anstehenden Aufgaben zu erinnern. Ich beschleunige gerne allmählich, erreiche in der Mitte ein gutes Tempo und werde dann schrittweise langsamer. Zwischen den Steigerungsläufen jogge oder walke ich. Vor einem Straßenrennen suche ich mir für diese Übung einen geraden Straßenabschnitt. Wenn möglich, suche ich für meine schnellen Steigerungsläufe ein Stück, das leicht bergab geht, weil ich mich dann schneller fühle. Aus dem gleichen Grund laufe ich meine Steigerungen auch immer mit dem Wind im Rücken.

Trainer Ron Gunn lässt sein Team genau 20 Minuten vor Beginn eines Rennens über 200 m mit Wettkampftempo laufen. Auch ich habe das gelegentlich gemacht und festgestellt, dass es an solchen Tagen besonders hilfreich ist, an denen man durch nichts locker zu werden scheint. Es scheint zu

helfen, diese Extrastrecke mit schnellem Tempo hinter sich zu bringen. Sicher, man verbraucht dabei Energie, die man sich sonst fürs Rennen hätte aufsparen können, doch bei 5- und 10-km-Rennen ist „Energieeinsparung" normalerweise kein allzu großes Problem. Sie müssten noch genügend Kraft für die anstehende Arbeit übrig haben. Wenn Ihnen ein langer Steigerungslauf im Warm-up vor dem Rennen hilft, lockerer zu werden, dann machen Sie ihn. Eine weitere Variante ist, drei Steigerungen von zunehmender Länge zu laufen: in 20, 30 und 40 Sekunden oder über 100, 150 und 200 Meter.

DIE LETZTEN VORBEREITUNGEN (10 BIS 15 MINUTEN). Ich habe mein Warm-up beendet. Was bleibt, ist sich startklar zu machen. Normalerweise ziehe ich mein Renntrikot erst jetzt an, weil ich lieber mit einem trockenen Shirt an den Start gehe als mit einem, das schweißnass ist. An kühleren Tagen versuche ich selbst leichtes Frösteln zu vermeiden, um nicht mein Warm-up zunichte zu machen. Ich wärme mich außerdem in meinen Trainingsschuhen auf und wechsle dann zu meinen leichteren Rennschuhen.

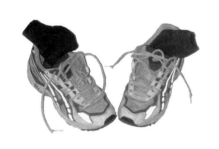

Ich binde meine Schnürsenkel sorgfältig zu, damit sie nicht mitten im Rennen aufgehen. Das ist mir nur ein einziges Mal passiert, beim Vulcan Run, einem 10-km-Rennen in Birmingham/Alabama. Es war gut drei Kilometer nach dem Start und ich wollte den Rest des Rennens nicht mit hängenden Schnürsenkeln laufen, also hielt ich an, um sie zuzubinden. Ich schätze, das kostete mich mindestens 30 Sekunden. Damit das nicht noch einmal passiert, binde ich meine Schuhe einmal zu und jogge dann zur Startlinie. Wenn ich dort angekommen bin, haben sich die Schnürsenkel bereits etwas gelockert, also ziehe ich sie straffer und binde sie mit einem Doppelknoten wieder zu. Zum Schluss mache ich noch einen Knoten darüber. Es dauert einige Zeit, bis ich meine Schuhe nach dem Rennen wieder ausgezogen habe, aber das nehme ich hin.

In den letzten paar Minuten jogge ich leicht, mache vielleicht noch ein oder zwei sehr kurze Steigerungsläufe oder noch ein bisschen Stretching. Während ich auf den Startschuss warte, lasse ich meine Arme hängen und schüttle meine Gelenke im Kampf mit meinen Nerven in der letzten Minute.

Bei High-School-Rennen in Indiana kündigt der Starter oft einen „Shagout" an; d.h. die Läufer sollen von der Startlinie über 50 bis 75 m sprinten, sich dann in einem Kreis aufstellen, einen Team-Schlachtruf ausstoßen und zurück zur Startlinie joggen. Der psychologische Hintergrund dafür ist, den Puls so zu erhöhen, dass das Herz sofort effizient Blut pumpen kann. Was mich betrifft (und das gilt wahrscheinlich für die meisten gut trainierten Läufer), so fällt mein Puls so schnell wieder zurück auf Normalwert, dass ich einen solchen Sprint wahrscheinlich in der letzten Minute vor dem Rennen einlegen müsste, um einen hohen Puls beim Startschuss zu garantieren. Doch die Umstände bei den meisten Straßenrennen erlauben sowieso keine Shag-outs von größeren Läufergruppen. Ich schlage also vor, Sie warten einfach geduldig, in der Sicherheit, dass Sie – nachdem Sie sich an das in diesem Kapitel empfohlene Warm-up-Programm gehalten haben – auf das Rennen genauso gut vorbereitet sind wie jeder andere Läufer im Feld. Der Startschuss fällt. Und los geht's!

Wenn alles vorbei ist

Fast so schnell, wie es begonnen hat, ist das Rennen auch wieder vorbei. Sie haben die Ziellinie überquert und hoffentlich ein paar Sekunden besser als das, was Sie mal als Ihre ehemalige persönliche Bestzeit bezeichnen konnten. Jetzt können Sie nach Hause gehen, richtig? Falsch. Etwas ist noch zu tun – Ihr Cool-down.

Das Abwärmen hilft Ihnen natürlich nicht dabei, das Rennen, das Sie gerade hinter sich haben, schneller zu laufen, aber es hilft Ihnen dabei, sich schneller zu erholen. Es hilft Ihnen außerdem dabei, schneller wieder zu Ihrer normalen Trainingsroutine zurückzukehren, sodass Sie in Ihrem nächsten Rennen noch stärkere Leistungen bringen können.

Fünf Minuten, nachdem ich die Ziellinie überquert habe, beginne ich mein Cool-down, mit demselben Tempo – das ich im Warm-up gelaufen bin – aber nur über die Hälfte der Distanz. An kühlen Tagen ziehe ich mir ein Sweatshirt an. An warmen Tagen ziehe ich mich gar nicht um. Solange ich den anderen Läufern nicht in die Quere komme, drehe ich gerne um und jogge zurück über die Rennstrecke, weil ich so die Möglichkeit habe, meine Freunde über die Ziellinie kommen zu sehen. Manchmal drehe ich um und treffe sie im Zielbereich, sodass wir uns zusammen abwärmen können. Jetzt beginnt der gesellschaftliche Teil.

Wissenschaftler würden Ihnen vielleicht erklären, dass Sie sich abwärmen sollten, damit der Abbau von Milchsäure und anderen Abfallstoffen, die sich bei Ihrem letzten anaeroben Sprint in Ihren Muskeln angesammelt haben, angekurbelt wird. Sie würden sagen, dass Sie damit Muskelkater verhindern. Das ist nur zum Teil richtig. Milchsäure verschwindet größtenteils innerhalb von dreißig Minuten aus dem Organismus – egal ob Sie sich abwärmen oder nicht. Muskelkater und steife Beine nach einem Rennen sind eher die Folge von winzigen Rissen im Muskelgewebe – Mikrorisse, wie die Experten sie nennen – als von Milchsäure.

Ein Cool-down ist auch eine lustige Art und Weise, den Wettkampf abzuschließen. Es gibt Ihnen Zeit, alleine über das Rennen nachzudenken und Zeit, das Erlebnis mit anderen zu teilen – wenn Sie wollen.

Und je besser Sie in Form sind, desto mehr werden Sie diesen sozialen Aspekt genießen können. Das ist in der Tat ein Vorteil von kurzen Rennen. Direkt nach einem Marathon war ich noch nie dazu in der Lage viel mehr zu machen, außer in den Plastikbecher in meiner Hand zu starren und mich zu fragen, woher ich die Energie nehmen soll, um – dann noch mit dieser albernen Aluminiumdecke um mich herum – zurück zu meinem Hotel zu gehen. Aber fünf Minuten nach den meisten kürzeren Rennen bin ich wieder bereit für den nächsten Lauf.

WETTKAMPF-BENIMM-REGELN

Wenn Sie das erste Mal bei einem Rennen auftauchen, fühlen Sie sich vielleicht etwas fehl am Platze. Das ist ganz normal. Es geht uns immer so, wenn wir etwas Neues ausprobieren und die Regeln noch nicht ganz verstehen.

Seien Sie versichert, dass jeder der anwesenden Läufer bei seinem ersten Rennen diese Erfahrung gemacht hat.

Hier sind einige Tipps:

▌ ***BESORGEN SIE SICH VORHER DAS PROSPEKT MIT DEM ANMELDUNGSFORMULAR.*** *Wenden Sie sich dazu an die Organisatoren des Rennens. Legen Sie Ihrem Schreiben einen frankierten, an sich selbst adressierten Rückumschlag bei. Oder Sie versuchen, sich über* das Internet anzumelden. Lesen Sie das Formular sorgfältig durch. Es enthält wichtige Informationen über den Start des Rennens, den Ort der Anmeldung und (hoffentlich) eine Wegbeschreibung. Je besser Sie informiert sind, desto wohler werden Sie sich bei Ihrem ersten Rennen fühlen.

MELDEN SIE SICH FRÜH AN. Das hat zum Teil mit der Motivation zu tun. Mit dem Ausfüllen des Formulars verpflichten Sie sich dazu, dieses Rennen zu laufen. Das ist sehr wichtig, wenn Sie Anfänger sind. Die frühzeitige Anmeldung macht die Registrierung sowohl für Sie als auch für die Organisatoren einfacher – außerdem ist die Teilnahmegebühr dann oft niedriger. Bei manchen Wettkämpfen wird Ihre Teilnahme bestätigt, bei anderen nicht.

ÜBERLEGEN SIE SICH, WAS SIE MITNEHMEN WOLLEN. Die meisten Läufer planen gerne im Voraus, was sie anziehen wollen, inklusive der Schuhe. Legen Sie sich Ihre Kleidung am Abend zuvor zurecht, damit Sie nichts vergessen; das gilt vor allem für Ihre Startnummer. Seien Sie auf jedes Wetter vorbereitet. Die meisten Läufer erscheinen bereits in ihrer Laufkleidung beim Rennen, aber vielleicht möchten Sie ein paar Sachen zum Wechseln für die Zeit nach dem Rennen mitnehmen.

BEFESTIGEN SIE IHRE NUMMER VORNE. Bei Leichtathletiktreffen tragen die Athleten die Nummer oft auf dem Rücken; bei Straßenrennen trägt man sie vorne. Nehmen Sie ein paar zusätzliche Sicherheitsnadeln mit, um zu garantieren, dass Sie Ihre Nummer auch an allen vier Ecken befestigen können.

KOMMEN SIE FRÜH. Da dies Ihr erstes Rennen ist, sollten Sie die ganze Vorstellung samt Vorfilm genießen und sich nicht gehetzt fühlen. Kommen Sie mindestens 30 bis 60 Minuten vor dem angekündigten Start. Planen Sie Zeit ein, um Ihre Startnummer und eventuell Ihren Zeitchip abzuholen, sich aufzuwärmen und um auf die Toilette zu gehen. (Je früher Sie da sind, desto kürzer sind die Schlangen, mit denen Sie rechnen müssen.) Beobachten Sie,

was die anderen Läufer tun und machen Sie das Gleiche. Wenn sich alle in Richtung Startlinie begeben, ist das auch Ihr Stichwort.

STARTEN SIE IM HINTEREN FELD. Machen Sie nicht den Fehler, besonders weit vorne zu starten, sonst verbringen Sie den ersten Kilometer damit, zuzusehen, wie alle anderen Sie überholen. Starten Sie weiter hinten. In der Mitte des Feldes ist die Stimmung besser, weil die Läufer dort normalerweise das Rennen nur beenden und keine Weltrekorde aufstellen wollen. Sie können noch nicht einmal Zeit verlieren, bis Sie über die Startlinie kommen, selbst bei sehr großen Wettkämpfen, denn mit dem Zeitnehmerchip wird Ihre Zeit erst dann gestartet, wenn Sie die Startlinie wirklich überschreiten. Doch Zeit ist für Sie in Ihrem ersten Rennen nicht wichtig – oder sollte es nicht sein.

ACHTEN SIE AUF IHR TEMPO. Außerdem sollten Sie weiter hinten starten um zu vermeiden, dass Sie den ersten Kilometer zu schnell laufen – entweder aus Enthusiasmus, oder weil schnellere Läufer Sie mitreißen. Sobald Sie über die Startlinie sind, sollten Sie mit Ihrem normalen Trainingstempo laufen – oder sogar langsamer. Sie werden Ihr erstes Rennen besser genießen können, wenn Sie angenehm laufen und dabei sehen können, was um Sie herum passiert. Heben Sie sich die Rekordjagd für spätere Rennen auf.

GENIESSEN SIE DEN AUGENBLICK. Für jeden Anfänger ist das erste Rennen ein ganz besonderes Erlebnis. Sie werden andere „running highs" erleben, wenn Sie weiter laufen, aber tun Sie Ihr Bestes, um Ihr erstes Rennen so gut wie möglich genießen zu können.

EPILOG

Mitten in „The Star-Spangled Banner" überschlug sich die Stimme von Sänger John Toenbroek und er verfehlte den hohen Ton. Die große Spannweite zwischen den höchsten und den tiefsten Noten in der amerikanischen Nationalhymne bereitet vielen Sängern Schwierigkeiten. Mehr als 6.000 von uns standen an der Startlinie des Gate River Run und lachten. Bis zu diesem Zeitpunkt hatten wir halblaut mitgesummt, doch plötzlich nahmen wir alle mit Begeisterung die Melodie auf und halfen Toenbroek, einem Verantwortlichen des Jacksonville Track Club, zu Ende zu bringen, was wir begonnen hatten.

Es war einer dieser magischen Momente, die man als Renndirektor nicht inszenieren kann. Ich war gerührt. Ich hatte Tränen in den Augen, als ich zusammen mit den anderen Läufern sang – und dabei nahm ich das Rennen noch nicht einmal ernst! Nach zwei Tagen voller Interviews und Auftritte, die mit diesem Rennen in Jacksonville/Florida verbunden sind, war ich müde und nicht wirklich auf einen schnellen Lauf vorbereitet. Bis zu diesem Punkt hatte ich vorgehabt, irgendwo in die Mitte des Feldes zu springen und mich von der Menge mittragen zu lassen. Dann ertönte der Kanonenschuss, der den Start signalisierte, und ich lief los – wahrscheinlich schneller, als ich geplant hatte.

Der Wettkampftag ist der, an dem alles zusammenkommt. Er ist der Grund, warum wir Tempoläufe, Fahrtspiel, Steigerungsläufe, Sprints und all die anderen leistungssteigernden Übungen machen, die in diesem Buch beschrieben wurden. Zwar hat sich jeder eine verbesserte Fitness auf den Plan geschrieben – oder sollte es tun – aber es kommt auch ein Zeitpunkt, um schnell zu laufen, den Wind in den Haaren zu spüren oder sogar ein Rennen zu bestreiten. Es kann sehr motivierend sein, sich in ein 5-km-, 10-km- oder 15-km-Rennen wie den Gate River Run zu stürzen. Und es kann unserem gesamten Training einen Sinn geben.

Der Gate River Run ist das größte und beste Rennen im nordöstlichen Florida. Die Einheimischen nennen es einfach den „Gate". Es ist ein malerischer Rundkurs über 15 km, der am Alltell Stadium anfängt (der Heimat der Jacksonville Jaguars) und über zwei Brücken über den St. John's River führt. Für Läufer im Nordosten Floridas ist es das Rennen – inklusive mir, seit meine Frau Rose und ich einen Zweitwohnsitz in Ponte Vedra Beach haben.

Als Teil meines Einlebens in die neue Stadt bin ich in den Jacksonville Track Club eingetreten und habe ein 8-wöchiges Trainingsprogramm auf meine Website gestellt, das auf den Gate River Run vorbereiten sollte. Acht Wochen sind beinahe das Minimum, wenn man einen 15-km-Lauf bequem beenden will. Doch nachdem ich mit einigen Teilnehmern gesprochen hatte, hatte ich den Verdacht, dass viele noch nicht mal so viel trainiert hatten.

Für viele war der Gate das einzige Rennen, das sie im Jahr liefen – vielleicht das einzige, das sie in ihrem ganzen Leben liefen. Nur 57 Läufer haben an allen River Runs zwischen 1978 und 2000 teilgenommen und Organisator und Gründer Doug Alred schüttelt immer noch den Kopf, wenn er feststellt, dass jedes Jahr die Hälfte der Teilnehmer zum ersten Mal dabei ist.

Die Herausforderung annehmen

Unser Leben besteht aus vielen Veränderungen. Wir nehmen Herausforderungen an, wir haben Erfolg oder wir scheitern und das Leben geht weiter. In meinem Laufkurs lief ich einmal mit einer Frau, die über viele Jahre trainiert hatte und regelmäßig Trainingseinheiten über 10 bis 12 km einlegte – und trotzdem sollte dieser Gate ihr erster sein!

Nach dem Training, bei dem ich Schwierigkeiten hatte, mit ihrem Tempo mitzuhalten, sagte sie: „Ich mache mir Sorgen, ob ich es bis ins Finish schaffe." Sie hatte keinerlei Vorstellung davon, wie einfach es sein würde, die Lücke zwischen Training und Wettkampf zu schließen. Trotzdem hatte sie den Gate als Herausforderung angenommen und das motivierte sie – zumindest in den acht Wochen, in denen sie mein Trainingsprogramm befolgte, um dafür zu trainieren.

Das Rennen selbst hatte Höhen und Tiefen, genauso wie „The Star-Spangled Banner". Zwei Höhen waren die Brücken über den St. John's River: die Main Street Bridge bei Kilometer 2 und die Hart Bridge kurz danach. Die Temperaturen, die bei 25° C lagen, waren eine Gefahr für die Untrainierten und für die, die mit einer guten Zeit abschneiden wollten. Da ich aus dem Norden komme, werde ich mich allerdings nie über ein Märzwetter beschweren, bei dem ich ohne Probleme Shorts und ein ärmelloses Trikot tragen kann. Obwohl 10.000 Läufer gekommen waren, um den 15-km-Lauf und einen begleitenden 5-km-Lauf zu bestreiten, sowie einen Meilenlauf für Kinder, der 2.000 Läufer angezogen hatte, herrschte kein starker Verkehr. Die Schlangen vor den mobilen Toiletten waren kurz. Trotz der Massen war es einfach, einen Platz an der Startlinie zu finden.

Als ich in den Gate ging, wusste ich, dass ich untertrainiert war. Ich arbeitete gerade an diesem Buch und das nahm mir einiges von der Energie, die in mein Training hätte fließen sollen. Daher setzte ich mir ein vorsichtiges Ziel und hoffte lediglich, unter 01:30 bleiben zu können. Ich bezog Position in ausreichender Entfernung hinter den Frontläufern und war überrascht, dass ich nur 19 Sekunden brauchte, um die Startlinie zu überqueren, nachdem die Startkanone abgefeuert worden war.

Es herrschte ein großes Gedränge um mich herum, doch ich konnte fast sofort mit meinem geplanten Tempo laufen. Ich lief defensiv, um nicht zu stolpern, und so übersah ich die Uhr, die die erste Zwischenzeit anzeigte. Die restlichen sah ich jedoch. Die Verpflegungsstationen versorgten mich mit soviel Wasser, wie ich wollte. Die erste Herausforderung bei Kilometer 2 war die Main Street Bridge. Nicht nur der Anstieg stellte eine Herausforderung dar, sondern auch das Gitter, auf dem man laufen musste. Doch es kam mir einfacher vor, im Wettkampf über diese Brücke zu laufen als die vielen Male an den Mittwochabenden im Training mit dem Jacksonville Track Club (JTC). Die Bergauf-und Bergab-Wiederholungen, die ich mit den Läufern vom JTC gelaufen war, halfen mir auf jeden Fall bei den Steigungen und Gefällen. Bald kamen wir in den trendigen Stadtteil San Marco am Fluß, wo sich die Leute auf den Bürgersteigen drängten und uns anfeuerten. Es waren nicht so viele Zuschauer wie bei den Marathons in Boston oder Chicago, aber wir bekamen sehr viel freundliche Unterstützung.

Nach knapp fünf Kilometern holte ich Bob Carr ein, der das Bahntraining des JTC an den Mittwochabenden leitet. Seit ich meine Wintertrainingsbasis nach Florida verlegt habe, ist das Intervalltraining mit Carr und der Bolles-Truppe zu einer meiner Mittwochabend-Vergnügungen geworden. Da Carr jeden einzelnen der vorhergehenden Gates gelaufen war, hatte er eine niedrige Nummer ergattert, mit der er recht weit vorne starten konnte.

Über die nächsten 6 bis 7 Kilometer überholen Carr und ich uns immer wieder gegenseitig. Carr zankte ein wenig mit mir – er behauptete, indem er die Kurven enger liefe als ich, könne er den Boden wieder wettmachen, den ich dazwischen auf den Geraden gewänne. Dagegen bestand meine Strategie darin, die Kurven weit zu laufen, damit mich andere Läufer nicht schneiden und zum Stolpern bringen konnten. Einer gedankenlosen Frau, die Kopfhörer trug und plötzlich zur Seite lief, wäre das auf den ersten Kilometern beinahe gelungen.

Unser Kopf-an-Kopf-Rennen endete etwa drei Kilometer vor dem Ziel am Fuße der Hart Bridge, als ich zu einer Verpflegungsstation lief, um mir noch eine Portion Wasser zu holen. Ich hatte das Gefühl, noch einen „Extrapush" zu brauchen, um über die Brücke zu kommen, die sich mehrere Hundert Meter über den St. John's River erhebt und uns dorthin zurückbringen sollte, wo wir gestartet waren. Doch während ich zwei Becher Wasser hinunterstürzte, ließ Carr mich endgültig hinter sich zurück. Offensichtlich hatte er das Hügeltraining etwas ernster genommen als ich.

Die Steigung und das Gefälle der Brücke liefen gut für mich, was bedeutete, dass ich wenig Zeit hatte die Aussicht auf die Innenstadt von Jacksonville flußabwärts zu genießen. Ich fing Carr schließlich wieder ein, nachdem wir beide den Zieleinlauf verlassen hatten. Er hatte den Lauf in seiner Altersgruppe (70 – 74) gewonnen. Ich wurde in meiner jüngeren Gruppe nur Vierter. Trotzdem war ich glücklich, weil ich zehn Minuten schneller gewesen war als meine angestrebte – zugegebenermaßen bescheidene – Zielzeit. Ich legte meinen Arm um Carrs Schulter und sagte zu ihm: „Du wirst mich nächstes Jahr trainieren müssen, damit ich Dich schlagen kann."

Unser Rennen war vorbei. Wir hatten den Gate geschafft. Irgendwo auf diesen Kilometern zwischen den Brücken hatte ich die Motivation gefunden, weiterzulaufen. Am Ende wusste ich, dass ich im nächsten Winter härter trainieren würde – immer den Gate River Run als Ziel vor Augen. Mit dem richtigen Training würde ich wieder schnell laufen.

HIER LÄUFT'S RICHTIG – HILFREICHE LINKS

Auch über das Buch hinaus steht der Autor mit Rat und Tat zur Seite:
    www.halhigdon.com

Hier treffen sich internationale Laufsportler:
    www.runnersworld.com
    www.running.com

Ja, wo laufen sie denn?
Nationale und internationale Lauftermine gibt's unter:
    www.laufplatz.de
    www.lauftreff.de
    www.marathon-run.com
    www.tibiapress.de

Hier finden sich garantiert Gleichgesinnte:
    www.lauftreff.de
    http://mrrc.de
    www.dauerlaeufer.de

Treppe rauf, Treppe runter – alles über Treppenläufe gibt's unter:
    www.towerrunning.com

Jede Menge Gesundheitstipps, Ernährungspläne,
Fitnesstests und, und, und:
    www.gesundheits-dialog.de
    www.ausdauer-check.de

Wer etwas über Sportmedizin wissen will,
sollte hier vorbeischauen:
    www.sportmedinfo.de
    www.laufmedizin.de

Sauer, sauer – alles zur Milchsäure findet sich unter:
    www.laktatanalyse.de

Läufer unter sich. Erfahrungen austauschen,
Fragen stellen und Vieles mehr kann man hier:
    www.funrunners.de/laufforum
    www.lauftreff.de/laufforum.html

Hier gibt's Infos zu fünf großen Marathons in Deutschland:
    www.berlin-marathon.de
    www.koeln-marathon.de
    www.frankfurt-marathon.com
    www.marathon-hamburg.de
    www.medienmarathon.de

Laufend lesenswerte Literatur

Craythorn, Dennis/Hanna, Rich:
Der Marathonreiseführer.
Die schönsten Marathonziele der Welt.
Tibiapress. 4. Aufl. 2002. ISBN: 3-935254-00-8

Dagny, Scott:
Das große Laufbuch für Frauen.
Schlank, fit und mehr Power durch Bewegung.
Tibiapress. 2001. ISBN: 3-935254-01-6

Galensa, Heike/Warnecke, Vera:
Internet-Guide Laufen.
Tibiapress. 2001. ISBN: 3-935254-02-04

Grünig, Martin/Steffens, Thomas:
Das Laufbuch. Runner's World.
Training, Technik, Ausrüstung.
Rowohlt. 1999. ISBN: 3-499-19465-1

Marquardt, Matthias:
Natürlich Laufen. Schnell, leichtfüßig und
verletzungsfrei durch die optimale Lauftechnik.
Spomedis. O.J. ISBN: 3-936376-07-7

Petersen, Ole:
Marathon. Das 4-Stunden-Programm.
Vom Anfang bis zum Finish.
Rowohlt. 1999. ISBN: 3-499-19468-4

Pramann, Ulrich/Steffny, Herbert:
Fit for Fun. Perfektes Lauftraining.
Schritt für Schritt gesund und fit.
Von Jogging bis Marathon.
Südwest. 2002. ISBN: 3-517-07582-5

Steffny, Manfred:
Marathontraining.
H. Schmidt. 15. Aufl. 2001. ISBN: 3-87439-385-2

Sleamaker, Rob:
Systematisches Leistungstraining. Schritte zum Erfolg.
Meyer&Meyer. 1996. ISBN: 3-89124-347-2

Wade, Jennifer/Starringer, Gudrun:
Basic Fitness.
Gräfe. ISBN: 3-7742-3228-8

Unser besonderer Dank gilt:

Adidas • Seite 68

ASICS Deutschland GmbH • Seite 86, 166

Concurve • Seite 17, 26, 38, 45, 51, 56, 58, 62, 80, 90, 94, 104, 187, 192, 228

Elixia Fitness- und Wellness Club Oberhausen • Seite 207, 210, 214

Newline – Performance wear for you • Seite 119, 131, 135

TAO Technical wear • Seite 21, 199

Bert Butzke • Seite 127, 252

Karolin Gerritzen • Seite 172, 179, 180, 182, 251

Inga Stascheit • Seite 207, 210, 214

Wilfried Stascheit • Seite 47, 53, 165, 235, 244, 248, 253, 254, 257